PH. TAMIZEY DE LARROQUE

DEUX

LIVRES DE RAISON

DE L'AGENAIS

SUIVIS D'EXTRAITS D'AUTRES REGISTRES DOMESTIQUES

ET

D'UNE LISTE RÉCAPITULATIVE

DES LIVRES DE RAISON PUBLIÉS OU INÉDITS

AUCH

LÉONCE COCHARAUX

Rue de la Rampe, 11

PARIS

ALPHONSE PICARD

Rue Bonaparte, 82

1893

DEUX

LIVRES DE RAISON DE L'AGENAIS

PAR

PH. TAMIZEY DE LARROQUE

Imprimé à 200 Exemplaires

PH. TAMIZEY DE LARROQUE

DEUX

LIVRES DE RAISON

DE L'AGENAIS

SUIVIS D'EXTRAITS D'AUTRES REGISTRES DOMESTIQUES

ET

D'UNE LISTE RÉCAPITULATIVE

DES LIVRES DE RAISON PUBLIÉS OU INÉDITS

AUCH

LÉONCE COCHARAUX

Rue de la Rampe, 11

PARIS

ALPHONSE PICARD

Rue Bonaparte, 82

1893

A MON MAITRE ET AMI

CHARLES DE RIBBE

LE CRÉATEUR DES ÉTUDES

RELATIVES AUX LIVRES DE RAISON

HOMMAGE

DE MON RESPECT ET DE MA RECONNAISSANCE

T. DE L.

AVERTISSEMENT.

Le *Livre de raison de la famille Boisvert* complète
à divers égards le *Livre de raison de la famille Fon-*
tainemarie, qui était sa voisine et son alliée. C'est
surtout au sujet des renseignements fournis sur les
hommes et les choses du pays de Marmande que les
deux documents seront utilement rapprochés. Une
telle considération ne pouvait laisser indifférent l'ancien historien de la ville de ce nom [1], car, quoique
les détails consignés dans le registre familial que l'on
va lire soient de peu d'importance, il ne faut pas
oublier que, comme j'ai eu l'occasion de le dire, un
jour [2], « la grande histoire est faite de petites révéla-
« tions, comme une grande flamme est formée de
« beaucoup d'étincelles. »

Le livre de raison des Boisvert se divise en trois
parties : la généalogie de la famille, la reproduction

---

[1] *Notice sur la ville de Marmande*, publiée sous les auspices du Conseil général
de Lot-et-Garonne (Villeneuve-sur-Lot, 1872, grand in-8º).

[2] *Une lettre inédite du roi Henri IV et une mazarinade inconnue* (Marmande,
imprimerie Duberort, 1884, petit in-8º, p. 10).

1

des actes divers qui constituent, pour ainsi dire, les
pièces justificatives de son histoire, enfin l'énumération, embrassant plus d'un siècle et demi, des
naissances, mariages, décès des membres successifs de
cette famille, énumération entremêlée de quelques
mentions de menus événements locaux. Le premier
des rédacteurs est Pierre Boisvert qui, comme il a
soin de nous l'apprendre, commença son récit le
premier janvier 1650, étant alors âgé de vingt-deux
ans seulement. Le dernier rédacteur, descendant
en ligne directe de Pierre, est François Boisvert,
homme aux vertus patriarcales, qui fut si longtemps
chargé de l'administration de la commune de
Beaupuy. J'ai eu l'honneur de le connaître en sa
vénérable vieillesse, doyen des treize maires du canton de Marmande dont j'étais le moins âgé. Malgré
la distance qui séparait ses quatre-vingts ans de mes
trente ans, Monsieur Boisvert traitait son jeune
collègue en ami [1], et je suis heureux d'avoir l'occasion
de saluer ici d'un hommage reconnaissant la mémoire
de ce parfait homme de bien auquel devaient tant
ressembler les deux maires de Beaupuy qui lui ont
succédé, son fils et son petit-fils [2].

Je reproduis intégralement la première et la der-

---

[1] M. Boisvert avait été déjà le collègue de mon père, qui fut maire de Gontaud de 1840 à 1848, après un long stage comme adjoint, et qui, en me voyant
arriver à la mairie sans avoir passé par les grades, aurait pu dire comme le duc
d'Épernon à un maréchal de France improvisé : « De mon temps on ne les faisait
« pas si jeunes, mais on les faisait bons. »

[2] C'est à ce petit-fils, M. Maurice Boisvert, ancien membre du Conseil général
du département de Lot-et-Garonne, que je dois la communication du livre de raison de ses aïeux, comme je lui devais déjà la communication des papiers de ses
autres aïeux, les Fontainemarie. J'aurai eu la bonne fortune d'entretenir de
cordiales relations avec trois générations de la famille Boisvert, toutes les trois
également aimables et dévouées.

nière partie du livre de raison, mais je ne pouvais songer un seul moment à mettre sous les yeux du lecteur la copie entière des contrats et testaments transcrits à la suite de la généalogie. Je me suis contenté d'en donner une brève analyse où l'on retrouvera une foule de noms du XVIIe et du XVIIIe siècle. Parmi ces noms qui appartiennent surtout, comme j'en ai déjà fait l'observation, à Marmande et aux localités environnantes, on remarquera un nom historique, celui d'Anne de Caumont, femme accomplie, qui, comme il arrive trop souvent, fut aussi mal mariée que possible et qu'il faut plaindre autant qu'il la faut admirer, car elle nous apparaît avec la double auréole du malheur et de la sainteté[1].

A la suite du mémorial de la famille Boisvert, on trouvera un journal domestique rédigé, de 1650 à 1664, par un gentilhomme appartenant à la religion protestante, N... de Lidon, sieur de Savignac, qui habitait le château de Saint-Léger, en la commune de Montastruc (canton de Monclar). C'était un proche parent, peut-être un neveu de l'assassin du baron de Boisse-Pardaillan (1621), assassin dont l'histoire connaît seulement le surnom, *Savignac*

---

[1] Deux hommes de talent et de savoir, le R. P. Henri Chérot, de la Compagnie de Jésus, et M. G. Clément-Simon, ancien procureur général à Aix, ont l'intention, l'un et l'autre, de s'occuper d'Anne de Caumont, comtesse de Saint-Paul. Je serai charmé plus que personne de voir de tels écrivains épuiser à l'envi le sujet attrayant que j'ai deux fois effleuré (*Document inédit relatif à l'enlèvement d'Anne de Caumont*, Paris, 1873; *Hercule d'Argilemont*, Bordeaux, 1890). Si, par hasard, le mot enlèvement effarouchait quelque lecteur et lui faisait croire à la *chute d'un ange*, je dirais bien vite que cet aventureux épisode de l'extrême jeunesse de Mlle de Caumont ne doit rien ôter à nos respects pour celle que bien d'autres avant moi ont cru pouvoir canoniser. Ma touchante héroïne fut la victime innocente d'un coup de force, d'un brutal accident. Quand la volonté n'est pas complice, l'enlèvement ne peut amener à une femme qu'un flot de nouvelles sympathies.

d'Eynesse [1]. Le livre de raison (malheureusement incomplet, toutes les premières années nous manquent)
fournit beaucoup d'indications sur cette mystérieuse
famille de Lidon, qui a été négligée par tous les
généalogistes passés et présents. Le narrateur, resté
célibataire, mentionne souvent son frère, le sieur de
Savignac, ses nièces, leurs maris, leurs enfants. Il
mentionne aussi, comme voisins, parents, amis, simples connaissances, beaucoup de personnages de
l'Agenais et du Périgord, et tant de mentions peuvent aider à reconstituer, pour la seconde partie du
xviie siècle, l'histoire d'un grand nombre de familles
des trois départements actuels de la Dordogne, de la
Gironde et de Lot-et-Garonne. Les récits du châtelain de Saint-Léger nous révèlent aussi certains inci-
dents de la Fronde dans la partie de l'Agenais que
représente l'arrondissement de Villeneuve-sur-Lot.
A côté de ces grandes querelles, que l'on appelle les
guerres civiles, sont décrites bien des querelles privées
qui assombrissent et parfois ensanglantent le tableau
de vie rurale que retrace le propriétaire-chroniqueur,
grand éleveur de chevaux, trop souvent troublé au
milieu de ses joies champêtres par les pilleries des
gens de guerre et même des gens du pays. Les récits
très variés du gentilhomme campagnard sont, dans
leur ensemble, fort pittoresques et fort curieux. De

---

[1] Le père du narrateur était Reynaud de Lidon, chevalier de l'Ordre du Roi,
capitaine de cinquante hommes d'armes de ses ordonnances, seigneur de Saint-
Léger, lequel testa en 1629 (Archives départementales de la Gironde, C.
no 2329 *bis*). Ce Reynaud devait être le frère du sieur de Savignac l'*assassin*, lequel
habitait Eynesse. La famille de Lidon possédait les deux seigneuries de Savignac et de Saint-Léger qui, au xviie siècle, appartinrent deux fois de suite à
deux frères, les uns qui habitèrent successivement Eynesse et les autres Saint-
Léger.

même que le livre de raison des Boisvert nous a mis
en présence d'une femme d'élite, Anne de Caumont,
le livre de raison des Lidon, — je dis des Lidon, parce
que le frère du châtelain de Saint-Léger y a inscrit
son nom sous deux ou trois paragraphes, — nous met
en présence d'une femme non moins admirable et
non moins malheureuse, à laquelle j'ai jadis consacré
une notice spéciale[1]. Madame de Flamarens, veuve
toute jeune encore, eut le courage de quitter la cour
de France, dont elle était l'ornement par son esprit
et par sa beauté, pour aller s'ensevelir dans les terres
que son mari possédait en Gascogne et y refaire, à
force de prudente économie et d'incessante vigilance,
la fortune dissipée par le père de ses enfants[2]. C'est
comme châtelaine de Montastruc[3] que la marquise
de Flamarens figure dans le livre de comptes d'un
de ses tenanciers, et je n'ai pas besoin de dire combien j'ai été ravi de trouver là, sur mon ancienne

[1] *La marquise de Flamarens* (Auch, 1883, grand in-8°).

[2] Cette femme du monde, qui fut la *femme forte*, me fait songer à la comtesse
de Rochefort qui, elle aussi, surchargée des dettes de son mari, se retira brave-
ment à la campagne et travailla pendant de longues années, avec la plus généreuse activité, à reconstituer la fortune de sa maison. Voir le beau livre de
Charles de Ribbe : *Une grande dame dans son ménage au temps de Louis XIV,
d'après le journal de la comtesse de Rochefort* (1639). 2ᵉ édition, revue, corrigée
et augmentée (Paris, in-12, 1890). J'ai eu le plaisir de rendre compte des deux
éditions (de la première, dans la *Revue des questions historiques*, en 1889, de la
seconde, dans le *Polybiblion*, en 1892).

[3] Chapelain, le 12 août 1639, écrivait à Mᵐᵉ de Flamarens : « Vostre séjour à
« Montastruc vous rendra encore plus capable de vos affaires. C'est à quoy je vous
« loue extrêmement de vous attacher. » J'ajoutais à cette citation (p. 11 de ma
notice de 1883) : « Le courage que déployait Mᵐᵉ de Flamarens dans cette
« résidence — ah ! si mes lecteurs connaissaient Montastruc ! — arrachait des cris
« d'enthousiasme à la mondaine marquise de Sablé. » Mon exclamation relative
aux ennuis du séjour de Montastruc déplut à une personne de la localité. J'avoue
que j'avais gardé un mauvais souvenir de Montastruc, entrevu un jour de
pluie et de boue. Je m'excuse d'avoir un peu méconnu ce village et je retire
mon irrévérencieuse exclamation.

héroïne, des détails qui complètent tout ce que nous avaient appris d'elle les lettres de son précepteur et ami, l'académicien Chapelain[1].

Les deux documents qui suivent nous ramènent aux environs de Marmande, l'un à Tonneins, l'autre à Sainte-Bazeille. Le premier de ces livres de raison (1682-1687) a été écrit par une dame Boucharel, de la religion réformée, qui, n'ayant pas été nommée dans le recueil de MM. Haag-Bordier, est une brebis que je rends au bercail de la *France protestante*; le second (1649-1682) est l'œuvre d'un magistrat de petite ville, Bertrand Noguères, procureur du roi à Sainte-Bazeille. Sans doute ces deux journaux domestiques ne présentent pas grand intérêt, en dehors de certains renseignements relatifs au taux des salaires, au prix des denrées, aux faits divers agricoles, météorologiques, etc.; mais aussi je demande qu'on les considère seulement comme choses accessoires, de même que, dans un déjeuner sans façon, on réclame l'indulgence des convives pour d'humbles plats rangés autour du plat principal[2].

Ce que le lecteur appréciera davantage, je le suppose, c'est la liste récapitulative des livres de raison

---

[1] Le registre de M. de Savignac a été mis à ma disposition par mon cher cousin, M. Marie-Antoine Lodoïs de Lavaissière, propriétaire du château de Saint-Léger.

[2] Le cahier où Mᵐᵉ Boucharel inscrivait ses dépenses, ses recettes et autres affaires, a été trouvé dans la hotte d'un chiffonnier. Le livre domestique de B. Noguères m'a été communiqué par M. l'abbé Alis, curé d'Agmé. Ce dernier document complète sur divers petits points l'ouvrage considérable par son étendue comme par son mérite, que l'ancien historien de Mauvezin vient de publier sous ce titre : *Histoire de la ville et de la baronnie de Sainte-Bazeille depuis l'époque gallo-romaine jusqu'à nos jours* (Agen, 1892, grand in-8° de ix-607 p.). Voir l'analyse et l'appréciation de cette monograpie dans la *Revue catholique de Bordeaux* (livraison du 25 mai 1892)

publiés ou inédits, dressés par ordre alphabétique de noms d'auteurs. Quand parut mon *Essai de bibliographie*, accueilli avec tant de bienveillance à Paris comme en province [1], quelques observations accompagnèrent de trop charitables compliments. On regretta généralement l'absence d'une table, où les nombreuses indications que j'avais pu réunir auraient été alignées alphabétiquement. Pour citer un seul de mes aimables critiques, M. Léopold Delisle me donna avec autant d'autorité que d'affection ce conseil devant lequel je ne pouvais que m'incliner : « Quand vous reviendrez sur la « bibliographie des livres de raison, vous ferez œuvre « utile en donnant une table alphabétique des individus « qui ont tenu ces livres ou des familles auxquelles ils « se rapportent. La date de publication est un élément « secondaire d'information ; il échappe le plus souvent « à ceux qui font des recherches. » On aura donc ici, en un petit nombre de pages, un répertoire que je me suis efforcé de rendre aussi exact et aussi complet que possible [2], où l'on trouvera commodément la mention de tel ou tel registre familial déjà connu ou encore inédit [3]. Pour constituer un tableau qui épargnera bien

[1] Parmi les suffrages qui m'ont le plus touché, je signalerai celui de M. Siméon Luce, membre de l'Institut, dans son beau discours sur *F. Le Play, la Vieille France, l'École des Chartes et la Société d'économie sociale*, prononcé le 25 mai 1891, à la séance d'ouverture du congrès de l'École de la paix sociale, (Paris, 1891, grand in-8°, p. 27).

[2] Deux cents livres de raison environ étaient mentionnés dans l'*Essai* de 1889. J'ai le plaisir d'en mentionner plus du double dans le supplément d'aujourd'hui. Il en resterait certainement encore plusieurs centaines à cataloguer. Presque chaque famille, autrefois, possédait son livre de raison et c'est par milliers qu'il faudrait compter ces documents s'ils nous avaient tous été conservés.

[3] J'ai cru devoir exclure de la liste les imprimés ou manuscrits qui n'ont pas le caractère propre de livres de raison, ceux, par exemple, qui se rapprochent du journal, de l'autobiographie, des mémoires et chroniques. J'en ai surtout écarté les pièces qui sont purement des récits de voyage, comme le volume de 1708

de la peine aux simples curieux comme aux sérieux
érudits, j'ai été aidé par un grand nombre de bons
confrères et de bons travailleurs, d'abord par presque
tous ceux dont l'obligeance avait déjà facilité mes
premières recherches, MM. Léon de Berluc-Perussis,
Brun-Durand, comte de Dienne, Louis Greil, Louis
Guibert, Charles de Ribbe, Henri Stein, A. Vernière,
ensuite par de nouvelles et précieuses recrues : pour
l'Auvergne, M. Paul le Blanc[1] ; pour la Bretagne,
MM. E. Frain, Arthur de la Borderie, membre de
l'Institut, Luzel, archiviste du Morbihan, P. Parfouru,
archiviste d'Ille-et-Vilaine; pour le Dauphiné, M. le
chanoine Paul Guillaume, archiviste des Hautes-
Alpes; pour la Franche-Comté, M. Jules Gauthier,
archiviste du Doubs; pour le Languedoc, M. du Mas
de Rauly, archiviste de Tarn-et-Garonne, M. E. Oberkampff de Dabrun, receveur particulier des Finances
à Alais; pour le Lyonnais, M. Vachez, l'éminent
bâtonnier de l'ordre des avocats près de la Cour d'appel
de Lyon; pour le Maine, M. l'abbé Esnault; pour la
Provence, MM. Paul Arbaud, Ernest de Crozet,
Emile Fassin, conseiller à la Cour d'Aix, Charles de
Gantelmi d'Ille, Hippolyte Guillibert, Marin de
Carranrais, le juge de paix-bibliophile A. Mouttet,
le vicomte O. de Poli, président du Conseil héraldique de France, M. Guillaume de Rey.

analysé dans l'opuscule publié par M. l'archiviste Meschinet de Richemond, sous
le titre de : *Les livres de raison et les voyages d'Élie Richard en Hollande et en
Allemagne* (La Rochelle, 1890, in-8º de 18 p.). En résumé, je m'occuperai à peu
près exclusivement des recueils qui contiennent des recettes et dépenses, des
récits domestiques et locaux, ce que l'on peut appeler *vieux comptes* et *vieilles
histoires*.

[1] J'avais eu bien raison, dans le *Fontainemarie*, de répéter le cri : *A moi,
Auvergne*, car peu de provinces ont mieux entendu mon appel.

Sans doute, ce tableau, malgré mes soins persévérants et malgré le généreux concours de mes correspondants et amis, aura quelques ombres, — je veux dire quelques lacunes, — mais, plus tard, d'autres travailleurs perfectionneront ces notes bibliographiques et jugeront avec indulgence celui qui leur aura frayé la voie. J'ai connu une famille de braves paysans dont le chef, tous les ans, quand la moisson était achevée, s'agenouillait devant les gerbes entassées et disait d'une voix grave à ceux qui l'entouraient : « Mes enfants, nous allons prier pour nos vieux qui « ont défriché ces champs et qui ont préparé notre « récolte d'aujourd'hui. » Mes successeurs, eux aussi, j'en ai la ferme espérance, honoreront d'un cordial souvenir l'humble pionnier qui aura mis tout son zèle à rendre leur marche plus facile et plus assurée.

Ph. TAMIZEY DE LARROQUE.

Pavillon Peiresc, près Gontaud, août 1892.

DEUX LIVRES DE RAISON

DE L'AGENAIS

SUIVIS D'EXTRAITS D'AUTRES REGISTRES DOMESTIQUES.

I.

LIVRE DE RAISON DE LA FAMILLE BOISVERT.

1650-1816.

I. — GÉNÉALOGIE DE LA FAMILLE BOISVERT.

Generation des Boisvertz pour estre de tres bonne distraction[1]
sortie de la ville de Cemellion[2] laquelle familhe estoit compossee
de trois filhes et neufs enfans malles, le tout en la maison de leur
feu pere qui estoict bourgeois dudict Cemellion, lesquels neufs
enfans les ungs s'an allarent au service du Roy, trois se mariarent

---

[1] *Distraction* pour *extraction*. La famille Boisvert, qui, à l'heure actuelle,
garde dans ses archives les honorables souvenirs de plus de douze générations
ayant fourni plusieurs avocats, magistrats municipaux et officiers, pourrait à
bon droit répéter le mot célèbre : « J'aime mieux ma bourgeoisie que votre
« noblesse. »

[2] Saint-Émilion, chef-lieu de canton du département de la Gironde, arrondissement de Libourne.

l'ung à Rocquebrune [1], l'autre à Duras [2] et l'autre en la ville de Bourdeaux qui feust notaire et les autres deux qui demurarent [3] audict Semellion en la compagnie de leur feu pere que ce mariarent aussi, car a presant il y en a ung entre autres qui est chanoine et plusieurs autres qui demurent audict lieu, saufs de maistre Guilhaume Boisvert que pandant sa junesse feust curieux d'aller voir le pais. Entre autres chosses il eust dessir en chemin faisant de voir Jeruzallem, ville capitalle [4]. Pendant ces courses y ayant faict voyage et deboution [5] trois ou quatre fois, du despuis [6]

---

[1] Roquebrune est une petite commune du département de la Gironde, arrondissement de La Réole, canton de Monségur.

[2] Chef-lieu de canton de l'arrondissement de Marmande.

[3] Cette orthographe du mot *demeurer* est conforme à la prononciation d'autrefois. J'ai vu, dans ma jeunesse, un vieillard qui, fidèle aux habitudes anciennes (*et si omnes, ego non*, ce que le poète a traduit en un vers si bien frappé :

Et s'il n'en reste qu'un, je serai celui-là),

disait encore : *demure* pour demeure, *hure* pour heure, etc.

[4] Le narrateur a-t-il voulu dire que Jérusalem est la capitale de l'ancien royaume de Judée ? Ou bien a-t-il pris le mot *capitale* dans le sens de considérable, d'important, comme on dit œuvre capitale et comme on appelle péchés capitaux les péchés *par excellence*, ainsi que les définissent d'une façon piquante les savants auteurs du *Dictionnaire général de la langue française* (en cours de publication)? M. Maurice Boisvert possède un petit volume manuscrit du XVIe siècle qui contient diverses indications relatives à un pèlerinage en Terre-Sainte. J'avais tout d'abord pensé que c'était le carnet de voyage de Guillaume Boisvert, mais, en étudiant attentivement le texte, j'ai reconnu qu'il n'y avait là rien de personnel et que c'était tout simplement la copie de quelques pages d'un de ces techniques guides en Orient si nombreux à une époque où tant de bons chrétiens faisaient le voyage de Palestine. Quel dommage que le livret ne contienne pas les impressions mêmes du pèlerin Guillaume ! Quel plaisir c'eût été pour moi de les reproduire à la suite du présent livre de raison et de donner ainsi un pendant à ma publication du *Voyage à Jérusalem de Philippe de Voisins, seigneur de Montaut* (fascicule III des *Archives historiques de la Gascogne*, Auch, 1883) !

[5] On a reconnu dans cette forme du mot *dévotion* le *b* de Gascogne substitué au *v*, ce qui fournit au grand Joseph Scaliger l'occasion de risquer un jeu de mots (latin, il est vrai), dans une de ces familières causeries dont l'écho nous a été conservé par les deux *Scaligerana*.

[6] Pour *depuis*. La forme *du depuis* n'a disparu complètement du Sud-Ouest que dans la première moitié de notre siècle. Un vieux gentilhomme, qui était fort lettré et qui, sous l'ancien régime, avait été un des meilleurs élèves de l'école de Pont-Levoy, disait toujours *du depuis*, au grand étonnement de mon enfance, et ce qui était amusant, c'est qu'un de ses jeunes neveux, élevé auprès de lui, répétait avec une naïve confiance l'archaïque locution.

s'estant arresté en la ville de Marmande et faict son sejour, pendant lequel sejour il retira sa part et portion de l'hereditté et biens que feus ces pere et mere leur avoient laissé ; par son industrie et sagesse il acquit pendant sa vie plusieurs et beaux biens. Feust marié en premieres nopces avec une Maresq, duquel mariage seroit descendeu Eudre (sic)[1] Boisvert qui feust aussi marié avecq (ici un vide laissé par le narrateur), duquel mariage seroit aussi descendeu Pierre Boisvert; feust aussi marié avecq Anne de Labat, fille à feu Jehan de Labat dict Mondin[2], duquel mariage y dessendit Esmanuel Boisvert qui feust aussi marié avecq (nouveau vide laissé par le narrateur), et dudict mariage il seroit descendeu Jehan et Marie Boisvert où icelluy Jehan est decede portant les armes au service du Roy. Ladicte Marie encore vivante a esté mariée avecq feu (prénom laissé en blanc) Labarthe dudict Marmande; il y avoit ung enfant, mais moureust, lesquels susdits enfans sont du premier mariage dudict Me Guilhaüme Boisvert, lequel Guilhaume comvolla en segondes nopces avecq Peyssotte Seguin, filhe à (vide laissé par le narrateur) et de (nouveau vide), duquel mariage dessandirent aussi Catherine et Me Laurans Boisvert, laquelle Catherine feust mariée avecq Me Arnauld Monnerau, quand vivoict notaire royal de Marmande, où il n'y heust poinct d'enfans. Me Laurans Boisvert, lors vivant licencié es droits, filz à Me Guilhaume Boisvert, feust marié avec Jeanne de Besson, filhe à Me Pierre Besson, aussi notaire royal dudict Marmande, duquel mariage dessandirent Estienne, Catherine, Peysotte et Jehan Boisvert, laquelle Estienne feust mariée en premières nopces avecq Pierre Coudon, lors bourgeois de la ville de Bazatz, duquel mariage seroict aussy descendeu deux filhes et Anthoine Coudon, filz malle, lesquelles filhes furent mariées l'une avecq Vidau de Bastide où il y a encore vivant ung filz, et l'autre qui feust aussi mariée avec (vide laissé par le narrateur) aussi de Bazatz où il y a des enfans encore vivants où laditte Estienne leur mere comvolla en segondes noces avecq Me (le prénom manque)

---

[1] Faut-il lire Eudore ? Il le semble bien.

[2] Sur les Labat, voir la monographie de Marmande et le Livre de raison des Fontainemarie, où j'ai rappelé (p. 32) que la vieille famille Labat a donné son nom à une des rues de Marmande.

Viallard, bourgeois dudict Marmande, où ledict sieur de Viallard bailla sa filhe à Antoine Coudon, fils à laditte Estienne, duquel mariage il y eust enfans qui sont encore vivans, portant le nom de Coudon. Catherine Boisvert, aussi fille de Me Laurans Boisvert, feust mariée avecq Jannoct Jehan duquel mariage y dessandict une fille qui feust mariée en premieres noces avecq le filz de feu Mousieur Ducasse, lors procureur du roy dudict Marmande, sans enfans, lequel sieur Ducasse estant decedé, elle demura vefve, laquelle vefve du despuis comvolla en segondes noces avecq Jannot Laubi de Marmande, aussi sans enfans, où elle demura aussi vefve de sorte qu'elle convolla en troisiesmes noces avecq Me Pierre Sauvestre, vivant notaire royal dudict Marmande, aussi sans enfans, où elle deceda et laissa heritier icelluy Sauvestre, son mary. Peyssotte Boisvert, filhe aussi à Me Laurans, feust mariée avec Me Arnauld Peynaud, vivant notaire royal de Castelnau[1], duquel mariage seroit descendeu Jehan Peynaud, Marie et (*vide laissé par le narrateur*) Peynaud, freres et sœurs, laquelle Marie feust mariée avecq Arnauld Yvran, encore vivant, duquel mariage elle laissa deux enfans nommés François et Pierre Yvran, à present vivans, et la ditte Peynaud encore vivante, leur tante, n'a esté encore jamais mariée. Jehan Peynaud, frere, filz ainé Arnauld (*c'est-à-dire* d'Arnauld) feust marié avecq une filhe de (*prénom en blanc*) Boysse de Ste-Bazeille, duquel mariage seroict descendeu une filhe et ung enfant malle, laquelle filhe est à present mariée avecq Me (*prénom en blanc*) Fourestier, procureur d'office de Castelneau, et le filz malle est aussy marié avec la filhe du sieur de la Roche, advocat en parlement, du Mas-d'Agenois[2]. Feu Jehan Boisvert, fils à feu Me Laurans et de Jeanne Besson, feust marié en premières nopces avecq Jeanne de Chassac, filhe à feu Me Pierre Chassac, en son vivant notaire royal de Sainct-Bertho-mieu, et de Jeanne Rougier, duquel mariage y seroit descendeu

---

[1] Castelnau-sur-Gupie (canton de Seyches, arrondissement de Marmande).

[2] Arrondissement de Marmande. On annonce que le vicomte Olivier de Luppé, qui représentait si bien au Conseil général le canton dont le Mas est le chef-lieu, se propose de publier une notice sur cette ville. Formons des vœux pour que le projet se réalise bientôt. Sous la plume de M. de Luppé, l'histoire du Mas serait doublement intéressante.

beaucoup d'enfans : pour le premier Pierre Boisvert, encore vivant, autre Pierre, Arnault et Laurans Boisvert où Pierre Arnaud decedarent (sic) lors [de] la grande contazion (sic pour contagion) [1], lequel Laurans s'an estant allé au service du Roy portant les armes à l'adge de treze à quatorze ans [2] dans le régimant de feu Monsieur Despernon [3], estant enseigne de la compagnie du sieur de Boullet, lors au devant le siège de (nom illisible) [4] où, il moureust de la maladie de la dessenterie, et Pierre Boisvert le nay (sic pour l'aîné) a esté marié avecq feue Anne de Berri, filhe à feu Pierre Berri, quand vivoit cappitaine, et de Marie Viel, duquel mariage il est descendeu beaucoup d'enfans jusques au nombre de huict qui sont decedés saufs de moy, Pierre et François Boisvert, mon frere, avec l'ayde de Dieu encore vivans avec nostre cher et et honnorable pere, lequel feu Jehan Boisvert, nostre grand pere, filz à Me Laurans, nostre ayeul, et de Jeanne Besson, aussy nostre ayeulle, ayant convollé en segondes noces avecq Arnaude Pontallier, duquel mariage seroit aussy dessandu beaucoup d'enfans qui sont decedés, mesmes Laurans Boisvert qui feust tué dans le Bartes [5], au della la rivière à Coussan [6], qui estoient lors audict Boisvert, en se promenant dans icelle [métairie], envellopé dans son manteau l'espée au cousté où il feust guetté dans icelle assaziné par derriere par le vallet qui estoit caché de feu Dumas, et

[1] Probablement la peste de 1628 et années suivantes, qui fit de grands ravages en Agenais, et sur laquelle je citerai un savant mémoire spécial de M. Adolphe Magen : *La ville d'Agen pendant l'épidémie de 1628 à 1631, d'après les registres consulaires* (Agen, 1862).

[2] On servait alors son pays de très bonne heure, et un grand nombre de jeunes guerriers pouvaient répéter le vers héroïque :

La valeur n'attend pas le nombre des années.

[3] Jean-Louis de Nogaret, premier duc d'Épernon, était mort au château de Loches, le 13 janvier 1492.

[4] Il me semble qu'en devinant le mot plus qu'en le déchiffrant, on trouverait un nom comme Mirecourt. Il s'agirait donc de la ville de Lorraine qui fut assiégée et prise en 1633, la même année que Lunéville et Nancy.

[5] Nom d'un domaine, lequel nom doit avoir la même origine que le nom du domaine du Bartas, illustré par le poète gascon Guillaume de Saluste.

[6] Coussan est une paroisse de 728 âmes, du canton de Marmande, séparée de cette dernière ville par la Garonne. Au point de vue civil, Coussan forme une section de la commune de Marmande.

le filz d'icelluy Dumas n'ayant perdeu temps, luy alla bailler un coup de poignard au travers du corps dudict Boisvert, sur le cousté droict de la poupe[1], lequel vallet heust la jeyne (*pour* gehenne) et le filz dudict Dumas feust pandeu en effigie, de sorte que d'icelluy mariage il y a encore vivant Catherine et Marie Boisvert, laquelle Catherine est mariée avecq François Paloque, duquel mariage il y a ung enfant malle et trois filhes, les tous vivans encore et non mariés. Ladicte Marie, fille à feu Jehan Boisvert et d'Arnaude Pontallier, a esté mariée avecq feu Jacques Faugeres, duquel mariage il est aussi decendeu trois enfans, savoir deux malles, Joseph, Arnault et Magdalaine Faugeres encore vivans avecq la mere non mariez, de sorte que le dict feu Jehan Boisvert, nostre grand père, comvolla encore en troisiesmes noces avecq fue Marie Paloque, sœur à François Paloque encore vivant, duquel mariage y dessandit divers enfans qui moururent saufs dame Boisvert qui est à presaint mariée avecq Estienne de Villepreux de Bourdeaux[2] où il y a enfans où je declare que le narré ci dessus mantionné est tres veritable. A ceste cauze me suis diverty à faire le presant livre de raison aux fins d'esclercier (*sic pour* éclaircir) les affaires

---

[1] *Poupe* se disait alors pour le sein. Tous ceux qui ont visité ce petit paradis terrestre que l'on appelle la garenne de Nérac ont remarqué la grotte de *Las Poupettes*. On peut lire dans le charmant recueil intitulé la *Guirlande des Marguerites*, qui fait tant d'honneur à mon ami très regretté M. Faugère-Dubourg, le récit fort piquant d'une promenade de la duchesse d'Angoulême sous les beaux ombrages de l'ancien parc royal : elle demanda au sous-préfet dont elle était accompagnée le nom de la fameuse grotte, jetant ainsi ce fonctionnaire dans le plus cruel embarras, car, d'une part, il ne pouvait s'empêcher de répondre, et, d'autre part, il n'osait prononcer devant la pudique princesse un mot aussi réaliste et qu'il ne savait comment gazer.

[2] La famille de Villepreux est souvent mentionnée dans le livre de raison des Fontainemarie, auxquels elle s'allia plusieurs fois. Une excellente généalogie de cette très noble famille a été rédigée par Madame de Gorostarzu, née de Villepreux. Il serait bien désirable que ce travail fût imprimé. Madame de Gorostarzu m'a gracieusement communiqué l'analyse d'un document extrait des registres paroissiaux de Marmande, de laquelle il résulterait que le 25 janvier 1605 fut baptisée Agnès de Boisvert, fille d'Arnaud de Boisvert, avocat et consul de la ville de Marmande, et de Madeleine de Vignes. Le parrain était Alexandre d'Auber, écuyer, et la marraine Agnès de Bonalgues, femme de Guillaume Pigousset. Les témoins étaient Jean de Brezetz, avocat en parlement, et Fizelier, l'un et l'autre consuls de Marmande. On ne s'explique pas comment le rédacteur du livre de raison a omis d'inscrire dans sa généalogie les noms mentionnés en cet acte baptistaire.

de la maison pour faire voir la preuve des choses susdittes et pour estre en memoire en temps et lieu en cas de contredict, que pour cest effaict en avoir recours quand besoing sera, mememant en consequance de pieces qui sont ici bas inserées comme veritables qui ont esté faictz cy devant et se fairont cy après, s'il plait à Dieu.

Faict dans la maison de mon pere en sa mesterie jurisdiction de Marmande dixmaire[1] de Beyssac[2] ce premier du mois de janvier mil six cens cinquante.

Ay signé à l'aage de vingt-deux ans.

BOISVERT.

II. — ANALYSE DU CARTULAIRE DE LA FAMILLE BOISVERT.

1. Achapt pour Mᵉ Guilhaume Boisvert de Mᵉ Ollivier Descarps et Françoise de Pontifs, sa femme. (O. Descarps était « praticien en l'ordinaire dudit Marmande. ») Contrat du 16 février 1523 retenu par Besson, « notaire royal dudit Marmande ». On y signale, dans les confrontations, le voisinage de la terre de « Mᵉ Jehan de Bastard, jadis juge ».

2. Achapt pour Mᵉ G. Boisvert, de Laurans et Guilhen Graffion, « pour lors habitans dudit Marmande. » Contrat du 17 janvier 1527. Mention de « noble Hugues de Foupeyre, « escuyer », de « Mᵉ Guilhaume Brezetz, en son vivant advocat en la cour[3] », de « Jehan Cloupeau, marchand. » Mention aussi d'une « recognoissance retenue par Mᵉ Jehan Tauziette, notaire royal dudit Marmande ».

3. Achapt pour Peyssotte Seguin, femme à Mᵉ G. Boisvert,

[1] Le dixmaire ou dimaire était le territoire, la circonscription, où telle et telle église avait le droit de lever la dîme.
[2] Beyssac est une section de la commune de Marmande et le chef-lieu d'une petite paroisse.
[3] Les Brezetz, qui figurent plusieurs fois en ce cartulaire, figurent aussi dans la Notice sur Marmande et dans le Livre de raison des Fontainemarie. Je serais bien surpris si mon cher confrère de la Société des Bibliophiles de Guyenne, M. Arthur de Brezetz, ne faisait pas, quelque beau jour, imprimer pour les siens et pour ses amis, sinon pour le public, la généalogie de sa famille.

de moussen Jehan Brunet, prebstre, et de Jehan Loubaney. Pièce de terre située au lieu de Lolia, « au dixmaire de Sainct-Peys de Granon [1] ». Contrat du 20 juillet 1528, retenu par Sandrin « notaire royal dudict Marmande. » Mention de deux portes de cette ville, les portes de Lestang et celle du Fauguar.

4. Achapt pour G. Boisvert de M⁰ Jean Collaudi, notaire royal de Marmande. Pièce de terre en camba (c'est-à-dire destinée à une plantation de chanvre). Contrat du 14 août 1528.

5. Échange d'entre G. Boisvert et Pierre Gaillard et Guilhen Roullan. Contrat du 4 décembre 1528, retenu par Micheau de Leymerie, notaire royal de Marmande.

6. Donation faite par G. Boisvert à Laurans Boisvert, son fils, licencié ez droicts, gradué, d'une maison sise dans la ville de Marmande, dans le quartier de Lestang, et d'un « village [2] » en la mesme jurisdiction au dixmaire de Beyssac. » Contrat du 8 avril 1540, retenu par Millet, notaire royal dudict Marmande. Mention est faite d'une ancienne « rante de six arditz au saindicq des Pères Cordelliers de Marmande, de sorte qu'il seroit aribé depuis qu'un Roy ayant esté prins par ung estranger [3] et parce qu'il n'y avoit poinct d'argent en France en ce temps et pour le desanguager [4] son puble n'ayant si bonne bource que les gens d'esglize, à ceste cause les Cordelliers de l'Observance de Marmande furent contraincts de vandre leurs rantes et autres droitz [5], ce qui est cause que lesdicts biens se treuvent exempts de rantes ».

7. Recognoissance faite par M⁰ Laurans Boisvert, comme mary de Jeanne Besson, en faveur de M⁰ Pierre Besson, notaire, pour raison de certains biens à luy donnés. Contrat du 16 juillet 1548, retenu par Viallard, notaire royal de Marmande.

---

[1] Autour de la chapelle de Saint-Pierre de Granon s'étend le cimetière de la ville de Marmande.

[2] *Village* est pris ici pour une simple habitation rurale. Nous trouverons plus loin d'autres exemples de la même expression.

[3] Ai-je besoin de rappeler qu'il s'agit de François I⁰ʳ fait prisonnier à la bataille de Pavie par les soldats de Charles-Quint ?

[4] C'est-à-dire : payer les frais de sa rançon.

[5] Petit détail historique qu'il faut ajouter à la monographie de la ville de Marmande.

8. Achapt pour M⁰ Laurans Boisvert de Marsau Guiot. Pièce de terre « au dixmaire de Beaupuy, au lieu appelé à Gaubaignac. » Contrat du 1ᵉʳ décembre 1551, retenu par Besson, notaire royal de Marmande.

9. Achapt pour M⁰ Laurans Boisvert de Raymond Ricaud, de Marmande, au « dixmaire de nostre dame de Beyssac. » Voisins : François de Laporte, hoirs de feu Jehan de Gabarret, lesquels eurent pour successeurs les religieux de la Réolle, Anthoine Pigousset[1]. Contrat du 24 septembre 1555 retenu par Besson.

10. Recognoissance faite par Raymond Seguin, prebstre, à Hugues et Jehan de Fonpeyre, pour vigne à Grayon[2]. Contrat non daté, retenu par Jehan Tauziette, notaire royal de Marmande.

11. Eschange d'entre M⁰ Laurans Boisvert et M⁰ Adam Dalligues. Pièce de terre en restouble[3] « au dixmaire de Thieuvras juridiction de Marmande, » contre autre pièce de terre « au dix maire de Beyssac » (même juridiction). Mention de divers « pieds de chataniers et sarigiers[4] » (pour châtaigniers et cerisiers). Contrat du 26 août 1584 retenu par Sauvestre, notaire royal de Marmande. Mention de « messire François de Lamothe, sieur et baron de Castelneau[5] » et des notaires marmandais Fortassie, Pierre Rougier, Jehan Fau (nom fâcheux pour un notaire).

12. Contrat de mariage d'entre Jehan Boisvert et Jeanne Chassac, du 19 janvier 1578, retenu par Deplassier, « notaire royal dudict lieu de Sᵗ-Berthommieu[6] ».

---

[1] Sur les Pigousset, si anciens à Marmande, voir la même monographie, *passim*, mais surtout p. 103.

[2] Voir une petite notice sur le domaine de Grayon, dans le *Livre de raison des Fontainemarie*, qui furent propriétaires de ce domaine (p. 52).

[3] En langue gasconne, *lou rastouil*.

[4] La forme *sarigier* est à rapprocher de la forme gasconne *ceregey*.

[5] Sur François de La Mothe, gouverneur de la ville de Marmande, voir la *Notice* que je suis quelque peu confus d'être obligé de citer si souvent (p. 89-90).

[6] Aujourd'hui Saint-Barthélemy (canton de Seyches), à quelques kilomètres de Marmande. A propos des Chassac et de Saint-Barthélemy, je note que Bertraude Chassac, fille d'un notaire de cette ville et sœur de Madame Jeanne Boisvert, avait épousé « M⁰ Antoine de Coṣta », lequel eut à la fois la fille et l'étude.

13. Quittance de Me Laurans Boisvert en faveur de Me Pierre Chassac, du 14 juillet 1578, faite par Me Jehan Plazier [1], « notaire royal dudit St-Berthoumieu ». Mention est faite d'une somme de 74 *escus*, de 10 *pipes fromant*, de 12 *linseuls* [2], de 60 livres de *plume*, d'une *couverte de Tholoze à la grand sorte*, d'une *robe de drap noir de Paris*, etc.

14. Contrat d'anticipation et donation fait par Me Laurans Boisvert en faveur de Jehan Boisvert, son fils, du 25 avril 1598 retenu par La Barrière, notaire royal dudit Marmande. Mention de feue Catherine Boisvert, tante de Jean, femme de feu Me Arnaud Mosnereau, vivant notaire de Marmande.

15. Testament de Pierre Chassac, du 16 janvier 1577. Mention de Jeanne Rougier, sa femme, de Jeanne et Bertrande Chassac, ses filles.

16. Achapt pour Jehan Boisvert de Arnauld Pourcharesse, « m^e courdonnier de St-Berthoumieu, » d' « ung petit loupin de pred contenant dix-huit escats sciz dans le village de Marty, paroisse et jurisdiction de St-Berthommieu [3] ». Contrat du 1er juillet 1590, retenu par de Costa, notaire dudit St-Berthomieu.

17. Recognoissance faite par Collar Goyneau en faveur de Jehan Boisvert, pour une pièce de terre « lors en bousigue [4], scize et sittuée en la presant jurisdiction de Marmande, au della la riviere sur le port, paroisse de Coussan [5], qui confronte d'un costé à Jehan Dubedat, d'autre part aux hoirs monsieur Me Pierre de

---

[1] *Plaziert* et *Plassier* ou de *Plassier* ne font qu'un même notaire.

[2] Le drap de lit est, en langue gasconne, appelé *lou lincèou*.

[3] Le village (c'est-à-dire le domaine) de Marty a été la propriété de mon père, à qui l'avait légué M. Besse de Belleprade, son oncle par alliance, lequel avait épousé une sœur de ma grand'mère, Mlle de Montardit ; une autre sœur ayant été mariée avec M. de Cours, mort sans postérité et dont nous avons hérité par ricochet.

[4] En *bousigue*, c'est-à-dire en friche. Le mot appartient à la langue gasconne, comme je l'ai déjà noté dans le *Livre de raison des Fontainemarie* (p. 109).

[5] Je lis dans une note des archives Boisvert, qu'au sujet de la métairie de Coussan « il y auroit eu conteste avec le sieur Delage à raison d'un castor et « coutillon de satin qu'iceluy Delage luy avoit promis [à Pierre Boisvert] aux « fins de faire condessandre à la vente feue Jeanne Berri... ». En cette même note, la *conteste* est aussi appelée *riotte*.

Brezetz, conseiller au parlement [1], et au fleube de Garoune, moyennant demi poignaire fromant, ung paire de chappons et ung escu sol en argent. » Contrat du 22 septembre 1591, retenu par Prieuret, notaire royal de Marmande.

18. Contrat de mariage d'entre François Endraud, « ung des cheval legers de la compaignie de monsieur de Castelnau, pour lors gouverneur de Marmande », et Jeanne de Berri, fille de feu Mathieu Berri et d'Arnaude de Pouthallier, femme de feu Jehan Boisvert. Du 17 février 1596, retenu par Fortassie, notaire royal de Marmande.

19. Testament de Mᵉ Laurans Boisvert, du 25 mars 1593, retenu par Prieuret, notaire de Marmande. Mention de la somme de 12 livres laissée pour deux messes à dire chaque semaine aux Cordeliers de l'Observance Sainct-François de Marmande.

20. Eschange d'entre Mᵉ Laurans Boisvert et Pierre Berri, [capitaine], d'une maison que le premier « soulloit lors avoir au lieu communement appelé au pond de Boisvert, dans la ville de Marmande, le ruisseau passant entre deux et celluy du sieur de Morin, plus une autre maison et jardin y joignant au derrier au quartier de Lestang dans la rue appelée de Larosse », contre la maison baillée par le second « que feu Mᵉ Arnaud Drouilhet, vivant greffier dudict Marmande, possède quoyque soit, sa vefve l'ayant acquise à tiltre d'eschange de feu Pierre Bourgeois, escuier... ». Mention d'Arnaude de Pontallier « norre [2] », de Laurens Boisvert et de Anthoine de Bartouilhe, » habitant de la ville d'Aubillar [Auvillars] en Armaignac. »

21. Quittance faite par Jehan Verguin, bourgeois de Marmande, comme procureur duement fondé par messire François de Lamothe, sieur et baron de Castelnau, chevalier de l'ordre du roy, cappitaine de cinquante hommes d'armes de ses ordonnances et gouverneur pour S. M. en la ville de Marmande, d'une somme de 1200 livres

---

[1] Ce conseiller au parlement de Bordeaux avait épousé Anne de Tauzin, que je trouve mentionnée en même temps que Jeanne de Treille, veuve de Jehan de Brezetz, cette dernière, mère de Guillaume de Brezetz, « advocat en parlement ». Étaient-ce les deux belles-sœurs ?

[2] La norre, en langue gasconne, est la belle-fille, la bru.

à prendre sur Jehan Boisvert, lequel avoit emprunté ladite somme
à Fr. de Lamothe, par obligé du 16 avril 1597 ». La quittance est
du 3 janvier 1607, retenue par le notaire Priouret déjà nommé.

22. Contrat de vente faict par Pierre Berri, capitaine, en faveur
de Jehan Boisvert, bourgeois de Marmande, de la « mesterie
appelée de Rouchon, scize en la jurisdiction de Marmande »,
acquise par Berri « de noble Henri de la Salle, quand vivoit
« escuyer. » Prix : 6315 livres. Dans l'acte, qui est du 10 septembre
1606 et qui fut retenu par Me Pierre Labarrière, notaire de Marmande, le mot *villoge* est encore employé comme synonyme de
métairie. Mention est faite du « sieur Jehan de Mailladan [*sic*
pour Madaillan], bourgeois de La Sauvetat[1] », et de « Jeanne de
Treilhes, vefve à fu Jehan de Brezetz. »

23. Obligé pour M. Jehan Fontainemarie, « pour lors praticien », contre Jehan Boisvert, qui lui avait emprunté la somme de
90 livres, le 16 décembre 1611. Quittance du 8 janvier 1614, retenue par Sauvestre, notaire royal de Marmande[2].

24. Testament de Jehan Boisvert. Mention, en dehors des
enfants du testateur, de Jehan Chaumeau, auquel « pour les bons
et agreables services qu'il avoict receu de lui puis quinze à seize
ans » il lègue une petite maison située audict Marmande, dans la
rue de Larosse. Mention de « Anne Berri, sa filheule, fille à Pierre
Berri, vivant cappitaine, et de Marie Viel, » à laquelle il laisse
300 livres. (Document non daté.)

25. Donation faite par monsieur d'Agen[3] à Jehan Boisvert, pour

---

[1] La Sauvetat-du-Dropt (canton de Duras).

[2] En revanche, Jehan Boisvert avait prêté certaine somme à Françoise Gabarret, « vefve à feu Tibaud de Bley, » et il se vit forcé de faire condamner cette
débitrice récalcitrante (Quittance du 10 mars 1612). Signalons, parmi les papiers
de la famille Boisvert, un acte du 7 mars 1623 par lequel noble Jacques de la
Chaussade, seigneur et baron de Callonges (près du Mas-d'Agenais), réclame à
la succession de « feu Jehan Boisvert, quand vivoit bourgeois de la ville de
« Marmande », le payement des « rentes et autres droits sur les biens qu'il avoit
« lors au della de la rivière en la paroisse de Coussan, juridiction de cette ville. »
On trouvera divers renseignements sur les La Chaussade, seigneurs de Calonges,
dans mon *Recueil de documents inédits pour servir à l'histoire de l'Agenais.*
(Agen, 1875, p. 272-278.)

[3] *Monsieur d'Agen* était alors Nicolas de Villars, qui siégeait depuis 1588 et
qui allait mourir à la fin de l'année 1608.

raison d'une *cheyre*. La quittance de la somme de 3 livres 10 sols, prix de la concession, est du 2 avril 1620. La concession d' « une tombe ou place pour mettre une chaire pour entendre le sermon[1] » était du 19 mai 1607.

26. Contrat de mariage d'entre Pierre Boisvert et Anne Berri, fille à Pierre Berri, vivant capitaine, et de fue Marie Viel. 900 livres de dot, du 17 décembre 1613. Peynaud, notaire royal de Castelneau.

27. Receu fait par Vigourous, pour lors retheur (*sic pour* recteur) de Marmande, à Pierre Boisvert pour payement de rentes de biens à luy soubjetz scittuez au bas Thievras[2] comme ayant esté recognus par feu sieur Guilhaume Boisvert ». Du 13 janvier 1619.

Testament d'Arnaude Ponthallier, femme quand vivoit à feu Jehan Boisvert, du 12 mai 1614, retenu par Priouret, notaire royal de Marmande[3].

28. Transaction entre « Sauvian Brisset, secrétaire de la chambre du roy et fermier general du domaine de la feu reyne Marguerite en Guienne, ayant affermé à Mᵉ Jacques Dumas, habitant de Lunel en Languedoc[4], le revenu et domaine appartenant à ladite dame reyne en la ville de Marmande, consistant en rente, péage d'eau et autres choses pour le temps et espace de huit années moyennant le prix et somme de 3875 livres, comme est contenu par le contract du 15 avril 1614 », et Pierre Dulluguet, Denis

---

[1] Ces sièges, que l'on appelait aussi *bancs*, formaient un carré qui occupait parfois un espace considérable (plusieurs personnes pouvaient s'y agenouiller de front et s'y asseoir côte à côte), et recouvraient ordinairement l'endroit où l'on enterrait chaque famille. Vers l'année 1840 nous jouissions encore, dans l'église Notre-Dame de Gontaud, d'un banc de grande dimension posé sur les dalles funéraires sous lesquelles reposaient nos prédécesseurs. N'était-ce pas là un touchant usage ? Et pouvait-on ne pas prier pour les morts dont, pour ainsi dire, on touchait la vénérée poussière ?

[2] Sur l'ancienne paroisse de Tivras, dans la commune de Marmande et à 2 kilomètres de cette ville, à l'ouest. Voir le *Livre de raison des Fontainemarie* (p. 10).

[3] Jehan Boisvert *bailla* à Bouquet « secrettain », c'est-à-dire sacristain, sept livres dix sols pour avoir fait sonner les cloches pour les funérailles d'Arnaude Ponthallier, sa femme. (Quittance du 28 mai 1614.)

[4] Chef-lieu de canton de l'Hérault, à 23 kilomètres de Montpellier.

Ricaud et Pierre Boisvert[1]. (Acte du 17 août 1615, retenu par M° Jehan Fau, notaire royal de Marmande.)

29. Quittance de taille faite par Bazin à Pierre Boisvert comme ayant payé de ses propres deniers pour ledit feu son père. Du 24 septembre 1621. (Jehan Bazin, estant conseul l'année mil six cens vingt, levant les deniers royaux pour le Roy en sa ville de Marmande, etc.) Il s'agissait d'une somme de 49 livres 12 sols 3 deniers avancée par Pierre Boisvert « pour le solagement dudict Jehan, son père... »

30. Contract de revente faict par M° Guilhaume de Brezetz, advocat en parlement, à Pierre Boisvert, d'une piesse de pred scize en la jurisdiction de Marmande, au lieu de Thievras. » 31 juillet 1623, retenu par Burret, notaire royal de Marmande.

31. Achapt pour Pierre Boisvert de François Vernus [ou Bernus] d'une maison au quartier de Lestang, confrontant par devant « à une ruette appelée de Nieulh[2] », voisine de la maison de monsieur de Morin[3], laquelle fait rente à monsieur d'Espaignet, prieur de Garrigues[4] comme apert dudit contrat du 7 octobre 1621, retenu par Fau.

32. Contrat de vente fait par Jehan Boisvert à Nicolas Delage, de sa mesterie qu'il avoit au delà la rivière, paroisse de Coussan,

---

[1] Pierre Boisvert, ayant eu l'imprudence de « s'obliger comme plege dudit « Dumas » — il avait donc oublié, le malheureux ! notre dicton gascon renouvelé des grecs, en général, d'un des sept sages de la Grèce, en particulier, ce qui lui assigne une belle antiquité : *Qui respound, pagou ?* — « feust institué prisonnier ez « prisons de cette ville. » Pour le « desangager », Denis Ricaud vendit une partie de ses biens.

[2] Le nom avait été donné à cette *ruette* par la famille de Nieulh, mentionnée (aux dates de 1478 et de 1590) dans la *Notice sur la ville de Marmande* (pp. 69, 71.)

[3] Sur Jean de Morin, conseiller au parlement de Bordeaux, membre de la chambre de l'Édit, un des correspondants de l'académicien Jean-Louis Guez de Balzac, voir *Notice sur Marmande*, p. 104.

[4] Sur le prieuré de Garrigue, près de Marmande, voir le *Livre de raison des Fontainemarie*, p. 54-55. Aux trois prieurs de Garrigue mentionnés en ces deux pages — (corrigez, s. v. p., la faute d'impression qui met en 1695 le prieur Espaignet, lequel, comme on le voit ici, appartient au premier tiers du XVIIe siècle), — il faut joindre le prieur Dubosc, indiqué dans un acte du 26 juin 1695, passé par le chroniqueur chez le notaire Bernus.

de la contenance de 36 journaux 1 tiers 5 escats de la perche et mesure dudict Marmande, pour 5235 livres 8 sols. Du 8 septembre 1623, retenu par Fau.

33. Procès-verbal pour François Palone, escuyer, agissant comme mari de damoiselle Catherine Boisvert, contre Nicolas Delage, du 17 juillet 1625, signé par Jehan Chabaneau, lieutenant royal en la cour ordinaire de Saint-Sauveur. »

34. Obligé pour l'hospital contre Pierre Boisvert. « Cy-devant Mᵉ Pierre Rougier, notaire royal, emprunta soubs la caution de Pierre Boisvert, à l'hôpital de ceste ville, la somme de 150 livres par obligé du 17 avril 1620, retenu par Perret. »

35. Autre obligé pour l'hôpital contre le même. Pierre Boisvert, emprunta « soubz la caution de feu Mᵉ Pierre Labarrière, quand vivoit notaire dudict Marmande, à Jehan de Brezetz, comme tresorier de l'hospital, la somme de cent livres. » Du 19 décembre 1621.

36. Obligé pour Mᵉ Jehan Fontainemarie contre Jean et Pierre Boisvert et autres. « Mᵉ Isaac de Brezetz, advocat en parlement, Jehan Boisvert, Jehan Grollie, Berri, cappitaine, Pierre Boisvert et maistre Jehan Fau, notaire royal, empruntarent à feu Mᵉ Jehan Fontainemarie, procureur postullant en l'ordinaire dudict Marmande, la somme de 150 livres par obligé du 10 juin 1620, retenu par Mᵉ Jehan Lagauzeire, notaire royal dudict Marmande[1], laquelle somme ils l'ampruntarent pour faire juger et determiner en la cour de parlement de Bourdeaux certain differant pour raison de la disme de Beaupui contre Mᵉ Thibault Cauzac, lors retheur d'icelle et les prestres de la Reolle part prenans en icelle disme pretendant tirer pour raison du bled de neuf gerbes une, ensemble des agneaux, pourseaux, poulles, poulletz, chapons, poyssons, vendange et generallement de tout de ce qui se pouvoit nourrir, sepmer sur terre, ce qui auroit ocazionné ceux d'icelle paroisse d'entrer en procez, comme ils firent, pleydarent l'espasse de deux années, qui obligea icelluy Berry, comme scindicq d'icelle

---

[1] La famille Lagaüzère a aussi fourni à la ville de Marmande un curé dont il est fait mention dans le livre de raison des Fontainemarie et dont il va être également fait mention dans celui-ci. Mᵐᵉ Maurice Boisvert appartient à la famille Lagaüzère, depuis si longtemps entourée de l'estime de tous.

paroisse, soubstenir la disme n'estre qu'à la discretion du peuble,
ce que icelluy Berry auroit esté constrainct veriffier par enqueste,
comme il fist, notamment veriffia tout le contenu en leur demande,
de sorte que lesdictz Cauzac et prestres de la Reolle, se voyant
très mal fondés en leur action, ayant trouvé le moyen d'entrer en
acomodemant, lesquelles partyes passarent arrest d'expediant
portant qu'ils tireront pour la disme dudit bled de quatorze une,
pour celle de la vendange de seize comportes une, pour le restant
relaxe sur ce les parties. »

37. Quittance pour Jehan Boisvert de Seguin, etc. Feu Seguin,
comme fermier des rentes du sieur de Colonges, receust de feu
Jehan Boisvert la somme de 39 livres pour raison des arrerages de
deux journaux de terre en baconne.. (?) Du 10 may 1629.

38. Descharge pour Pierre Boisvert et autres ses consorts
sequestres commis à la requeste de monsieur Me Jacques Duduc,
conseiller du roy en parlement, des biens et fruictz du sieur
[Hugues] de Massiot, escuier, seigneur de Cugnolz et Longueville[1].
Emprunt de quinze mille livres. Duduc, « desirant estre payé des
interetz, feust obligé de faire proceder par saizie sur les biens
dudict feu sieur de Massiot et pour cet effaict auroict faict
establir comme sequestres Pierre Boisvert avecq d'autres dudict
Marmande. Acte du 15 août 1625, retenu par Thomas, notaire
royal dudict Bourdeaux.

39. Memoire d'un arrest du Parlement de Bordeaux donné en
fabveur de Me Laurans Boisvert, grand pere dudict Pierre, contre
les consuls de Marmande, en date du 15 decembre 1595, signé
Pichon[2].

40. Obligé pour les dames religieuses de l'Ave Maria[3] contre

---

[1] Voir sur le château de Longueville et sur la famille de Massiot, *Notice sur
Marmande* et *Livre de raison des Fontainemarie.*

[2] Non seulement nous n'avons pas la teneur de l'arrêt, mais l'analyse même
nous manque.

[3] Il y aurait une petite histoire à écrire du couvent Marmandais de l'Annon-
ciade. Je possède à ce sujet quelques documents, dont j'extrairai la substance
pour un recueil que j'ai l'intention d'intituler : *Notes tirées de vieux papiers
relatifs à l'Agenais.*

Pierre Boisvert. Emprunt d'une somme de 600 livres, du 27 juin 1627. Fau, notaire.

41. Acte de batistaire de Me Pierre Rougier, notaire royal. Le dix-neufviesme novembre mil cinq cens septante neufz, Me Pierre Rougier, notaire, a esté batissé dans l'esglise de Nostre Dame de Marmande, lequel Rougier est plus vieux de six mois que Pierre Boisvert, fils de fue Jeanne Chassac, pere de François. Ledict Pierre Boisvert est mort en 1653, le 20 septembre, et son fils au (*en blanc*) octobre 1653.

42. Memoire de la saizie faite au préjudice du seigneur de Marcellus à la requeste de damoiselle Marie d'Essenault, vefve de Monsieur Me Arnet de Fontaine, vivant conseiller du Roy en la cour de parlement de Bourdeaux, Pierre Boisvert, sequestre, avec autres. (A défaut de payement de la somme de 1200 livres en quoy François de Gascq, escuier, seigneur et baron dudict Marcellus, estoit redevable). Du 16 octobre 1619 [1].

43. Memoire de la saizie faite au préjudice de noble Jacques de Bruhet, escuyer, sieur de la Garde [2], à la requeste de Me Estienne Goutte, Pierre Boisvert, estably sequestre [3]. J. de Bruhet avait acquis du sr de Cugnolz certains biens pour la somme de 21,000 livres par contract receu par Vincens, notaire. 15 avril 1627.

44. Memoire de la saizie faite au préjudice de Me Nicolas Bacoue et noble Gabriel de Sacriste, sieur de Malevirade [4], à la requeste de Me Jehan Heymard, juge de la Sauvetat (*sans date*).

---

[1] Tous les gentilshommes des environs de Marmande étaient-ils donc obérés ? Nous avons vu plus haut la saisie des biens du châtelain de Longueville. Voici maintenant la saisie des biens du châtelain de Marcellus. Il est question de ce dernier dans la *Notice sur Marmande*, p. 103-104.

[2] Voir, au sujet de la famille de Bruet, la *Notice sur la ville de Marmande*, et surtout la *Notice sur la ville de Tonneins*, par MM. Lagarde père et fils. (Agen, 1884, grand in-8o.)

[3] « Avec Me Estienne Sigal, advocat en la cour, Me Jean Brau, Papon, hoste « de Gontaud. » Ce sont là trois noms gontaudais souvent inscrits dans les archives de ma ville natale. Me Jean Brau était un des aïeux d'un homme de cœur et de talent que j'ai beaucoup aimé, Vincent de Breau, auteur de *Poésies diverses* parmi lesquelles on distingue un émouvant récit, *la Vestale* (Paris, 1853.)

[4] Voir sur la famille de Sacriste, qui a si longtemps possédé le château de Malvirade (commune de Fauguerolles), la *Notice sur Marmande* (p. 118-119), le *Livre de raison des Fontainemarie* (p. 10).

45. Memoire de la saisie faicte au prejudice du seigneur de Merville[1], à la requeste de frere Jehan Batiste Lambert Darerac. Ce frère avait fait saisir les fruits décimaux de la cure de Castelnau. Sequestres : Pierre Boisvert, Abraham Villotte, Jean Rapin, etc.,[2].

46. Memoire pour raison de la dot constituée par Jean Boisvert à Marie Boisvert, sa fille, avec Jacques Faugeres, fils à Joseph et de Quitteyre (Quitterie) Haulteserre. Le contract de mariage, du 31 mai 1624, est retenu par M⁰ Pierre La Barrière, notaire royal de Marmande[3].

47. Memoire pour raison de la dot constituée par Jehan Boisvert à Catherine Boisvert, sa filhe, femme de François Paloque. Jehan Boisvert se seroit joinct en mariage avec Marie Paloque. Contrat du 28 octobre 1618, retenu par Bonef, notaire royal de Monflanquin. Le susdict jour, ledit Boisvert contracta mariage pour damoizelle Catherine Boisvert, sa filhe, avec noble François de Paloque, sieur de la Salvetat, frere de ladicte mariée. Dot de 6000 livres tant du chef de M⁰ Laurans, son pere, que d'Arnaude Pouthalier, mere de la dicte Catherine, que de son chef. On rappelle dans l'acte que le sʳ Paloque « lors qu'il depensa et [lors] de son depart, tira de la maison dudit feu Boisvert grand nombre de meubles, deux cens aunes d'estoffes de (*mot illisible*) bleue et viollette, le tout dans ung bateau qui est le moings de la valleur de huict cens livres. »

48. Memoire de la saizie des biens de M⁰ Izaac Bourgeois, et Pierre Clerc, Pierre Lalyman, Jean de Brezetz et Jean Despeyroux, bourgeois de Marmande, saisis à la requeste de dame Suzanne de Bazebat (Bassabat) de Pordeac, Pierre Boisvert, sequestre, avec

---

[1] Le « seigneur de Merville » appartenait à la famille des Cars, une des plus vieilles du Limousin. Sur les Merville à Bordeaux voir (*passim*) les *Archives historiques du département de la Gironde*.

[2] Voir sur les Villotte et les Rapin, *Histoire de Sainte-Bazeille*, déjà citée.

[3] Dot de 1800 livres avec « deux robes et deux *coutillons*, l'un d'un camelloct « de Lisle (camelot de Lille) et l'autre de camelloct de soye et l'une robe « d'estamine et l'autre de burat. En payement dudict dot ledit Faugeres prandroit « la moitié d'un moulin à nefz (sur bateaux) que ledict Boisvert avoit lors au « devant la ville dudict la Reolle sur Garonne ».

Simon Sevin, Jehan Colombet, etc. Suzane était veuve de « messire Anthoine de Roquelaure, quand vivoict mareschal de France et lieutenant general en la province de Guienne. »

49. Memoire de la saizie de la seigneurie et terre de Caumond, à la requeste de Mᵉ Augustin Choppin, au préjudice de dame Anne de Caumond [1]; Pierre Boisvert, sequestre. L'an mil six cens vingt six, dame Anne de Caumond, femme separée de biens [2] de hault et puissant prince messire François d'Orléans, conte de Sᵗ-Pau (*sic pour* Paul) constitua cinq cens livres de rente à noble homme Mᵉ Augustin Choppin, sieur d'Arnoville, advocat en parlement [3], avecq les arrerages de trois années revenant à la somme de quinze cens livres, ensemble la somme de huict mille livres encore d'autre, à deffault de payement faict proceder par saizie sur la ditte terre et seigneurie de Caumond consistant en meteries, pasture, bois, garenne, molius et rantes, faict establir sequestres Pierre Boisvert, Mᵉ Jehan Demourant, lors lieutenant de la jurisdiction de Seches [4], demurant lors en la ville de Marmande, Jean, autre Jean Darclon, pere et filz, Pierre Guipouy, praticien, Jeanton Dubourc, Jehan Laclotte, Mᵉ François Dufau, François Thoninan, Pol Jurat, habitans dans le bourg et jurisdiction de la Gruere [5], Gabriel Maignotte et Jean Olivier, demurant dans la ville du Mas d'Agenois, comme apert desdittes lettres de Regendo, du dixiesme may 1630.

50. Consignation faite ez mains de Mᵉ Laurans Boisvert. — Cy devant Mᵉ Arnaud Monnereau, notaire royal, estant conseul l'annee mil cinq cens septante six, faisant la recepte des deniers du Roy et des subsides du vin, Mᵉ Jehan Gausac, comme commis de Monsieur de Naux et Alein Dour, sergeant royal de la ville

---

[1] Voilà Anne de Caumont, la riche héritière, saisie elle aussi pour avoir trop généreusement engagé sa fortune, en cédant aux exigences du plus dépensier des maris, accablé de dettes.

[2] Connaissait-on cette séparation de biens que rendirent nécessaire les débordements du comte de Saint-Paul? Il est plaisant de voir ce grand seigneur recevoir les qualifications de haut et *puissant* prince, au moment où il était traqué par la meute des huissiers.

[3] On sait que ce nom a été porté, de nos jours, par un avocat distingué.

[4] Seyches, canton de l'arrondissement de Marmande.

[5] Aujourd'hui commune du canton du Mas-d'Agenais.

d'Agen, se seroient transportés en la ville de Marmande et faict faire commandement audit Monnereau de payer le subside dudit vin de la susditte annee, montant la somme de 76 escus 7 solz cinq deniers, laquelle ditte somme ledict Monnereau eust à l'instant offert ausdicts Gausac et Dour en bonnes especes d'argent pour aporter devers le bureau de la recepte dudict subside, et ez mains dudit sieur de Naux tresorier et recepveur, lesdictz Gausac et Dour ayant faict refeus, icellui Monnereau consigna la susditte somme ez mains de Me Laurans Boisvert, qui s'en rendist depositaire par acte du 28e d'aoust 1579, retenu par Herault, notaire royal dudict Marmande[1].

III. — DÉCÈS, MARIAGES, NAISSANCES DANS LA FAMILLE BOISVERT.

Le 29 febvrier 1656 Marie Boisvert est née à l'heure de trois du matin, filhe à François Boisvert et Jeanne Heraud, pere et mere.

Signature : BOISVERT.

(Addition postérieure de près de trois quarts de siècle) :

La susdite Marie Boisvert est decedee le 8 d'aoult 1729 et a été ensevelie le 9 dud. mois dans l'églisse (*sic*) des Cordeliers de Marmande, à l'âge de 73 ans.

Le vingt-troisiesme mars mil six cens soixante trois, Anthoine Boisvert est nay (*sic*), fils à François Boisvert, bourgeois, et à Jeanne Heraud[2]. Son parin Anthoine Berry et marine (*sic*) Marie Heraud, femme du sr Boq, de Caumont, advocat en parlement.

---

[1] Les Héraud, alliés aux Boisvert, étaient eux aussi d'excellente bourgeoisie. J'ai eu sous les yeux un acte du 30 janvier 1697, où figurent Jean Heraud, « bourgeois, habitant de la paroisse de Sainte-Abondance » (canton de Marmande) et Antoine Boisvert, « garde du corps de Sa Majesté », fils de François Boisvert et de Jeanne Heraud, « residant à present dans la maison dudict sieur « François Boisvert, son père, dans la paroisse de Baissacq, juridiction de Marmande ».

[2] M. Maurice Boisvert conserve dans ses archives le contrat de mariage de François Boisvert et de Jeanne Heraud (4 avril 1655). J'ai vu dans ces mêmes archives le contrat de mariage de Pierre Boisvert avec dame Anne Berri (17 novembre 1613).

Le vingt septiesme juin mil six cens septante huit, vers les onze heures du soir, Jean Boisvert mon fils, ainsi que de Jeanne Heraud, ma femme, est mort âgé de vingt ans et a esté ensevely le lendemain matin vingt huitiesme dudit mois, jour de Saint-Pierre dans mes tombes que j'ay dans l'esglise Nostre Dame de Marmande confrontées par l'ordonnance de Monseigneur l'evesque d'Agen, faicte audit Marmande le dixieme may mil six cens deux, signée Nicolas, evesque d'Agen[1], et plus bas par Monseigneur Reverendissime Jaquier, secretaire, et vidimée par Labarriere et Fau, notaires et tabellions royaux de Marmande, ensemble Jean Boisvert, mon grand pere et ayeul du deffunct, lesquelles tombes confrontoient lors par costé aux sepultures de feu Pierre Rougier, vivant notaire royal, par autre [côté] au fondament du pillier où est presentement la chaire du predicateur, par bout vers le cœur aux sepultures des hoirs Pierre Ballassens, ainsy que faict foy la declaration de feu Vital Molleres, vicquaire dans l'esglise Nostre Dame de Marmande, du deuxiesme apvril mil six cens vingt six, portant quittance en faveur de feu Pierre Boisvert, mon pere, de la somme de trois livres dix sols pour payement du pavement qu'on fist lors dans ladicte esglise, signé de Moulius, presbtre, et Jehan Boisvert, mon grand pere. La susdicte ordonnance dudit sieur Evesque donne aussy audit Jean Boisvert, mon grand pere, trois pas et deux de l'ung à l'autre pillier gauche pour y placer un banq, lequel y a esté tousjours du depuis jusques au desordre qui feut lors de l'abatement d'icelle par la force du feu du ciel qui y tomba[2], laquelle ordonnance et quittance j'ay en mon pouvoir. En foy de quoy ay signé cejourd'huy 28 juin 1678.   BOISVERT.

Le 30 juin 1678, j'ay payé au sieur Lagausier (sic), recteur de Nostre-Dame, 5 livres pour la mise en terre et deux messes hautes, ensemble vespres pour l'ame de Jean Boisvert, mon fils, plus pour le carrilloneur faire la fosse ou sonner la cloche, 30 sols.

                    BOISVERT.

[1] Nous avons déjà vu que c'était Mgr de Villars.
[2] Voir *Notice sur la ville de Marmande*, p. 108-109. On trouvera plus loin (*Extrait du livre de raison de Noguères*) une autre mention du terrible événement, du 17 juin 1672.

Le 29 mars 1689, Anthoine Boisvert, mon fils, est party d'icy pour aller joindre Monsr de Crillon, mestre de camp de cavallerie, avec une lettre de M^r l'intendant, aux fins d'aller en Allemaigne pour entrer dans la compainie du chevallier de Bezons, aussy mestre de camp, inspecteur et brigadier de toute la cavallerie. Le dit sieur Crillon est à Montauban.

Le 2 janvier 1693 j'ay faict compte aveq Monsieur de Brezetz, prestre et docteur en theologie, touchant l'obligation que je luy avois renouvellé le 7 juillet 1679.

Anthoine Boisvert, garde du corps du Roy dans la compagnie de Monseigneur le duc de Villeroy, brigadier de M^r le chevallier de Balliniere, est party de chez moy, le 13 febvrier 1696, pour se rendre au service. Son quartier d'hiver est Clermont en Beauvesis. Il s'en est allé avec le fils de Mr Michel Cloupeau, le s^r Renol, le s^r Mimau, marié aveq la Fiselliere, le s^r Bouic, le s^r Odoux, le s^r Bley, neveu à Monsr Gaulier, curé de Longueville, le s^r Gautier, fils de feu l'advocat au parlement [1]. La route dudit Cloupeau passe à Langres là où mon fils doit quitter pour gaigner Paris pour aller joindre le garde corps [2].

Jesus, Maria. Amen [3].

Le trentuniesme (*sic*) de mars mil six cent nonante cinq, Jeanne Heraud, ma bonne femme, est morte, a esté ensevellie au couvent des Reverends pères Cordelliers de Marmande, et ce dans la nef de leur esglise et au cœur d'icelle, à la tumbe qui touche le premier degré du grand autel et où on chante d'ordinaire l'épitre disant la s^{te} messe. Elle a esté honoree de ses parans et amis sans un coup de cloche, veu le temps, estant morte le judy saint vers les deux

---

[1] On retrouvera presque tous ces noms marmandais dans ma *Notice* de 1872, où j'ai cherché à rendre la *Table alphabétique* aussi complète que je l'ai pu.

[2] J'ai vu dans les archives de M. Maurice Boisvert une donation faite par François Boisvert et Jeanne Heraud, conjoints, en faveur d'Antoine Boisvert, leur fils, ancien garde du Roy (5 mars 1695), et le testament de ce dernier (6 novembre 1741).

[3] Ici une larme a été naïvement dessinée par le narrateur. Une autre larme a été plus ou moins bien représentée après les mots : *est morte*. Trois larmes, rangées de front, séparent les deux premières lignes latines. Entre deux autres semblables images, est inscrit le mot *Amen*. Enfin, couronnant le tout, une larme, plus grosse que toutes les autres, est placée sous le dernier mot.

heures du soir, à l'heure que Nostre Seigneur Jésus Christ commanda aux Apostres de luy aprester l'aigneau pour faire la Pasche; elle mourut aussy en priant Dieu.

Benedicta sit atque individua Trinitas.
Requiescat in pace. Amen. Pater noster.
Amen.
Fidelium animæ per misericordiam Dei. Requiescant in pace.
Amen.

Le vingt un au vingt-deux, à minuit, Bierre Boisvert, mon bon enfant, est decedé l'an mil six cens nonante et neuf et ensevely le 22 dudit mois et an à la grande esglise de la parroisse de Nostre Dame de Marmande. C'estoit mon cadet. Dieu l'aye resceu. *Benedicta sit atque individua Trinitas nunc et per infinita sæcula sæculorum. Amen.* BOISVERT [1].

Le 21 janvier 1700, Anne Boisvert, femme de feu monsieur Villepreux, escuier, est decedee entre les douze et l'une heure du matin, et ensevelie à quatre heures du soir aux Cordeliers et aux tumbes de feu Anne de Lavergne, femme de feu M. de Moran. Elle estoit fille à feu s^r Jean Boisvert, mon grand père, et à feue Marie de Palloque.

BOISVERT.

Marie Boisvert, segonde fille de s^r François Boisvert et de Jeanne Heraud, est morte le 8 octobre 1723 et a esté enterrée dans l'église des Pères Cordeliers de Marmande [2].

[1] A la suite de ces actes mortuaires sont transcrits quelques contrats, notamment un acte de sommation fait par Pierre Boisvert à Michel Deymier, « demu- « rant en la jurisdiction de Sainte-Bazeille, » comme sequestre de la seigneurie de Castelnau, saisie à défaut de payement (22 juin 1630, notaire Jehan Fau); un obligé pour les dames religieuses de l'Ave-Maria contre Pierre Boisvert et François Berri (23 septembre 1638, même notaire); une quittance des pères Cordeliers à Pierre Boisvert, pour frais *funériaux* (somme de 3 livres 18 sous) pour « le service qu'ils firent à ladite Anne Berri, sa femme »; un « titre des « sépultures fait par le gardien du couvent des Cordelliers à Pierre Boisvert », le 27 mars 1693, etc.

[2] A la suite de ce nouvel acte de décès, mention d'une reconnaissance faite par François et Jean Boisvert, bourgeois de Marmande, en faveur du s^r Baille pour rentes de deux journaux de pré à La Salle, qui est de 23 deniers par an, plus 3 deniers pour dix *houmes* de vigne à Grayon. Acte retenu par Maurineau, notaire royal de Marmande, le 10 février 1726.

Le dix-huitiesme novembre mil sept cens quatre, après midy, Pierre Boisvert, mon fils, et de feüe Jeanne Heraut, a fiancé Françoise Courreges, fille seule héritière de feu Courreges, bourgeois, quand vivoit, de Coutures, prise avec tous ses droits, et moy ay baillé audict Pierre Boisvert la sixiesme partie de mon bien après mon décès et cependant luy ay baillé pour presautement jouir deux journaux de terre labourable et un journal de pred, laquelle terre et pred ledit Pierre Boisvert portera pour esgalement partager mon dit bien après mon décès avec ses autres frères et sœurs, pour que chascun en ait le sixiesme, à la reserve de ma maison de campagne et ses descharges que moy soubsiné (*sic*) me suis reservé pour en disposer en faveur de qui bon me semblera, ensemble la jouissance de mon bien ma vie durant. Monsieur Deymier, procureur du Roy de Ste-Bazille, a reteneu ledit acte, en foy de quoy ay signé ce [que] dessus.

BOISVERT [1].

Les annonces de Pierre Boisvert ont esté controllées à Marmande, le 20e janvier 1705, par le ministère de mons^r Belloc, le

---

[1] Ce paragraphe est précédé de trois singulières recettes : *Remède contre tout venin de peste ; autre remède pour ceux qui ont la peste ou qui pensent l'avoir ; Bref moyen pour cognoistre quand le temps est dangereux de prendre la peste.* Ces divers articles sont de l'année 1679. Je crois devoir les reproduire in-extenso :

« 1. Prenez du bure fraix, deux noix qui ne soint pas vieil, (*sic*) deux figues « seiches, un grain de sel, puis mangez cela à jeun et beuvez du vin blanc un peu, « mais pour peste adjoutez-y deux feuilles de reue et en prenez aussy le soir.

« 2. Prenez mitridat la grosseur d'une petite noix, avec un peu de poudre d'aus- « truche dit[e] imperatoria, et tout cella detrempez en bon vinaigre et le prenez « à l'heure que vous vous sentirez frappé et avecq l'aide de Dieu vous serez pre- « servé de mort. Femmes enceintes et petits enfans peuvent uzer de ces deux « receptes lesquelles sont faciles à faire et à les avoir et ne coustent gueres.

« 3. Peste est une vappeur venimeuse d'air ennemie du cœur ; elle advient quand « le temps ne garde pas sa nature ; maintenant faict chaud, tantost froid, main- « tenant clair, et tantost trouble, maintenant pluye et tantost poudreux (*c'est la « poussière, en d'autres termes la sécheresse, opposée ici à la pluie*) et aultres sem- « blables, quand les fruitz, chair et poissons sont de bon goust (*c'est-à-dire quoi- « que de bon goût, de bonne nature*) se corrumpent incontinent, quand les oiseaux « laissent leurs nids, changent de lieu en autre et tumbent mortz, quand la « vermine abonde sur terre, quand le vent chaud dure en automne, quand les « vers et la [petite] verolle mollestent les petits enfans. » Je néglige *un remède pour la saignée du nez* et un éloge enthousiaste des *vertus de l'herbe galega* dite *ruta capraria :* « Elle est souveraine contre tous les poisons mortels, contre « toutes les morsures et picqures des bestes venimeuses, » etc.

jeune, notaire, chez le s^r Heraut, controlleur. Et pour Françoise Correges l'annonce a esté controllée à Ste-Baseille par Lacan, controlleur, le 22e janvier 1705. Le tout a cousté la somme de trente-six livres, que je François Boisvert ay fourni et lesquelles 36 livres ledit Pierre Boisvert m'a promis de me rembourcer de jour à autre; plus j'avois baillé au cousin Deymier, procureur du roy de Ste-Bazeille, qui avoit passé le contrat de mariage, un escu blanc. En foy de quoy ay signé ci-dessous le 23 janvier 1705.

BOISVERT.

Plus j'ay donné audit Pierre Boisvert un lit neuf de bois de noyer, avec ses rideaux de fer pesant dix livres, plus un lit de charritté et un coffre fermant à clef (tenant environ un sac de bled) de bois de noyer.

Le vingt sixiesme janvier 1705, Pierre Boisvert, mon fils, a épousé à Coutures.

Le seixiesme de novembre 1705, David Heraut, mon nepveu, est mort et ensevely. Le bon Dieu l'ait receu dans le ciel par sa sainte grace et à (*pour* ainsi que) tous les fidèles trépassés. Ainsi soit-il. *Requiescat in pace cum sanctis tuis. Amen*

Le vingt-troiziesme janvier 1706 Pierre Deymier s^r de Jurquen est mort entre onze et douze heures du jour et ensevely le 24. Le seigneur l'ait receu dans son saint paradis par sa sainte misericorde et aux (*pour* ainsi que les) fidèles trépassés. *Amen.*

Le septiesme d'avril 1706, François Boisvert a esté baptisé à Coutures par monsieur de Lespiau, curé dudit lieu; presans le s^r Dons de Gaubaignac et Jean Boisvert, oncle; parrain, François Boisvert, grand pere, et marrine (*en blanc*), fils de Pierre Boisvert et de Françoise Courreges, ses père et mère. Ledit François Boisvert naquit le 5 avril, audit an 1706, entre 5 et 6 heures du soir.

Le vingt-quatre septembre mil sept cents trente-sept est decedé François Boisvert, fils à Pierre Boisvert, bourgeois, et à Françoise Courrege, demoiselle, agé d'environ vingt-neuf ans, enseveli dans le couvent des R. P. Cordeliers et dans nos tombes qui sont des-soubs le petit pulpitre de l'épitre au sanctuere.

BOISVERT fils.

Le vingt-cinquiesme avril mille sept cents trente-deux, est decedé et le vingt-sixiesme a esté enterré s^r Jean Boisvert, bourgeois de Marmande, dans l'eglise paroissiale Notre-Dame de Marmande, et dans nos tombes qui sont au-dessous de notre banq attaché au pillier qui est vis-à-vis de la chaire du predicateur, à gauche, en entrant dans laditte eglise, âgé d'environ 65 [ans], en presence d'Antoine Saly et Jacques Labat qui n'ont signé pour ne sçavoir.   DELBÈS, curé de Marmande.

Le vingt-sixiesme avril mille sept cents treute-un, est mort et le vingt-septiesme dudit mois a esté enterré dans l'eglise des R. PP. Cordeliers s^r François de Boisvert, bourgeois de Marmande, âgé de soixante-quinze ans, et dans nos sepultures, qui sont dessous le petit pulpitre de l'eglise et dans le sanctuaire, par moi BOISSIÈRE, vicaire.

Le vingt huitiesme juin de l'année mille six cents septante huit, en l'eglise paroissiale N.-Dame de Marmande, a esté enseveli Jean Boisvert, decedé le jour precedent, âgé de 22 ans. Presents les soussignés Labourderie, Roulant.   PUIFOUCAT, vicaire.

Le septiesme juillet mille sept cents onze, dans l'eglise des R. PP. Cordeliers de la presente ville, a esté enterré et dans les tombes de l'autre part mentionnées, s^r François Boisvert, bourgeois de Marmande, decedé le jour precedent, âgé d'environ quatre vingts ans, et pere de Jean, François, autre Jean, Antoine et Pierre Boisvert, bourgeois, tous decedez.

                              VITOSTE, vicaire.

Le dix-neuf avril mille sept cents trente-sept, naquit Pierre Boisvert, fils naturel et legitime à feu François Boisvert, bourgeois de Marmande, et à dem^elle Catherine Dupin, et a esté baptisé le vingt dudit mois par Jean Parcé, curé de Beaupuy.

                              JEAN PARCÉ, curé.

Et moi BOISVERT en 1743 ay signé mon extrait.

Contract de mariage passé le 17 du mois de septembre mille sept cent septante deux, par Mr Meule, notaire royal, à Castelnaud, d'entre le susdit Pierre Boisvert, habitant de Beaupuy, fils naturel et legitime de feu François Boisvert, bourgeois de Marmande, et à dem^elle Catherine Dupin, d'une part, et de dem^elle Madelaine Brigite

Faurée fille légitime de feu s^r Antoine Faurée et de dem^elle Martiale Bordes, habitants de la paroisse de Taillebourg, et lesdites parties assistées toutes de leurs parents et amis.

Duquel mariage est descendu Aimée Catherine et François Boisvert, sœur et frère. Suit de l'autre part leur extrait de naissance.

Actes de naissance d'Aimée Catherine et François Boisvert, cy devant bourgeois ancien de la ville de Marmande[1] :

Aujourd'hui onzieme jour du mois d'aoust mille sept cent soixante treize, je soussigné ay baptisé demoiselle Catherine Boisvert, née d'hier, fille legitime à s^r Pierre Boisvert, bourgeois de Marmande, et à dem^elle Brigitte Faurée de cette paroisse. Parrain a esté s^r Jean Faurée, capitaine de vaisseau, oncle, et marraine demoiselle Catherine Dupin, grande mere de la baptisée. Presents s^rs Michel Lalimant, de Taillebourg, et Benoit Bissiers, sacristain, qui n'a sceu signer de ce requis par moy. Signé sur le registre de l'etat civil de la commune de Beaupuy, Lalimant de Montplaisi, Faurée et Louis Mouchet, curé.

Aujourd'hui vingt-neuf aout mille sept cent soixante seize a été presenté par monsieur André Bigourous, et mademoiselle Rose Faurée, un enfant à qui on a donné le nom de François Boisvert, né d'hier, fils legitime à s^r Pierre Boisvert, bourgeois, et à made-

---

[1] Puisqu'il est si souvent question, en ce livre de raison, des bourgeois de Marmande, je demande la permission de consigner ici une petite anecdote, peu connue, que je tiens d'une de mes tantes, Madame de Boëry, qui savait tant de choses d'autrefois et qui les contait si bien, car son esprit était merveilleux comme sa mémoire : Le duc d'Épernon, quand il était gouverneur de la Guyenne, reçut une députation de la communauté de Marmande. Il pria les représentants de cette ville de vouloir bien assister à une petite fête donnée en leur honneur et où devait être jouée la comédie. (On n'ignore pas que le duc d'Épernon aimait beaucoup le théâtre, qu'il avait, comme un roi de jadis, sa troupe de comédiens et que l'incomparable Molière fut un de ses protégés.) Les magistrats municipaux de Marmande avaient, dans leur ambassade, paru un peu gourmés et solennels. Aussi rit-on beaucoup dans la salle, quand on entendit le dialogue suivant : « Arlequin, d'où te vient cette mélancolie? — Je suis dévoré par l'ambition. — Que désires-tu donc? — Ah! je n'ose le dire. — Mais enfin... — Devine-le, si tu le peux. — Voudrais-tu être colonel? — Non. — Lieutenant général? — Non. — Gouverneur de la Guyenne? — Non. — Prince, roi, empereur? — Non. — Mais quoi donc alors? — (Avec un gros soupir): Je voudrais être bourgeois de Marmande. »

moiselle Brigitte Faurée, mes paroissiens. Parrain a été François
Boisvert, bourgeois de Couthures, et marraine mademoiselle
Magdelaine Faurée de Taillebourg. Presents ont été Benoit Bissiers
et François Fabès, sacristain, qui n'ont sceu signer de [ce] requis
par moy, et ont signé sur le registre de l'etat civil de la commune
de Beaupuy : Vigouroux, Rose Faurée, Thérese de Bentzmann [1], et
Louis Mouchet, curé.

Certifié les deux extraits cy dessus pour coppie conforme.

A Beaupuy, 16me jour du mois de nivose an 13.

BOISVERT pere.

Le onze decembre mille huit cent six est decedé à Taillebourg,
canton de Marmande, et au deuxième arrondissement du département de Lot-et-Garonne, demoiselle Sophie Faurée, épouse à
sieur Antoine Faurée, à onze heures et demie du matin.

Le seize du mois d'octobre mille huit cent sept est decedée à
Ste-Bazeille Magdeleine Mouchet, épouse à monsieur Uzard [2] et
fille à feu Jean Mouchet et à Catherine Noguey, habitans du dit
Ste-Bazeille, canton de Marmande, département de Lot-et-Garonne,
à une heure du matin.

Du cinq decembre mille huit cent neuf est decedé à Beaupuy
Pierre Boisvert, né le 19 avril 1737, épouse de Brigitte Faurée,
laissant deux enfants, Catherine et François Boisvert, dont les
extraits de naissance sont enregistrés cy dessus, du 16 nivose an 13.
Il a été ensevely à Beaupuy, le 6 décembre à laquelle sépulture ont
assisté Messieurs S^t·Martin de Veyran et son frère, M. Lavallée,
Vigouroux, de Coutures, Mouchet, de Ste-Bazeille, Faurée Antoine,
beau-frère, de Taillebourg, Gaudou, de Castelnaud, Forestier, de
Castelnaud, Drouilhet frères, de Beaupuy, et ses enfants [3], n'ayant
pas eu le temps de régler ses affaires.

A Beaupuy, le 15 décembre 1809.   BOISVERT.

---

[1] Voir la généalogie de la famille de Bentzmann dans l'*Histoire de Sainte-
Bazeille*, par M. l'abbé Alis (p. 494).

[2] Un de leurs descendants a épousé une sœur de M. Charles Boisvert,
l'autre sœur ayant été mariée avec M. de Labarre.

[3] On trouvera la plupart de ces noms dans les deux plantureuses monographies où M. l'abbé Alis, curé d'Agmé, mon bon voisin et ami, a si bien fait
revivre les souvenirs de Mauvezin et de Sainte-Bazeille.

Le (*en blanc*) fevrier mille huit cent onze, mademoiselle Catherine Boisvert, fille à feu Pierre Boisvert et à Brigitte Faurée, a contracté mariage avec M. Marescot Merac, fils à (*en blanc*) Merac et (*en blanc*) Serré de Samadet, commune de Bouglon. Les futurs époux restent chez la tante de la demoiselle Boisvert, Rose Faurée, à Taillebourg. Avant le mariage, il a été fait un partage entre la dite demoiselle Boisvert et son frere François Boisvert de tous les biens de la famille; tant du propre venant de la succession d'un oncle que de ceux venant de leur pere, que ceux venant de la mere qui pour ce motif leur a fait une donation sous la réserve de la jouissance, le tout retenu par Mʳ Malardeau, notaire à Marmande, en fevrier 1811.

BOISVERT.

Ce trente decembre mille huit cent seize, Mʳ François Boisvert a contracté mariage avec Mᵉˡˡᵉ Marie-Roze Dubois de Lagrange, fille à Jean-Michel Dubois de Sainte-Gemme de Lagrange, écuyer, ancien capitaine commandant de grenadiers dans le régiment d'infanterie de Soissonnais, chevalier de l'ordre royal et militaire de St-Louis, et de dame Marguerite de Fontainemarie, domiciliés à Senestis[1].

---

[1] Voici une note de M. Charles Boisvert, qui vient avec à propos couronner l'œuvre commune de ses aïeux : « La dame Marie-Marguerite de Fontainemarie, veuve de J. B. de Villepreux, épousa en secondes noces Jean-Michel Dubois de Lagrange Sainte-Gemme, capitaine commandant des Grenadiers du Soissonnais, chevalier de Saint-Louis. Elle décéda à Marmande, vers 1827, laissant de son second mariage trois enfants :

« 1° Marie-Roze Dubois de Lagrange, mariée le 30 décembre 1816 à François Boisvert, décédée à Marmande le 15 mars 1840 ;

« 2° Marguerite-Georgette Dubois de Lagrange, mariée le 11 novembre 1817 à M. Jacques-Joseph Faget de Renol, colonel de cavalerie, chevalier de l'ordre royal et militaire de Saint-Louis, décédé à Marmande en 1851 ;

« 3° Jean-Michel Dubois de Lagrange, prêtre, chanoine honoraire, décédé à Marmande en août 1864. »

LIVRE DE RAISON DE N. DE LIDON,

SIEUR DE SAVIGNAC.

1650-1664.

1650.

.... Le vendredy 2 de septembre [1650] [1], je suis allé à Aynesse [2] pour faire acomoder les bateaux et curer [*ici un mot dont on distingue seulement les deux dernières syllabes :* luze, *sans doute* écluse] de la moulinasse [3].

Le lundy 12 septembre, Monsr de Sainct-Luc [4] est venu loger à Aynesse avec la compagnie de gendarmes du Roy et les cheveaux legers du Roy où estoit Monsr de la Sale norman [5] conduisant la première et le conte Dollone (*d'Olonne*) de la Beausse [6] commandant l'autre et pleusieurs autres trouppes. Les sieurs de Triget

---

[1] Les premiers feuillets manquent. Le manuscrit commence par cette phrase décapitée : « d'herbe en desduction de 25 escus de l'achapt que j'ay faict de luy « d'un cheval gris... » A propos de ce cheval gris, notons que M. de Savignac était un fervent éleveur, et que la race chevaline, objet de ses prédilections, figure bien souvent dans ses comptes et récits, plus souvent même que je ne l'ai marqué, car j'ai cru devoir élaguer force passages relatifs aux écuries de l'hippophile.

[2] Eynesse est une commune du canton de Sainte-Foy-la-Grande (département de la Gironde, autrefois dans l'Agenais), à 6 kilomètres du chef-lieu.

[3] Eynesse est sur la Dordogne même.

[4] François d'Espinay, marquis de Saint-Luc, lieutenant-général pour le Roi en Guyenne.

[5] Faut-il identifier ce *M. de La Sale* avec le *capitaine aux gardes* du même nom mentionné dans les *Historiettes* de Tallemant des Réaux (t. II, p. 257 ; t. VI, p. 265 à 268) ? Le nom de *La Sale* ou *La Salle* a toujours été partout si répandu que l'on n'ose conclure.

[6] Louis de la Trémouille, comte d'Olonne, est bien connu, mais il l'est encore moins que sa femme, la belle et galante Catherine-Henriette d'Angennes de la Loupe. Voir Tallemant des Réaux et Bussy-Rabutin, pour ne citer que ces deux anecdotiers.

et Montaut l'accompagnoient et le mardy matin allerent à Bergerac, et le mercredy icy [1]. Repasserent à Aynesse allans à Genssac [2].

Le second de novembre, estant à la foire de Montbahus [3], j'ay laissé à l'estanier [4] de Lauzun [5] 24 solz qu'on luy restoit despuis qu'il avoit fondu la vesselle de seans. (Lesquirol des Segalas [6] estanier).

Le samedy 3 decembre, payé la taille au consul de Tombebœuf [7] pour quinze cartz (*abréviation de cartonatz*) et un tiers.

1651.

Le dimanche premier de l'an de grâce mil cens (*sic*) cinquante ung, mon frere et moy avons esté à Cabanes [8], à la sepulture de feu Monsieur de Combebelle qui fust (commençant devers la teste) porté par Messieurs La Terrade Plaizié, gendre du sieur de Costa [9], et La Grange de Besse [10], et du costé gauche les sieurs de La Salle

---

[1] C'est-à-dire au château de Saint-Léger, indiqué sur la carte de Cassini. M. de Lavaissière m'a communiqué un contrat de l'année 1772, dont la copie est d'ailleurs conservée dans un des registres d'insinuation des Archives départementales, à Agen, B 189, mentionnant un nom qui m'est bien cher parmi les anciens possesseurs de la terre et du château de Saint-Léger : « Donation faite par « Marie Lassort, veuve en premières noces de Pierre Grenier, écuyer, sieur de « Malardeaux, et en secondes noces de Raymond Delmas de Grammont, au profit « d'Arnaud-Gaspard Grenier de Malardeaux, son fils du premier lit, de la « seigneurie de Saint-Léger, juridiction de Montastruc et de Monclar. »

[2] Gensac est une commune du département de la Gironde, canton de Pujols, à 8 kilomètres de cette ville, à 14 kilomètres de Sainte-Foy.

[3] Commune du canton de Cancon (Lot-et-Garonne), à 8 kilomètres de cette ville.

[4] Celui qui fond l'étain, qui fabrique des plats, des chandeliers, des cuillères et fourchettes d'étain.

[5] Chef-lieu de canton de l'arrondissement de Marmande, à 30 kilomètres de cette ville.

[6] La commune de Ségalas fait partie du canton de Lauzun, à 11 kilomètres du chef-lieu.

[7] Tombebœuf, qui appartient à l'arrondissement de Villeneuve et au canton de Monclar, est à 15 kilomètres de cette dernière ville.

[8] Petite paroisse située entre Monbahus et Montastruc, et que dessert le curé de cette dernière paroisse ; elle est indiquée sur la carte de Cassini.

[9] La famille de Costa, qui passait pour noble et qui, du moins, est fort ancienne, existe encore.

[10] Les de Besse se divisaient en deux branches, la branche de Belleprade, dont il a été question plus haut (*Livre de raison des Boisvert*), et la branche de La Grange encore subsistante et qui est mentionnée dans la *Généalogie de la maison d'Hébrard*, dernière publication du d[r] J. de Bourrousse de Lafforc.

de Montbahus [1], Dayscayrac (*sic pour d'Escayrac*) de Villebramar [2] et Lanau.

Le mesme jour, madamoiselle de Missandre [3] est dessedee au Conte [4] et ensevelie le lundy 2, en la chapelle Saint-George à Montastruc [5].

Le mercredy 18 janvier, j'ay eu arrest contre Fournier.

Le mardy à x heures du matin, 24 janvier 1651, mon cousin de Belves, fils aysné de M. de Caussade [6], qui ce tenoit chez sa femme [7], à la Roque de Beauguas [8], a esté tué d'un coup de pistolet par le sieur de Cezerac, filz aysné de Monsr de Laval [9] près Perigniac [10].

---

[1] Un village du nom de La Salle ou Lassalle est situé à 2,500 mètres au sud-ouest de Monbahus, près du Tolzat.

[2] Villebramar est une commune du canton de Monclar, à 13 kil. de cette ville.

[3] *Mademoiselle de Missandre* était, comme me l'ont appris les papiers de la famille Missandre, qui m'ont jadis été communiqués par le dernier représentant du nom, Françoise d'Alleguedes, fille de Jean d'Alleguedes et de Marguerite de Laval. Le frère de Françoise d'Alleguedes, notre Jean d'Alleguedes, rédigea son testament le 3 mai 1651 (papiers de la famille Missandre). Françoise était la femme de Pantaléon de Missandre, mentionné plus bas.

[4] Le Conte ou le Comte, grosse maison de campagne située à 1 kil. à l'est de Montastruc, est aujourd'hui l'habitation de M. Massias, adjoint au maire de Montastruc.

[5] Une autre demoiselle de Missandre, Anne Dijon, avait été déjà enterrée dans la même chapelle, en l'année 1607 (papiers de la famille de Missandre).

[6] Jean de Béchon, sieur de Belvès et de La Mothe, était le fils aîné de Bertrand de Béchon, écuyer, sieur de Caussade, et de Jeanne de Chevallier de Tournadel, sa première femme, qui lui avait donné quatre enfants et qu'il avait épousée en 1620. Je dois cette note et diverses autres notes sur les familles et sur les localités voisines du château de Saint-Léger, à l'obligeance d'un modeste travailleur, M. Brassié, secrétaire de la mairie de Saint-Pastour, lequel prépare avec beaucoup de soin une monographie de Montastruc.

[7] C'était Marthe de Boissonnade de la Roque. De ce mariage (1642) étaient nées trois filles : une qui mourut à l'âge de deux ans, une autre, Marie-Claire, religieuse à Agen en 1665, une autre enfin qui fut religieuse à Fongrave. Cette dernière était née le 25 octobre 1649.

[8] Beaugas est une commune du canton du Cancon, à 5 kil. de cette ville. La Roque était une ancienne maison noble, établie non loin de l'église de Beaugas et qui appartenait depuis le xvie siècle à une branche cadette des Boissonnade de Roquegauthier. Plus tard, elle passa par alliance aux Dubois de Lagrèse, sieurs de Sainte-Croix.

[9] Un parent, sans doute, de cette Marguerite de Laval, plus haut mentionnée comme mère de Mme de Missandre (Jeanne d'Alleguedes).

[10] Sans doute *Perillac*, ancienne paroisse, indiquée sur la carte de Cassini quelque peu au-dessus de Cancon. On a cru y reconnaître la villa qu'habitait Sulpice-Sévère, *Primuliacum*.

Le dimanche au soir v febvrier, à deux heures de nuict, François de Coulombié, sieur d'Escombes, d'auprès Pontrauquat[1], est mort chez luy de maladie. Porté à Sainte-Livrade[2] le lundy ensuyvant 6 febvrier.

Le samedy 4 febvrier 1651, ma sœur Helene, femme du sieur Pierre Gentilot, s'est accouchée d'une fille et à mon retour de Bourdeaux a esté baptisée à Aynesse par Mr Augé, ministre, le dimanche 19 febvrier, presantée par moy et la demoiselle de Gentilot du Goutz, et s'appelle Magdelene.

Le jeudy au soir 16 febvrier, passé contract de transaction avec le sieur Pierre Fazas de Tonneins, advocat, pour ce qu'il nous demandoit en qualité de mari de Marie Deguillem de Tournon[3] pour raison des 1500 livres empruntées l'an 1614 de M. de Bourran[4] par les communautez où feu mon oncle estoit coobligé avec Mrs de Jehan, de Guillem, sieur de Fabos, de Tournon, Jehan Gregoreau, advocat de Marmande, Paul Reau, ...ditier, Martial Fabien de Carros[5], de Tombebœuf, Jehan de Caminade, sieur de Rayet[6], de Villereal[7], Ange Megea, de Villeneufve, juge de La Roque-Timbaut[8], Mre Jehan Grimard, de Montpezat[9] Me Michel

---

[1] Pontrauquat (mots gascons qui signifient *pont troué*) est un village de la commune de Caubel (canton de Monclar), sur le Tolzat, entre Monclar et Saint-Léger et non loin de Saint-Pierre de Belvès. Pontrauquat est indiqué sur la carte de Cassini.

[2] Chef-lieu de canton de l'arrondissement de Villeneuve-sur-Lot, à 10 kilomètres de cette ville.

[3] Tournon d'Agenais, chef-lieu de canton de l'arrondissement de Villeneuve, à 25 kilomètres de cette ville.

[4] C'était Jacques de Bourran, nommé conseiller au parlement de Bordeaux en 1585, président au même parlement en 1602, mort après le 15 février 1636, date de son testament. Voir *Nobiliaire de Guienne et de Gascogne*, t. III, p. 380.

[5] Marquise de Missandre, fille de Françoise d'Alleguedes déjà nommée, avait épousé Pierre Carros, sieur de Lastoffes; elle se remaria avec Jean de Boissonnade, écuyer, sieur de La Barthe. (Papiers de la famille de Missandre.)

[6] Anne de Missandre, sœur de la précédente, épousa Raymond de Caminade, écuyer, sieur du Rayet, et, ayant les mêmes destinées conjugales que sa dite sœur, se remaria avec Philippe de Barroussel, conseiller du Roi et magistrat présidial d'Agenais.

[7] Chef-lieu de canton de l'arrondissement de Villeneuve, à 30 kil. de cette ville.

[8] Chef-lieu de canton de l'arrondissement d'Agen, à 17 kil. de cette ville.

[9] Commune du canton de Prayssas, à 9 kilomètres de cette ville, à 23 kilomètres d'Agen.

Madaillan, advocat de la Sauvetat[1], Arnaux, de Montflanquin[2], Branchut, de Villeneufve, Selves, de quoy les huit sont mortz insolvables et c'est monté deux mille livres pour nous, terme moytié à six mois et l'autre au bout de l'an. Contract passé par Lafite, notaire de Bourdeaux, au bout du carrefour joignant les fossez de la maison de ville. Il a esté payé par mon frere le 27 juillet 1651. Retenu par Rigaut de Montclar.

Le troisiesme dudit mois de mars, j'ay esté à Montastruc et fait compte avec madame de Flamarens[3] les arrerages de rentes que je luy pouvois devoir jusques aujourd'huy et s'est trouvé que je luy dois la somme de cent quarante et huit livres et quelque sol de compte faict et arresté et promets de la payer à sa volonté et ay signé le compte dessus dit.

SAINCT-LEGIER[4].

(Payé le 20 juillet 1651, quitance par Samondès avec autre somme pour madame la marquise de Flamarens, le tout de 495 livres. Le compte de madame la marquise est du 26 mars 1651.)

Le jeudy XVI mars, j'ay eu arrest sur requeste portant approbation du contract fait par mon frere à Martin Rigaut et Dhugonie de la couppe de la guerenne[5] pour 4000 livres et surseance de trois mois.

Le dimanche 26 (*déchirure enlevant le nom du mois*), je suis allé à Agen pour estre au rendez-vous que réclame la marquise de

---

[1] La Sauvetat-du-Dropt, canton de Duras, à 15 kilomètres de cette ville, à 26 kilomètres de Marmande. Le nom de Madaillan s'est éteint à La Sauvetat dans la première moitié de ce siècle. La ligne féminine était encore représentée, l'an dernier, par ma vénérable parente, Mme la douairière de Vivie, morte plus que nonagénaire à la Sauvetat (18 avril 1891).

[2] Monflanquin est un chef-lieu de canton de l'arrondissement de Villeneuve, à 22 kilomètres de cette ville. M. O. Bouyssy, qui nous a donné une si bonne notice historique sur Castillonnès, en prépare une sur Monflanquin, qui ne sera pas moins bonne, on peut le certifier d'avance en toute sécurité.

[3] Marie-Françoise Le Hardy de la Trousse, marquise de Flamarens, était en 1651 âgée de 33 ans, car nous savons, par un document du cabinet des titres, qu'elle avait atteint l'âge de 85 ans, quand elle mourut à Paris le 9 février 1703. Voir *La marquise de Flamarens*, n° II de l'*Appendice*, p. 25.

[4] Ici intervient Jean de Lidon, sieur de Saint-Léger, mais pour céder aussitôt la plume au narrateur habituel et disparaître comme un météore.

[5] On écrivait et on prononçait autrefois *guerenne* pour *garenne*.

Flamarens [et qu'elle] m'avoit faict donner pour traicter à l'amia-
ble le proces que nous avons ensemble concernant certains arrai-
rages de rente des années 1639, 40, 41 et 1642 sans qu'elle me
voulsit tenir à compte ce qui m'estoit deu par feu monsieur de
Flamarens[1], sur lequel sujet il y avoit eu sentence au senechal par
laquelle j'estois tenu de lui payer les arreraiges desdites années et
luy de me tenir ce qui m'estoit deu. (*Longs détails que je supprime
et à la suite desquels on apprend qu'une transaction intervint*). Et
ayant fait comptes de part et d'autre, il s'est trouvé que je luy suis
reliquataire de la somme de cent une livres, transaction que ledit
Barrail et moy portames à Flamarens[2] où estoit ladite dame qui
la fit retenir par Villori, notaire royal dudit lieu.

Le 17 avril, j'ay donné à Anthoyne Bertrand, en deduction de la
taille de l'an 1650, la somme de 3 livres 9 sols faisant tant pour .
luy que pour ses consorts consuls de Montastruc en l'an 1650.

Le lundy 17 avril 1651, le soleil se couchant, il parust à mesme
temps au ciel droit où le soleil se couchoit une grande clarté de
feu large d'environ 20 canes montant en haut et estoit ung peu
courbé tournant le bout comme au sud-est et dura plus d'un grand
cart d'heure puis ce disparust.

Le samedy à vespres[3] 22 avril 1651, Carretié le guerrien, assisté
du filz de Glori, ce bastit au fonds de la vigne de Poustan contre
David Douzon de Montastruc, assisté du Fresne, soldat, gendre de
Couzard, appotiquaire de Montclar, où ledit Douzon fust tué d'un
coup d'espée par ledit Carretié.

---

[1] *Feu M. de Flamarens* était le beau-père de la marquise, Jean de Grossolles,
chevalier, baron de Flamarens et de Montastruc, seigneur de Buzet, etc. Le mari
de Mlle de La Trousse était encore plein de vie en 1651. Il allait être tué, jeune
encore, l'année suivante (2 juillet 1652), à cette bataille du faubourg Saint-
Antoine, que Mgr le duc d'Aumale vient de raconter avec tant de savante
précision et de verve éloquente dans le tome VI de *l'Histoire des princes de la
maison de Condé* (1892).

[2] Commune du département du Gers, arrondissement de Lectoure, canton de
Miradoux. Quelques-unes des lettres de Chapelain sont adressées à *Madame la
marquise de Flamarens, à Flamarens*, notamment une lettre du 5 mai 1669, citée
dans ma petite notice de 1883 (p. 20) et reproduite dans mon gros volume de la
même année (p. 643).

[3] C'est-à-dire le soir.

L'arrest de reglement de la justice de Fongrave[1] avec celle de Montclar, donnée au parlement de Bourdeaux, est du [   ] may 1650.

Le jeudy 22 juin, M. de la Nauze[2] et moy avons planté bornes entre nous aux près de Monclar.

La nuit du samedy, jour de Saint-Jehan, venant au dimanche, l'aveugle a faict une pouline alezande.

Le jeudy VI juillet 1651, j'ay envoyé la cavalle de ma sœur à Roquepiquet[3] et a esté couverte le soir et le [lendemain] matin VII.

Le vendredy 14 juillet Loupinac et Pequabel, enfans de Missandre[4], sont partis avec une companie de fantassins du Conte, maison de Missandre, leur père, pour aller loger à Puiols de Villeneufve[5], lieu de rendés vous du regiment du Perigord, à present appellé de Marssin[6], où ils ont place.

Quittance de damoiselle Judicht de Fraisse, femme de maistre Jehan de Pau, advocat en parlement, demeurant Agen, de la somme de 371 livres 8 sols 6 deniers, du 24 juillet 1651, par Castaing, notaire d'Agen.

Quittance de maistre Pierre Fazas de Tonneins, de deux mille trente livres, du 27 juillet 1651.

[1] Commune du canton de Monclar, à 7 kilomètres de cette ville.

[2] Le nom de la Nauze (du mot gascon *naouze*, étang, et, en général, lieu aquatique) est très répandu dans le canton de Monclar, comme, du reste, dans tout le Sud-Ouest.

[3] Le château de Roquepiquet, qui appartient depuis un temps immémorial à la famille de Gervain, est situé dans la commune de Verteuil et à peu de distance de cette ville. Dans la carte de Cassini, ce château est appelé *Rocopiquet.*

[4] Un de ces deux enfants de Pantaléon de Missandre et de Françoise d'Alleguedes était Jean, que je trouve, dans les papiers de la famille, appelé sieur de *Pécaubel* ou *Puicaubel.* Les deux aînés portaient, l'un le prénom de Philippe, l'autre le prénom de Marc-Antoine. C'est probablement ce dernier, *cadet de Gascogne*, qui partit avec son frère et qui devait porter le titre de sieur de Loupinac.

[5] Pujols est une commune du canton de Villeneuve-sur-Lot, à 4 kilomètres de cette ville. Voir *l'Essai historique sur la baronnie de Pujols en Agenais* par M. l'abbé Gerbeau, curé de cette paroisse. (Agen, 1891, grand in-8°).

[6] Du nom que portait un des plus célèbres lieutenants du grand Condé. Sur Jean-Gaspard-Ferdinand comte de Marchin (véritable forme du nom), voir une longue note de Charles Barry, le dernier éditeur de *l'Histoire de la guerre de Guyenne* par le colonel Baltazar (Bordeaux, 1876, in-8°, p. 2.) Voir surtout le volume cité plus haut de Mgr le duc d'Aumale (*passim*).

Le samedy 19 aoust 1651, envoyé à madame de Flamarens, pour la rente, 14 s[acs] et demy de froment pour Lescarrot et le Bonsie... et m'a envoyé ressu.   DE SAVIGNAC.

Le 13 ou 14 septembre, baillé pour madame de Flamarens 2 barriques de vin pour 30 livres, et quelques jours plustost baillé à madame de Flamarens une pipe de vin pour 30 livres, plus 4 barrils de vin blanc.

Le dimanche 22 octobre 1651, j'ay esté chés Anthoyne Sannant, dit de la Bermme, où j'ay signé le contract de mariage d'Anne, sa fille, et d'Helene Dandy avec Jehan d'Ostendie, fils d'autre Jehan, dit Peneton, maytayer de madame de Flamarens. Contract retenu par Durand La Faurie, filz de Guillem. (Ont espouzé à Montastruc, le dimanche 19 novembre 1651.)

Le samedy, jour de Sainte-Catherine, 25 novembre, le sieur de Mestre[1] a mis aux champs une companie d'infanterie dans le regiment du marquis de Theobon[2].

Le samedy 23 decembre 1651, mon frere, sa femme, la petite portée par Jean-Jacques Brugere, la Marthe et la Toinette sont partis pour Aynesse, sont allés coucher à Antrama[3], de là à Saint-Asstier[4] chez le sieur Vallade et de là à Aynesse.

Le jeudy 28 decembre, quatre cornettes de cavalerie du regiment de Castelnau[5] Savoie, la mestre de camp, le filz du baron de Mon-

---

[1] Les de Mestre étaient seigneurs de Vergnassade (note de M. Brassier).

[2] Le château de Théobon était situé dans la commune de Loubès-Bernac, canton de Duras, à 13 kilomètres de cette dernière ville. A l'époque où nous transporte le narrateur, vivaient : 1º Charles de Rochefort de Saint-Angel, captal de Puychagut, marquis de Théobon, lequel était né en 1593, de Jean de Rochefort, fut marié en 1616 avec Jeanne d'Escodeca de Boisse, et testa en décembre 1658 ; 2º son fils aîné, Jean, qui hérita du marquisat et qui fut un des généraux de la Fronde dans l'Agenais et dans le Bordelais ; 3º un autre fils dont nous trouverons mention plus loin. Voir sur les Théobon une note du *Récit de l'assassinat de Boisse-Pardaillan*, p. 54.

[3] Localité introuvable. Peut-être le nom a-t-il été mal lu, l'écriture du narrateur n'étant pas toujours facile à déchiffrer, surtout à cause du blanchissement de l'encre et de la détérioration du papier.

[4] Commune du canton de Duras, à 9 kilomètres de cette ville, non loin de Puychagut.

[5] Ce régiment portait le nom d'un fils du maréchal duc de Caumont La Force, le marquis de Castelnaut (Henri Nompar de Caumont).

segur, commandant Commarque[1], ung filz de M. de Beynac et le sieur de Brouillac logerent à Cabanes et es environs; le vendredy 29 vindrent loger dans la ville de Montastruc où ils ont demeuré samedy, dimanche et ont deslogé le lundy premier de l'an de grace 1652.

1652.

Commencement de l'an de grace mil six cens cinquante deux.

DE SAVIGNIAC.

Le mercredy au soir troiziesme jour de l'an de grace 1652, l'on emporta de seans Felip Ange, filz de Huguet dit Triquaire, et mourut ches son pere le soir mesme, à une heure de nuict.

Le dimanche 6 may, Madame d'Aiguevives[2] est morte.

Le vendredy 24 may, le regiment de la Villette est arrivé à Miramont[3], et M. d'Harcourt[4] le dimanche 26, à Aymet[5].

Le dimanche 9 juin 1652, la femme de Mr Marc Bousquet[6] est dessedée à Montastruc et ensevelie au cimetière de Saint-Leger le lundy 10, le drap porté par le sieur Lanau et moy et les sieurs Dhugot et Sapphin.

Maleroche est icy depuis dimanche 2 de juin, blessé à la forêt de

---

[1] Sur les *Comarque*, comme sur les autres noms périgourdins qui vont suivre, les *Beynac*, les *Brouillac* ou *Brouilhac*, voir l'excellent *Armorial de la noblesse du Périgord*, par A. de Froidefond de Boulazac (Périgueux, 1891, 2 vol. grand in-8°). On me pardonnera de courir et glisser en toutes ces notes, car elles sont si nombreuses qu'il m'est impossible de ne pas les écourter. Je reviens aux *Comarque*, pour rappeler qu'ils sont mentionnés dans le *Fontainemarie*, p. 43.

[2] La seigneurie d'Ayguevives (eaux vives, jaillissantes), dans la juridiction de Saint-Pastour, appartenait, comme me l'apprend M. Brassier, à la famille d'Hauterive, branche de la maison de Béchon de Caussade.

[3] Commune du canton de Lauzun, à 10 kilomètres de cette ville, à 21 kilomètres de Marmande.

[4] Henri de Lorraine, comte d'Harcourt, commandait l'armée royale envoyée en Guyenne pour combattre la Fronde.

[5] Eymet est un chef-lieu de canton du département de la Dordogne, sur le Dropt, à 24 kilomètres de Bergerac.

[6] La famille de Bousquet était ancienne dans le pays; elle habitait Saint-Pastour au XVIe siècle (note de M. Brassier).

4

Puydauphin[1], et La Bastide, frere d'Isaac, aussi blessé, venans de l'armée de Mgr d'Harcour avec Brugere et Marcus freres.

Le samedy xv juin 1652, Son Altesse d'Harcour est venu loger à Montastruc et le regiment de Champaigne commandé par M. Bougton[2] est venu loger dans nos trois mayteries d'icy et dans les deux granges de la maison dont je n'ay ressu nonobstant le dommage que toute sorte de honneur. Ils sont deslogés le matin 16 pour aller recommencer le siege de Villeneufve (*note marginale du narrateur :* a levé le siege le vendredy 9 aoust 1652)[3]. Ledit sieur Bougton, accompaigné des sieurs Cameron, Danpres, Navarrins, cappitene, La Marque, ayde major, et le sieur Barran, cappitene au regiment des galleres[4] commandé par Mr de Biron[5], furent souper seans ; les trois derniers y couchèrent.

Le dimanche au soir 30 et dernier de juin, la gresle a tombé icy.

Le lundy 8 juillet, j'ay eu ung pere de vasches de M. de Rumigni, cornette de M. Clereambaly[6], cappitene au brigade de la

---

[1] Il s'agit là de Puydauphin (commune de Monbahus) qu'il ne faut pas confondre avec Puydauphin (commune de Labretonie), comme je l'ai fait un jour. (*Voir mon mea culpa* dans un article de la *Revue catholique de Bordeaux,* du 10 avril 1892 : *Deux monographies agenaises,* p. 217, note 1.) Les deux Puydauphin sont inscrits sur la carte de Cassini. La forêt mentionnée par le narrateur est marquée sur cette carte : elle paraît avoir été considérable et s'étendait fort au-delà de Villebramar ; elle existe encore en assez grande partie. Ce qui existe aussi, mais en petite partie, c'est le vieux château de *Puydauphin-Monbahus,* qui appartient à M. Soulard. Le peu qui subsiste des ruines de *Puydauphin-Labretonie* appartient à M. Calabet, de Gontaud.

[2] Nom que je ne retrouve nulle part et que n'a pu retrouver non plus — c'est tout dire — l'excellent historien des *Régiments d'autrefois,* M. le comte Oscar de Poli.

[3] Le siège de Villeneuve-sur-Lot fut un des événements notables de la guerre civile de 1652. On en possède plusieurs relations spéciales, sans parler des récits qui en ont été donnés plus tard par plusieurs historiens régionaux, depuis Labenazie jusqu'à Cassany-Mazet.

[4] Aucun de ces noms ne figure dans *l'Histoire de la guerre de Guyenne,* par le colonel Baltazar. Je ne les vois pas davantage dans les autres mémoires du temps.

[5] Il ne faut pas confondre cet officier avec son parent François de Gontaut, marquis de Biron, mestre de camp du régiment de Périgord, propriétaire du château de Biron, mort lieutenant général en mars 1700.

[6] Nom qui m'a bien l'air d'être déplorablement estropié et qu'il faudrait peut-être remplacer par *Clérambault.* Les mémoires de Baltazar mentionnent deux fois (pp. 26, 43) un volontaire du nom de Rumigny.

Villette. Le lundy 30 septembre, je lui ay envoyé 35 livres 16 sols à Boysverdun [1] par son messager.

Le mercredy 10 juillet 1652, l'on m'a prins ma cavalle izabelle avec son poulin, une pouline, une cavalle grise et trois noires et les ont menées de la prerie neufve droit à Saint-Pierre [2] et le grand chemin de Villeneufve [3].

Le dimanche 7 juillet 1652, le sieur Gentillot, qui avoit épousé ma sœur Helene, est mort au Contz, estant allé à la sepulture de son frere, où il tomba malade. Vesquit 12 heures. Enterré à Duras.

Le dimanche 14 juillet, Ramon Monnier s'en est allé de nostre moulin et j'y ay mis Pierre dit Fougasse jusques au bout de cette année à moytié.

(Ledit Fougasse s'en est allé le vendredy 26 juillet, sans dire adieu.)

Le mardy 6 aoust, Dauphine Massie, pauvre fille qui a demeuré ceans 15 ou 16 ans du moins, est dessedée sur le soleil couché seans et ensevelie le mercredy 7 aoust, sur les neuf heures du matin, au cimetiere de Saint-Leger.

DE SOUVIGNIAC (*sic*).

Le vendredy neuviesme aoust 1652, Son Haltesse Dharcour a levé le siege qu'il avoit mis devant Villeneuve [4] et s'en est allé loger dans la terre de Monflanquin.

Le dimanche avant jour xi d'aoust, Caterine Augé, fille d'Hu-

___

[1] Le château de Boisverdun, au nord et tout près de Tombebœuf, appartient aujourd'hui à M. le vicomte Albert de Richemont, ancien maître des requêtes au Conseil d'État et petit-neveu de l'ancien député et sénateur du département de Lot-et-Garonne. Les bois, d'où le château tire son nom, sont dessinés sur la carte de Cassini.

[2] Probablement Saint-Pierre de Belvès, entre le château de Saint-Léger et la ville de Monclar.

[3] En passant par Casseneuil, qui est à peu près à moitié chemin.

[4] Le narrateur était bien informé, ainsi que l'atteste cette note rectificative du meilleur éditeur des *Mémoires* de Baltazar, Charles Barry (p. 228) : « Ce n'est ni le 27 juillet ni le 2 août 1652 que fut levé le siege de Villeneuve « d'Agenais, comme nous l'avons dit à tort (p. 52 et 71), d'après M. Moreau, « mais le 9 août, selon les indications précises des relations contemporaines « venues récemment entre nos mains. »

guet, est dessedee dans ma chambre de la Tour neufve et portée après midy à Saint-Eutrope[1].

Le lundy XII aoust, monsieur de Boisverdun[2] m'a envoyé par son jardinier le poulin nud tout gris qu'il m'avoit promis de me prester tout un an.

(Le dimanche X aoust 1653, renvoyé son poulin par le sieur Nadau, à mes despens, avec licol de cuir.)

Le lundy au soir XVII aoust, [un enfant étant mort au moulin de Madone[3], ses parents] m'ont demandé congé (*permission*) pour le passer icy devant pour le porter à Saviniac[4], messire Pierre Rataboul, vicaire de Montastruc, le conduisant[5].

Le jeudy XIX septembre, la femme de Du Fresne, fille de maistre Jehan Couzard, apoticaire de Monclar, a esté ensevelie au

---

[1] Village situé sur la route de Montastruc à Monclar, très rapproché de cette dernière ville. La carte de Cassini y indique une église et un moulin qui subsistent encore. M. Brassier m'apprend que le jour de la fête de saint Eutrope, on y voit affluence de pèlerins venus surtout de Monclar, attirés par la tradition des éclatants miracles accomplis en ce lieu. Saint Eutrope était, du reste, un des saints les plus populaires de la vieille France, comme l'a si bien établi, dans son histoire du premier évêque de Saintes, mon cher ami M. Louis Audiat, qui, l'an dernier, quand il était mon hôte, a pu saluer, du haut du pavillon Peiresc, parmi les coteaux environnants, le coteau de Monclar (*mons clarus*, comme disent les étymologistes indigènes), tout près duquel est si pieusement honoré le héros de son beau livre.

[2] *M. de Boisverdun* était alors Charles de Digeon, un des aïeux du comte Philippe de Digeon, député de Lot-et-Garonne sous la Restauration, agronome distingué, auquel nous devons tous être reconnaissants de la statue qu'avec une si patriotique générosité il fit élever à *noste boun Henry*, sur une des places publiques de Nérac (1er mai 1829). M. l'archiviste Georges Tholin, dont l'érudition est si secourable, me transmet la curieuse indication que voici : « Deux « ou trois personnages portant même titre (seigneur de Boisverdun), même nom « et même prénom (Philippe de Digeon) se sont succédé, de 1598 à 1671 au moins, « ainsi que le prouvent des pièces classées aux Archives départementales « (série B, sous les nos 213, 578, 610, 679, 704, 802, 804, 942, 986). »

[3] Sur le Tolzat, à 1 kilomètre de Saint-Léger, au nord-est. Le moulin appartient aujourd'hui à M. Genestou (note de M. Brassier).

[4] Ancienne paroisse, à 1,800 mètres environ de Montastruc et au sud-ouest. La carte de Cassini donne la forme *Savignac*. On sait combien sont nombreuses dans le Sud-Ouest, et surtout dans le Périgord, les localités de ce nom.

[5] N'est-on pas touché de voir un huguenot donner du *messire* à un simple vicaire de campagne ?

cimetiere de Saint-Leger, y assistans Mrs de Genissan, de Rouzet pere et enfans, Abraham Roques, pere et filz.

Le vendredy 27 septembre, M^r Du Plessis Belliefvre[1] a prins Saint-Pastour[2].

Le samedy 12 octobre, la junesse de Genssac, cirurgien[3] de la companie de Mr de la Nouaille[4], s'en est allé au pais avec Mr de Mestre, ayant demeuré icy ung mois mallade.

Le susdit jour 12 octobre, maistre Pierre Mandany, notaire royal de Monclar, a esté ensevely.

Le mardy au soir 15 octobre, Monsr de Boucherel de Tonneins et son frere s'en sont allés de seans où ils ont demeuré VI ou VII sepmaines[5].

Le vendredy 18 octobre, jour de Saint-Luc, Marguerite de Capdefer[6] est venue demeurer ceans et luy ay promis pour ung an 15 livres et ung coursset[7].

(L'ay renvoyée le mercredy matin 19 may 1655, pour son larcin.)

---

[1] Jacques de Rougé, marquis Du Plessis-Bellière, un des meilleurs lieutenants du comte d'Harcourt, allait être tué, deux ans plus tard, près de Castellamare (royaume de Naples).

[2] Ch. Barry (*Mémoires de Baltazar*, p. 226, note 1) prétend que Cassany-Mazet, auteur des *Annales de Villeneuve-sur-Lot* (1846), applique « par une confusion « manifeste », dans son récit, au petit village de Saint-Pastour, situé à 15 kilomètres au nord de Villeneuve, des détails qui ne peuvent concerner que la ville de Sainte-Bazeille. Mais lui-même a ignoré la prise de Saint-Pastour, attestée par notre narrateur et par divers autres narrateurs contemporains, et il a attribué au siège et à la prise de Sainte-Bazeille des dates inexactes disant : « Cette petite « ville fut assiégée dans le mois de septembre 1652 par Du Plessis-Bellière, et « capitula le 1er octobre. » La vérité est que l'armée royale arriva devant les murs de Sainte-Bazeille le 12 octobre 1652, et que la place, résistant trois jours seulement, se rendit le 15 du même mois.

[3] Telle était la prononciation d'alors : *junesse* pour *jeunesse*, *cirurgien* pour *chirurgien.*

[4] Faut-il lire *Noailles*, nom qu'autrefois l'on écrivait souvent *Nouailles?*

[5] On retrouvera le mari et le beau-frère de dame Boucherel dans les extraits du livre de raison de cette dernière, qui vont suivre le présent document.

[6] Localité située entre Tombebœuf et Cabanes, indiquée sur la carte de Cassini.

[7] C'est-à-dire un corsage, une camisole, ce que l'on appelle à la campagne *las brassières.*

Le mercredy 26 octobre, j'ay envoyé à Mme de Flamarens deux barriques de vin blanc.

Le samedy matin 7 decembre, maistre Bernard Coq, notaire royal de Montastruc, est dessedé[1].

Le vendredy 13, mon frere s'en est retourné à Aynesse après avoir demeuré icy despuis le jeudy au soir v decembre.

Le 22 decembre, ma sœur Magdelene est morte au Mayne[2] et enterrée à Aynesse.

1653.

Le mardy septiesme de l'an de grace mil six cent cinquante trois, j'ay esté conduire le corps de Mr de la Tonne à Saint-Pierre de la Croix[3], qui estoit dessedé le lundy au soir sixiesme à jour failly, le prieur de Gondon[4] luy ayant reffuzé de le laisser metre dans l'esglise de l'abbaye aux tombes de feu M. du Rhodier, son oncle.

Le mesme jour de mardy VII, le Ritou, bouchier de Montastruc, est dessedé des coups que les troupes de M. de Sauvebœuf[5] luy avoyent baillé.

---

[1] La famille de Coq était alors représentée non seulement à Montastruc, mais à Saint-Pastour et aussi à Cancon, où un membre de cette famille était juge.

[2] On trouve sur la carte de Cassini une localité appelée le Mayne, près de Verdegas. Serait-ce le Mayne de notre narrateur? Du reste, le nom de Mayne est très commun dans le Sud-Ouest. C'est, en langue gasconne, une métairie, une ferme et, par extension, un village. M. Lucien Massip signale (p. 249) un hameau de la commune de Cancon, appelé le *Meynet* (diminutif du mot *Mayne*) dans son excellente *Histoire de la ville et des seigneurs de Cancon* (Agen, 1891, grand in-8°).

[3] Village avec église et cimetière, à 1 kilomètre de Montastruc, au nord. C'était, avant 1828, le chef-lieu de la paroisse où se trouve Montastruc, qui n'avait qu'une simple chapelle (note de M. Brassier).

[4] Gondon-lez-Montastruc était une abbaye de l'ordre de Citeaux. J'ignore le nom du prieur inhospitalier.

[5] Charles-Antoine de Ferrières, marquis de Sauvebœuf, est mentionné dans les *Mémoires* de Baltazar et dans tous les autres récits des événements de la Fronde en Guyenne.

Le samedy à trois heures du soir, 18 janvier 1653, le sieur Pantaléon Missandre est dessedé à Montastruc[1].

Le vendredy dernier de janvier, Madone (*sic*) de Demestre a esté ensevelie au cimetiere de St-Legé, qui estoit morte le jeudy au soir, à l'*Ave Maria*.

Le samedy premier de febvrier, la garnison de Monclar s'en est allée pour le Mas [d'Agenais], et le lundy matin 3 febvrier M. de Boulet de la Roque est dessedé.

Le vendredy 21 febvrier 1653, Mrs de Boysverdun, de Bacoue[2], de Sannaud, l'advocat de Nadau, Dammé (*sic pour* d'Agmé)[3], me vindrent icy me querir et m'ammenerent disner avec eux à Montastruc chez M[r]. Noel du Coq, lieutenant de juge de Montastruc, aux amenances[4] qu'ils firent le jeudy precedant de la fille du sieur de Bacoue avec ledit Coq, qui avoit espousé le vendredy 14 febvrier à Tombebœuf.

Le mardi vingt-cinquiesme febvrier 1653, jour de mardy gras, le poil rouge appellé Leonard, maistre menuzier de Mussidan et marié près de Verdon au delà de Figeac, est party de la mayterie de seans appellée la Forest, autrement Renguet, où demeure François Rousseau, nostre maytayer de Cabanes où il avoit couché et a prins le chemin de Montastruc emportant de ses hardes et estant dans le sol de la mayterie de Caillau, appartenant à Pierre Glori, marchant de Montclar, ayant dit bonjour à Guillem et Tony Renguet, oncle et nepveu, mestayers, qui chargeoyent une charritée de fiant, voulant soutlever en haut ce qu'il portoit sur le col avec ung baston, auroit desbendé ung pistolet qu'il portoit à la ceinture,

---

[1] Pantaléon de Missandre, était sieur de la Garenne ; il prenait le titre d'écuyer. J'ai eu en main son testament, daté du 18 septembre 1652. La maison noble de Missandre était située près de Caubel.

[2] Sur la famille de Bacoue, originaire de Casteljaloux, voir l'article de la *France protestante*.

[3] Commune du canton de Marmande, à 19 kilomètres de cette ville. Son nom a été souvent défiguré et n'est guère plus reconnaissable dans la carte de Cassini (*Aymet*) que dans le présent document. La famille Nadau, dont j'ai connu, quand j'avais le bonheur d'être jeune, le dernier représentant, était à Agmé, fort ancienne et très honorablement alliée.

[4] Sur le mot *amenances* (fêtes à l'occasion de l'arrivée de la mariée et de son escorte à la maison conjugale), voir le recueil Fontainemarie, p. 69.

qui luy auroit donné de trois balles dans le flanc droit, l'une desquelles auroit arresté dans la verge et les deux autres sont arrestées dans la bourse. Ledit Rousseau l'a apporté à la mayterie où il est dessedé sur le midy du mesme jour et l'ay faict ensevely au cimetiere de Saint-Legé, le soir.

DE SAVIGNAC.

Le jeudy 6 mars 1653, le sieur Larquay, de Bergerac, son fils, son nepveu d'auprès la Reole, sont venus seans et leur ay presté le cheval de M. de Genissan jusqu'à Cancon, lequel ils ont ammené sans le vouloir rendre au valet qui le suivoit.

Le samedy XII (*le nom du mois a été emporté par une déchirure*), j'ay faict ma plainte contre Renaud Barrail et ses enfans, par devant le sieur Babigeon, juge de Montclar, et faict ouir le sieur Ambroise Gontier.

Le vendredy premier d'aoust 1653, madame de Flamarens, sa fille et petite-fille [1], la sœur du sieur de Lanau, Mr de Boysverdun et Coq de Villeneufve furent seans environ les deux heures apres midy.

(Depuis ce temps je n'avois esté à Boysverdun que ce jourd'huy mercredy 29 septembre 1655.)

Le lundy 4 aoust, mon frere vint d'Aynesse et s'est retiré le lundy XI aoust.

Le mercredy 13, les regimens d'infanterie et cavallerie de M^r le

---

[1] Il faut lire, sans aucun doute : « sa fille et son autre fille plus petite », car la marquise de Flamarens était encore beaucoup trop jeune pour être une grand'mère. J'ai constaté (*Lettres de Jean Chapelain*, t. II, p. 133) que ni le P. Anselme, ni les rédacteurs du *Moréri* de 1759, ni la Chenaye des Bois n'ont mentionné, dans leur généalogie de la maison de Grossolles, une fille de la marquise de Flamarens, dont il est question dans une lettre adressée par l'académicien au château de Buzet, le 8 mai 1661. Le livre de raison nous apprend que ce n'est pas seulement une fille qui a été omise par les anciens généalogistes, mais une paire de filles. Une de ces demoiselles se maria, comme nous allons le voir ; l'autre dût entrer au couvent, si l'on en croit cette phrase de Chapelain (lettre du 2 avril 1662, t. II, p. 219) : « Elle a pris le meilleur parti dans le choix « de la vie religieuse. Ce sera la plus heureuse de vostre maison, si elle y « persévère... »

comte de Vaillac[1], qui estoyent en garnison à St-Pastour, sont entrez dans Villeneufve.

Le lundy 28 aoust, j'ay faict porter à madame de Flamarens, pour la rente de cette année, 14 sacqs un cartz [et] un picotin et demy.

Le susdit jour 18, la femme de Guinot Breil, du moulin de Madone, est dessedée de peste, à ce qu'on croit; est enterrée dans leur jardin.

Le lundy 1er de septembre, Anthoyne Chazerenq est dessedé et enterré dans le jardin du moulin de Madone.

Le jeudy 4 septembre, Dauphine Brugere, femme de Martin Renguet, près du moulin de Madone, est dessedée.

Le samedy au soir VI septembre, Guinot dit Breil est dessedé de peste.

(Sa fille Tonie, la nuit du vendredy au samedy 4 octobre, aussy decedée, et le jeudy, jour de l'Ascension, 14 may 1654, Jehan son filz a espousé Peyronne Rigaud, fille de Martial du Pradiès.) (*Note marginale*).

Le lundy 8 septembre, Guillam Cabassut de Losse a fianssé Marguerite del Four (contract retenu par Jehan Rouzet, notaire de Montclar).

Le vendredy au soir 19 septembre, Jane Favary, vefve dudit Chazerenq, est morte de peste le lundy matin 22 septembre. La Tonie, sa sœur, est decedée, et le mardy matin, 23, Helene, sa fille, l'a suivie.

Le laquay de Boyverdun mort ce jour [27 septembre] de peste.

(Le jeudy au soir 6 novembre 1653, Jehan del Casse dit Parisien, est dessedé de peste, et le dimanche VIII may 1654 sa femme et sa fille, aussi vefve, ont espousé de seconds maris.) (*Note marginale.*)

---

[1] Jean-Paul de Gourdon de Genouillac, comte de Vaillac, venait de faire capituler Villeneuve-sur-Lot (13 août 1653). Voir, à ce sujet, son éloge par le duc de Candalle dans mon recueil de *Documents inédits pour servir à l'histoire de l'Agenais* (1875, in-8°, p. 262). Il est fort question de ce gentilhomme dans l'*Histoire de Cancon*, p. 187 et suivantes.

Le mercredy premier d'octobre 1653, Monsr de Balthazar[1], avec ses regimens de cavalerie et infanterie vint loger à Montastruc et aux juridictions dudit lieu, de Montclar et de Tombebeuf, et le vendredy matin 3 ont desloge pour aller à Monflanquin et ont prins des charetes pour conduire leur bagage[2] et j'en ay donné une volontairement pour y aller et le susdit jour 3 j'ay vendu mon cheval à M. de Boucharel (s'appelant du May dans la troupe), 45 escus. Ay esté payé le 4 novembre 1653.

Le samedy 4 octobre, le regiment de cavallerie de Monsr de Coudré Montpensier[3] est arrivé à Montastruc dans la ville et juridiction où il a demeuré jusques au mercredy XV octobre qu'il est parti pour aller à Montbahus, et le sieur de Ville, mareschal de logis de la premiere companie, a demeuré avec 8 ou 10 à Renguet. Il est barrois, marié à Digeon et se tient à Paris aux faux-bourg Saint-Germain, pres l'ostel de Condé, contre la *Bote noire* et l'*Aigle d'or*.

Le lundy au soir 13, M. de Canillac[4] fust à Monclar et retourna coucher à Montastruc affin d'accommoder le different du regiment de Champaigne avec ceux de Monclar qui estoyent barriquadés autour de la ville sur le fossé, voulans entrer, et partirent le mardy 14 pour Castelmoron[5] ayant laissé 7 ou 8 hommes mors et autant de blessés, ayant laissé entrer avant partir ung capiteue avec 40 hommes dans la ville sans y arrester et leur donnerent cent pistoles vallant 1,000 livres.

Et le lendemain matin, le susdit sieur de Canillac avec son train

---

[1] Sur ce personnage, il faut citer les deux derniers éditeurs de ses *Mémoires*, C. Moreau (bibliothèque elzévirienne), surtout C. Barry, et aussi les *Souvenirs du règne de Louis XIV*, par le comte de Cosnac, souvenirs entremêlés de tant de documents inédits ou peu connus.

[2] Ce passage est un petit complément des *Mémoires* de Baltazar où, en ce qui regarde les choses de Guyenne, le récit s'arrête à la paix de Bordeaux (31 juillet 1653).

[3] Henry d'Escoublean, marquis du Coudray-Montpensier, devint lieutenant général des armées du Roi.

[4] S'agit-il là, comme la chronologie permettrait de le croire, de Gabriel de Montboissier-Beaufort, vicomte de La Mothe-Canillac, condamné à mort aux grands jours de Clermont, le 22 octobre 1665, et exécuté le même jour?

[5] Chef-lieu de canton de l'arrondissement de Marmande, à 34 kilomètres de cette ville, sur le Lot.

et des officiers de sa cavallerie qui estoyent logés au Verdegas[1] et voisinage où il a demeuré jusqu'aujourd'huy jour de jeudy 30 octobre 1653 qu'il a deslogé.

Le mercredy 22 octobre, j'ay retiré des soldatz de Perigord les quatre beufs de la Tuque[2] pour quatre louis d'argent vallant quatorze livres.

La nuit d'entre le samedy 25 octobre venant au dimanche 26 octobre 1653, environ minuit, noble Bertrand de Bechon, seigneur de Caussade, est dessedé[3] et ensepvely à Saint-Pierre de Belvez le lundy 27 octobre an susdit 1653.

(Le vendredy 25 septembre, à x heures du matin, son jeune filz appellé de Thiorax[4], lieutenant d'infanterie au régiment de Guienne, estant revenu de Cateloungne (*Catalogne*) malade est dessedé à Caussade[5] et ensevely à Saint-Pierre de Belvez le samedy matin 26 dudit mois de septembre 1654.) (*Note marginale.*)

[1] Verdegas, petite paroisse située à 5 kilomètres à l'ouest de Monclar, dans le canton de Castelmoron.

[2] La Tuque (mot gascon qui signifie élévation, éminence, tout comme *tuquet*), est à 2 kilomètres au nord de Montastruc, sur la route de Monbahus. C'est une maison de campagne habitée par M. Léonard Courty, maire de Montastruc.

[3] Bertrand de Béchon était le troisième fils d'Arnaud de Béchon, mort en 1602. Il fut successivement capitaine, gentilhomme ordinaire de la chambre du Roi, chevalier de son ordre, etc. Il avait été marié trois fois : 1° en 1620, avec Jeanne de Chevallier de Tournadel, dont il eut quatre enfants ; 2° en 1649, avec Jeanne de Missandre de Pecaubel ; 3° en 1650, avec Charlotte de Missandre, sœur de la précédente, filles de Pantaléon de Missandre déjà nommé. B. de Béchon ne laissa de son dernier mariage qu'une fille, Hermande, mariée à Jean de Brettes (près de Marmande).

[4] Ce nom lui venait de sa grand'mère, Armande ou Hermande de Thoiras de Cauzac. Voir sur la famille de Thoiras (variantes : *Thieuras, Thioras*), *Les vieux papiers du château de Cauzac*, 1592-1627 (Agen, V. Lenthéric, 1882). Armande de Thoiras fut la seconde femme d'Arnaud de Béchon : elle ne lui donna pas moins de huit enfants.

[5] Le château de Caussade, — le nom est écrit *Cossade* dans la carte de Cassini, — situé à 2,500 mètres de Saint-Léger, à l'est, faisait partie de la juridiction de Saint-Pastour. Il appartenait, selon M. Brassier, à la famille de Béchon depuis le commencement du XIIIᵉ siècle. Rappelons qu'à notre époque le nom de Béchon de Caussade a été honoré par une vaillante épée et par une savante plume : je veux parler de l'épée d'un de nos généraux africains, Louis de Caussade, mort en 1870, et de la plume de son neveu, François de Caussade, aujourd'hui conservateur de la Bibliothèque Mazarine et dont j'ai fait la connaissance auprès des manuscrits de Guillaume Colletet, quelques années avant que les flammes scélérates, allumées par la Commune, dévorassent cette magnifique bibliothèque du Louvre à laquelle mon compatriote était alors attaché.

Le vendredy 30 et dernier octobre 1653, j'ay acquis trois poignerées de taillis au bois de Vallade[1] en la presente paroisse, pour les prix et somme de 8 livres 5 sols de vin que j'avois fourny pour luy aux cavalhers de monsieur de Codré (*ou Coudray*) Montpensier qui estoyent logés chez luy ce mois d'octobre et ay passé contract d'achapt le dimanche 2 novembre 1653, retenu par le jeune Latour de Capdefer, notaire de Montastruc.

Le susdit jour 2 de novembre 1653, Bernad Champes, de la paroisse de Saint-Julien, juridiction de La Barde en Agenois au dessus de Tournon[2], charpentier, a fianssé Isabeau Brugere de la paroisse de Saint-Leger près le moulin de Madone, fille à feu maistre Arnaul, charpentier, et de Jeanne Delcasse. Contract retenu par le susdit Latour de Capdefer.

(Ont espousé à Montastruc le dimanche 25 novembre 1653.) (*Note marginale*).

Le samedy 21 novembre, j'ay prins chez Dhugonie de l'estoffe pour faire des chausses et juste-corps pour moy pour 34 livres 16 sols VI deniers.

Le vendredy 28 novembre 1653, le regiment jadis de Monpouillan d'infanterie, à present de Belssence (*Belsunce*), commandé par Lissagne, est venu loger à Montclar en la ville vieille, et le lendemain dans la terre[3], et le dimanche retourné loger à la ville vieille où il a demeuré jusques à jeudy 4 decembre qu'il est allé partie à Grateloup[4], à Saint-Estephe de Fougeres[5], à Saint-Pastour et Castelneu[6].

Le dimanche 7 decembre, j'ay donné au sieur Dhugonie trois arbres à la Tuque pour 18 livres.

[1] Au nord de Saint-Léger et à une très petite distance de ce château.

[2] Ni *Saint-Julien*, ni *Labarde*, ne figurent dans la liste des paroisses et communes actuelles du canton de Tournon, mais il existe une paroisse de *Lasbardes* dans le canton de Cancon.

[3] C'est-à-dire dans la campagne de Monclar.

[4] Commune du canton de Castelmoron, à 13 kilomètres de cette ville.

[5] Paroisse du canton de Monclar, à 5 kilomètres de cette ville.

[6] Sans doute Castelnau. Ce serait sans doute Castelnau-de-Cancon, que l'on appelle aussi Castelnau-de-Gratecambe, à 7 kilomètres de Cancon.

Le dimanche 14 decembre, Pierre Baleston de Grand Pierre est dessedé et ensevely à Saint-Leger le lundy 15.

Le mercredy 24 decembre, j'ay fait porter les fagotz faitz au bois de Lauzel[1] et y en a eu 1152.

Au mois d'octobre, fourny pour Jean de Guinot aux soldatz de Codré (*Coudray-Montpensier*) 8 livres 12 sols.

Le lundy 12 janvier 1654, j'ay quitté (*tenu quitte*) Pierre Del Four, filz de feu Guiraut de Monnal, pour sa part des brebis que luy et d'autres m'ont desrobé seans lorsqu'on fuyoit de devant les gens de guerre.

1654.

Le dimanche 25 de l'an 1654, M[r] le chevalier de Caussade, par l'entremise de M. de Genissan, accompagnié du sieur La Peyrière, filz de Mr du Pleis, et du sieur Uvoulne, recteur de Saint-Pierre[2], est venu disner seans, et moy avec tous eux suis allé soupper à Caussade.

Le 2 de febvrier 1654, j'ay faict signer à Montastruc au sieur de Missandre les deux coppies de l'eschange que j'ay faict avec le sieur de Missandre[3] d'ung cartonat de pred que je lui ay donné sur le ruisseau de Sanmardie, au fonds du bois des Durons, et luy m'a donné à la plasse de Lauzel, lesquelles deux coppies sont escriptes et signées de ma main et de luy dobles du 3 de la presente année 1654, en ayant gardé chascun une.

Le lundy ix février, Martin Renquet du moulin de Madone a espousé Marie Masset. (Contract retenu par Pauquet de Tombebœuf.)

Le mercredy au soir xi febvrier, mon frere est arrivé d'Aynesse, et le samedy au soir xiiii fusmes à Lauzel avec Mr de Genissan

[1] C'est-à-dire le bois de l'oiseau, *l'aouzel.*

[2] Soit Saint-Pierre-de-Belvès, soit Saint-Pierre-de-La-Croix, deux paroisses peu éloignées de Saint-Léger. On voit que M. de Lidon était un protestant sans préjugés étroits, puisqu'après avoir traité un simple vicaire de *messire*, il recevait à sa table un curé.

[3] Ce devait être le fils aîné de Pantaléon de Missandre, Philippe, lequel mourut à Cancon le 18 avril 1655.

pour voir le corps d'Anthoyne Milaroux, nostre maytayer, qui estoit mort une heure plus tost, pour voir s'il n'y avoit de veniuee (*sic*) qui ne fust pas, et le dimanche matin xv mon frere s'en est retourné à Aynesse.

Le mardy 3 mars, j'ay esté à Aynesse voir ma belle-sœur qui estoit venue de Saint-Maurice le lundy precedent, et le mercredy 4 madame de Saint-Maurice[1] la jeune, avec sa famille, y arriva et en partist le vendredy, et le dimanche j'en partis pour revenir à Saint-Leger le soir mesme du lundy susdit.

Le vendredy 13 mars 1654, André de dedans la ville de Montastruc, accompagé du sieur la Plassade et Vaubecour, est venu gouster du vin auquel en ay baillé trois barriques pour dix escus.

Le dimanche 15 mars 1654, Monsr de Carbonnier[2] s'en est retourné de Montastruc ayant emmené avec luy sa fille et sa belle-sœur.

(Le jeudy 10 juin 1655, madame de Flamarens a esté querir sa fille qui estoit au couvent neuf de Villeneufve et l'a emmenée avec elle.) (*Note marginale.*)

Le lundy 30 mars 1654, le fils de Martin Samondès, notaire de Montastruc[3], a chanté sa première messe à Cabanes.

Le mardy 31 et dernier de mars 1654, Mr de Boysverdun est venu querir le coffre et trois sags plains de papiers et autres choses seans qu'il m'avoit envoyé puis long-temps seans.

Le dimanche 21 juin 1654, j'ay esté à Tiffounet où j'ay signé comme presant le contract de mariage d'entre Jacques La Garde, de la juridiction de Castelmauron, et Judith Nadan, d'Ammé (*Agmé*). Contract passé par Fouguerolles, de Las Tuques, où la damoiselle de Salletes, sa mere, luy constitue 650 livres pour

---

[1] Nom de terre, tiré peut-être de la paroisse de Saint-Maurice, dans le canton de Cancon, à 7 kilomètres de cette ville, au nord de Monbahus.

[2] Peut-être un fils de Jean de Carbonnier, gouverneur de Castillonnès, capitaine de cavalerie, tué au combat de la porte Saint-Antoine. C'est de ce dernier gentilhomme que descend M. de Carbonnier de Marzac, ancien membre du Conseil général de Lot-et-Garonne pour le canton de Castillonnès.

[3] La famille Samondès existe encore dans le pays où l'abbé chanta sa première messe.

tous droitz paternels et maternels. Mon cousin de Roquepiquet l'a signé aussy.

Le dimanche VI juillet 1654, Mr de la Terrade, verrier, a espouzé à Tonnains.

Le vendredy 17 juillet, le regiment d'Estrade[1] vint loger à Montclar et en la juridiction, et deslogerent le samedy matin 18 pour Castilhones, et celuy de la Serre à Saint-Estephe de Faugere.

Le vendredy matin 24 juillet 1654, messire Pierre Rataboul, prebstre, vicaire à Montastruc, me fust trouver où je luy ay promis de luy bailler lundy prochain une barrique de vin, sçavoir la moytié pour tout le disme de l'an passé et l'autre moytié en desduction d'une pipe que je luy ay promis pour le disme de la presante annee, si le Seigneur permet qu'il y en aye.

Le mesme jour 24 juillet, j'ay esté à la Tuque, au champ du Rey, voir scier (*scier le blé avec la faucille*) nostre maytayer, où vindrent Mrs de Boc pere et filz, Boissié pere et filz, Jacques La Faurie, fermier du benefice de Montclar, et dismerent ledit champ[2] de costé du couchant où ils eurent XI gerbes sans empeschement de personne.

Le mardy 28 juillet, j'ay esté à Buzet voir madame la marquise de Flamarens, et revenu le mercredy 29.

Le dimanche XV novembre 1654, Anne La Bonne, fille de feu Bernat et de Suzanne (*vide dans le texte*) a fianssé Pierre Phelippot, filz de Jehan, de Montastruc. (Contract retenu par Samondès, filz de Martin, aussy notaire.)

Le lundy 28 decembre, deux cornettes de cavalerie du grand maistre qui est Mr de Millaray (*La Meilleraye*)[3] vindrent loger à

---

[1] Le régiment de Godefroy, comte d'Estrades, le futur maréchal de France (1675). J'ai consacré à mon éminent compatriote tout un volume (Bordeaux, 1882, in-8°) et je vais m'en occuper de nouveau en publiant quelques pages inédites de lui, dans un recueil de lettres écrites par divers hommes célèbres de l'Agenais.

[2] Ne semble-t-il pas que sous la plume du narrateur le mot *dismèrent* est synonyme de *ravagèrent?*

[3] Charles de La Porte, marquis, puis (1663) duc de la Meilleraye, était grand maître de l'artillerie depuis 1634, et maréchal de France depuis 1639.

Pinton et Joliboy [1], et le mardy 29 d'autres cornettes du mesme vindrent les joindre et partirent tous pour Pontraucat, et le mercredy matin eurent 800 francs de Montclar et deslogerent les ungs pour Sainte-Livrade, Clairac, Villeneufve, Villereal.

(Ici le récit est interrompu; plusieurs feuillets manquent.)

1655.

Le lundy 4 de l'an presant 1655, 12 companies d'infanterie du regiment d'Estrades, conduites par ung Mons' de Boussac, vindrent loger dans Montclar et partirent le mardy matin pour Tonnains, sans dezordre.

Le mardy 16 febvrier 1655, Mons' le marquis de Theobon et le sieur de Lockerie, près Lauzun [2], se sont batus à coups de pistoletz et tués tous deux [3].

Le mercredy 24, j'ay prins ung mousqueton de maistre Pierre Gille de Castelmoron, sans faire de prix.

Ledit jour 24 febvrier 1655, fust ensepvelie à Aynesse dam[elle] Marie de Lidon, ma sœur, laquelle estoit dessedee chez nous le mardy, une heure avant jour, 23 febvrier susdit 1655.

De Savignac.

[1] Pinton et Jolibois sont deux villages situés entre Monclar et Montastruc.

[2] Sur la carte de Cassini, une localité du nom de Locquerie est indiquée à une faible distance de Lauzun. Il y a là encore un château qui est occupé par une famille de cultivateurs, auxquels il a été vendu par feu M⁰ Charrié, notaire à Lauzun, auquel il avait été laissé par son ami M. de Longueval. Les Longueval, qui habitaient ce château depuis fort longtemps, avaient voté, avec l'ordre de la Noblesse, pour les États généraux de 1789 (Jean Pierre de Longueval, chevalier de Saint-Louis, seigneur de Lauguerie (*sic*) et autres lieux). Je ne sais s'ils étaient déjà à Locquerie en 1655, et si c'est un d'eux qui fut tueur et tué le 16 février.

[3] Il s'agit ici du fils aîné de Charles de Rochefort, car on sait que Théobon le père était encore en vie trois ans plus tard, puisqu'il testa dans les derniers jours de 1658. Connaissait-on la tragique fin de Jean de Rochefort, le brillant héros du siège de Villeneuve-sur-Lot et aussi du combat de Miradoux, où le père et le fils rivalisèrent de généreuse ardeur? Je ne crois pas que l'on ait indiqué jusqu'à ce jour le genre de mort de Jean de Rochefort et la date précise de cette mort. Ch. Barry, dans son édition des *Mémoires* de Baltazar (p. 70), assure qu'il fut tué en 1672, au passage du Rhin. Il aura confondu Jean de Rochefort, soit avec un de ses frères, soit même avec un de ses fils, car, marié en 1637, ledit Jean pouvait parfaitement avoir, en 1672, un fils en état de porter les armes.

Le mecredy x mars 1655, j'ay baillé à Malevergnie, consul de Montastruc, deux barriques de vin que Jehan Grand a prins pour sa part de taille de l'an 1654.

Ledit jour baillé aux consulz de Montclar 2772 livres de foin à 14 sols le quintal.

(C'estoit pour l'entretien de la companie de cavalerie du marquis de Montegullion, capitaine au regiment de Mr de la Melleray.) (*Note marginale.*)

Le jour des Rameaux 21 mars 1655, le sieur de Missandre a esté blessé par Joliboy, second fils de Barrail.

(Mort à Cancon le mardy matin vi avril 1655[1]. Ledit Joliboy a esté effigié à Montastruc le vendredy premier de novembre 1655.) (*Note marginale.*)

Le vendredy saint 26 mars, le sieur Dangeros troisiesme, de Castelgaillard[2], a esté tué [touchant] la porte Nostre Dame de Sainte-Livrade par le sieur de Pons, de Saint-Pastour[3].

Le mecredy 31 et dernier de mars, Mr de Boysverdun est venu tout le chemin de Saviniac luy douziesme droit à La Faurie[4] et de là à travers le Quayran[5], passer devant le pont de St-Leger et descendit à la mayterie et de là au moulin de Madone, puis suivist le chemin de Casseneuil et, le soir, à soleil couché, passa près le Bousquet ou j'estois et s'en alla avec sa troupe vers le Cuioula[6].

[1] C'était Philippe de Missandre, déjà mentionné.

[2] Pierre d'Angeros, sieur de Castelgaillard, avait épousé à Saint-Pastour, le 12 septembre 1650, Françoise Laborde, laquelle (1er octobre 1655) eut un fils posthume de lui, Charles d'Angeros, écuyer, sieur de Castelgaillard, qui se maria (3 juin 1675) avec Anne Delerm, de Cancon (*note de M. Brassier*). Les d'Angeros subsistent toujours. Un d'eux a épousé, en la première moitié de ce siècle, Mlle de Batz de Trenquelléon.

[3] C'était Jean de Pons, écuyer, sieur de Latour, fils de noble Jean de Pons, conseiller du Roi à Agen (de 1599 à 1654), et de Françoise-Jacqueline de Philippes. Charles d'Angeros vengea le meurtre de son père, le 31 juillet 1679, et tua Jean de Pons à Las Crozes. La veuve de Jean de Pons, Louise de Nauville, intenta un procès à Charles d'Angeros et le fit condamner à mort à Agen, mais le jugement ne fut pas exécuté.

[4] Village situé non loin de Tombebœuf, près du Tolzat.

[5] Petit pays qui avait pour capitale Villefranche (canton de Casteljaloux).

[6] Le Cujoula, château très rapproché du village de La Faurie, appartenait récemment encore à la famille de Vivie.

Le mardy 20 avril 1655, j'ay envoyé à Montastruc au sieur Saffin, consul, 12 livres en deduction de la subsistance.

Le dimanche second de may, M. de Caussade a emmené chez luy sa femme, fille de M. de Chemillac d'Agen, jadis conseiller. J'ay esté au devant jusques au port de Fongrave.

Le dimanche de Pentecoste 16 may, j'ay loué par an Marthe La Brunie, de Castelmaurun (sic), et luy ay promis par an vint livres et deux chemises. Est venue le mecredy matin 19 dudit mois de may, ayant renvoyé le matin Marguerite de Capdefer, pour ses volleries, laquelle estoit icy puis le jour de Saint-Luc 18 octobre 1652.

Le samedy 26 jun, Martin Samondès, notaire de Montastruc, a esté icy me signiffier une cession que madame de Flamarens a faite au sieur Mothes, curé de Costelmoron, sur nous, de 349 livres XI sols, le mecredy 23 jun.

Le vendredy 2 de jullet, madame de Flamarens et sa fille sont parties de Montastruc, accompagnées de Mⁿ de Lauzun père et 2 enfans[1], Mʳ de Queizac, conseiller au parlement, et plus de 50 chevaux, sont allés coucher à St-Barthelemy[2] et le samedy l'ont conduite à Marmande où elle s'est embarquée pour Bourdeaux, M. de Queizac seul avec elle.

(Sont retournées le samedy au soir, 26 may 1657, conduites par le sieur de la Boulbene, de Pene, et un garde de Mʳ de Sainct-Luc. Et le vendredy au soir, après soupper, le chevalier de Bure, autrement de la Careinie, et Madame de la Tour, sa femme, fille de madame de Flamarens[3], sont venus seaus.) (*Note marginale.*)

---

[1] Je me demande si parmi les deux fils du comte de Lauzun ne se trouvait pas le futur duc de Lauzun, le futur cousin de Louis XIV, Antonin Nompar de Caumont qui, né en 1633, n'avait alors que vingt-deux ans.

[2] Nous avons déjà vu que Saint-Barthélemy est aujourd'hui une commune du canton de Seyches.

[3] Le chroniqueur donne à la jeune mariée le nom de terre de son époux, lequel était sieur de La Tour. Le docteur J. de Laffore (*Nobiliaire de Guyenne*, t. IV, p. 429) mentionne ainsi le mariage : « Dame Françoise Claire de Grossolles de « Flamarens épousa, le 21 octobre 1657, Pierre Gaspard de Bure, maintenu « le 2 juillet 1667. » Lequel se trompe du généalogiste ou du narrateur, l'un assignant au mariage la date du 21 octobre 1657, l'autre déclarant que déjà,

Memoire que le mardy 13 juillet 1555, Monsr l'abbay (*sic*) de Flamarens [1] est venu seans me prier d'aller à Montastruc voir Mr de Bonnefon, que madame de Flamarens a laissé dans le chasteau [2] pour le conserver, afin que en son absence, s'il avoit besoing qu'il s'adressat à lui, qu'il tesmoigneroist à sa mère ce qu'un filz doibt, de quoy il l'a remercié et promis de le mander au long à madame de Flamarens et puis s'en est retourné.

Le lundy et mardy 12 et 13 juillet 1655, les dismeurs de Filliolis, mon hoste de Monclar, fermier du disme de Montastruc, ont esté au champ du Roy en la juridiction de Monclar, despendant de nostre mayterie de la Tuque, et ont prins cinq gerbes de dismette, et le mecredy 14 dudit mois de juillet 1655, les fermiers du benefice de Montclar en ont emporté neuf gerbes, et le jeudy xv Bonnet d'Agen, filz de l'apoticaire, curé de Montastruc, a esté au sol [3] de la maytayrie avec deux chevaux et huit hommes sçavoir maistre Pierre Sergeur et son filz, le filz de la Michelle, lou petit Ritou, Brousse, Jehan Grand, Bonassi, tous de Montastruc et ung autre, Fillol, gendre de Filliolis, de Montclar, lequel a mis pied terre et monta luy mesme en reniant [4], a choisi quatorze gerbes qu'il a mis sur deux chevaux et emporté le vendredy 16. J'ay esté Agen prendre commission du lieutenant criminel.

(Le lundy et le mardy ont esté au champ conter (*pour compter*), puis s'en sont allés et après sans rien dire sont esté au gerbier prendre sans rien dire [5] ce qui leur a pleu.) (*Note marginale.*)

Le lundy second d'aoust 1655, j'ay troqué une cavalle avec Micheau la Mote et prins une pouline alezande laquelle a trois ans.

Le dimanche 29 aoust, le second filz de feu Mr de Madaillan et

cinq mois auparavant, les deux époux étaient chez lui? Entre l'affirmation d'un témoin oculaire et celle d'un travailleur écrivant plus de deux siècles après l'événement, on ne saurait balancer.

[1] L'abbé de Flamarens était l'oncle de Mme de Bure. Il est mentionné dans la correspondance de Jean Chapelain (t. I, p. 606).

[2] Le château de Montastruc.

[3] C'est-à-dire la terre durcie et aplanie, l'aire où l'on battait le blé.

[4] En reniant Dieu, en jurant. Était-ce donc pour s'exciter au pillage?

[5] Dans son trouble de propriétaire dévalisé, le narrateur emploie deux fois les mots *sans rien dire.*

de la mere de MM. Dantrama, qui estoit venu icy, puis le samedy au soir s'en alla coucher à Caussade, et le lundy matin 30 dudit mois d'aoust il se fit conduire à la companie du sieur la Vallee, capitaine au regiment des galleres.

Le dimanche 10 octobre, mon frere a esté chés Peberac[1], au delà Montpezat, le sommer de declairer s'il avoit prins possession de Saint-Leger pour Gabriel de Conquet[2], et de là fust au Temple[3] sommer Tauren, en qualité de procureur dudit Conquet, de luy declairer s'il avoit esté à St-Leger et le greffier de luy expedier coppie dudict proces verbal de prinse de possession.

Le vendredy xv octobre, le sieur del Rayet, de Villereal[4], a espouzé Charlotte de Missandre, vefve puis le 25 octobre 1653 du seigneur de Caussade. (Contract retenu par La Tour le jeune, de Capdefer, notaire.) Le lundy 15 novembre, l'a emmenée chés luy.

Le jeudy 21 octobre 1655, j'ay esté au chasteau de Montastruc voir M[r] l'abbay de Flamarens qui y estoit depuis vendredy 15.

1656.

Le dimanche 23 janvier, quatre cornettes du régiment de Conti furent pour loger à Montastruc et empeschés par M. l'abbé de Flamarens et furent loger à Tandon[5] et la Tuque et, le lendemain,

---

[1] C'était le juge royal de Saint-Sardos (canton de Prayssas, à 8 kilomètres de cette ville) et le lieutenant de juge de Montpezat.

[2] Ne faudrait-il pas lire *Coquet* au lieu de *Conquet?* La famille de Coquet était aussi connue dans l'Agenais, qu'y est peu connue la famille de Conquet. — J'avais à peine posé ce point d'interrogation, que par le plus heureux à-propos j'ai reçu communication d'un document qui éclaircit toute difficulté et où l'on voit que c'était bien à un *Coquet* que le sieur de Savignac eut à faire. Voir à la fin du livre de raison (page 71) ce document explicatif.

[3] Commune du canton de Sainte-Livrade, à 6 kil. de cette ville.

[4] Chef-lieu de canton de l'arrondissement de Villeneuve-sur-Lot, à 3 kil. de cette ville. Le sieur *del Rayet* (pour du Rayet) était, comme me l'apprennent les papiers de la famille de Missandre, Raymond de Caminade, écuyer.

[5] Village, avec moulin, à 1 kilomètre au nord de Montastruc, où l'on passe pour aller à Saint-Pierre de la Croix, cimetière de la commune (note de M. Brassier).

avec les gendarmes qui les vindrent joindre, allereut à Saint-Maurice et Lougratte[1].

Le mecredy, vendu à Messrs les consuls de Monclar 16 quintaux de foin.

Le matin 9 febvrier, Mr du Barail[2] a esté tué contre (*déchirure du papier*) par Mr de Puychagut[3].

Le jeudy 17 febvrier, j'ay achepté de Bernard Champes une poignerée pred sur le ruisseau de Tourtonde.

Le vendredy 7 avril, mon frère, sa femme et sa fille sont arrivés icy (*ils venaient d'Eynesse*).

Le dimanche 9, jour des Rameaux, les gardes de Mgr le prince de Conti, conduitz par Mr de Menant, exempt de la companie, sont arrivés chés Huguet Augé dit le Trigaire et en sont partis le mardy XI dudit mois d'avril, et s'en sont allés de la terre de Moncla le samedy 22 dudit mois d'avril.

Le mecredy 3 may 1656, Robert Darcis, consul de Montastruc, a mené icy ung garde demandant 27 livres 9 solz x deniers qu'ils

[1] Nous avons vu que la commune de Saint-Maurice appartient au canton de Cancon. Lougrate est dans le canton de Castillonnès, à 8 kilomètres de cette ville.

[2] D'après une obligeante communication de mon cher et savant confrère et collaborateur M. le comte de Saint-Saud, *M. du Barail* était Jean du Puy, écuyer, sieur de Beigne et du Barail, fils d'autre Jean du Puy, écuyer, sieur de Beigne. La terre du Barail, dans la commune d'Eynesse, avait été apportée en dot, au père de l'assassiné, par Jeanne de Rogier, dame du Barail, déjà veuve en 1615.

[3] *M. de Puichagut* n'est autre que le frère du second marquis de Théobon. Le frère aîné avait pris le nom de la terre et château de Théobon, le frère cadet le nom de la terre et château de Puychagut. Je ne puis m'empêcher de constater que tous ces Rochefort ont du sang sur les mains, et que les deux fils du premier marquis de Théobon se montrent bien dignes d'un père que l'on soupçonna d'avoir été le complice des assassins de Boisse-Pardaillan (voir les pages 69-70 de la plaquette déjà citée). Ce n'est pas seulement la famille de Rochefort que l'on dirait atteinte, en ce coin de l'ancien Agenais, d'un héréditaire et insatiable appétit du meurtre : toute la région qui s'étend d'Eynesse à Saint-Léger semble avoir été, au XVIIe siècle, un sinistre champ de bataille sans cesse parcouru par des loups dévorants (*homo homini lupus*). Le plus féroce de ces loups est l'assassin Savignac, lequel appartenait, ainsi que les Rochefort, à une race criminelle, s'il était, comme on peut le supposer, le fils de ce Joseph Lidon, dit le capitaine Saint-Léger, contre lequel décret de prise de corps fut lancé, en 1582, par la chambre de justice de Guienne (siégeant à Bordeaux), dont Brives-Cazes a été le si conciencieux historien.

demandent pour payer les 500 livres qu'ils baillent aux gardes de
Mgr le prince de Conti pour s'exempter de logement, et le dixiesme
dudit mois de may mon frere a consigné entre les mains du sieur
Carrier la somme de 27 livres et bientost après notiffié à Robert
Darssis, consul.

Le mardy VI [juin], j'ay achapté de Bertrand..... 3 canes et
demye droguet à 37 sols la cane.

Le samedy 17 juin, Monsr de Saint-Luc, lieutenant au gouvernement de Guienne, a envoyé icy le sieur de Ferrières (*ailleurs* du
Ferrier), premier brigadier de ses guardes, nous assigner au 4
devant luy, pour estre ouis sur les plaintes du president Conquet,
et a demeuré icy pour ensequestrer tous les grains entre les mains
des maytayers, et le samedy 22 jullet le filz de Conquet et Scalup,
son gendre, furent icy avec le lieutenant du juge d'Agen pour
nous chasser de la maison, avec ordonnance de Mr de Sainct-Luc.

Le mardy au soir 4 jullet, Mr de Belcastel et Mr de Brebiere
sont arrivés icy et partis le lendemain V et moy suis aussi parti le
susdit mecredy V pour aller à Cabanes, à la sepulture de Madamoiselle de Lanau.

Le samedy au point du jour 8 jullet, ma cavale qui est noire a
fait ung poulin bay clair.

Le dimanche 20 d'aoust, le susdit du Ferrier, guarde de Monsr
de Saint-Luc, a mis Conquet (*lisez* Coquet) en possession de
Saint-Leger et le mardy 22 nous a chassé dehors.

Le lundy 28 d'aoust, j'ay signé les articles de mariage à Roquepiquet d'entre le sieur de Poustan de Billon et Marie de Gervain,
fille de feu Mr de Poustan de Roquepiquet, frère de Mr de Roquepiquet, et ledit Poustan de Billon, filz d'une sœur des susditz
sieurs de Roquepiquet[1].

Le mardy 29 aoust, j'ay descabalé[2] aux mayteries de St-Leger
sauf Fresquet.

---

[1] Voir, à propos de cette alliance entre le fils et la fille des deux frères, les
articles consacrés à la famille de Gervain dans la *France protestante*, dans le
Nobiliaire de Guyenne.

[2] L'expression gasconne *descabala* signifie dépouiller le maïs ou blé d'Espagne
de son enveloppe, avant de le porter au grenier.

. Le dimanche 10 septembre 1656, j'ay mis ung meunier au moulin et m'a promis neuf saqs mesture.

Le lundy 18 septembre, Mr de Genissan est parti.

Le mardy 19 septembre, Pierre Samondès, notaire de Montastruc, a esté à St-Leger notiffier à Conquet portant sommation de rendre à ma belle-sœur ses meubles et les vesseaux vinayres.

. . . .

(*Lacune; plusieurs feuillets manquent.*)

1658.

La nuit du samedy 29 jun, venant dimanche 30 et dernier de jun, ma cavalle noire a fait une pouline noire.

Le mardy 16 jullet, j'ay esté à Tonneins prendre la poste pour Bourdeaux, et revenu le dimanche au soir 21.

Le jeudy matin 18 jullet, la cavalle alezande a faict un poulin alezan dans les preds.

Le vendredy 9 aoust, la cavalle blanche a fait un poulin bay.

Le 24 aoust, jour de samedy, je suis allé chés le sieur du Got et desjeuné là, et après le dit sieur du Got[1] et moy sommes allés à St-Barthelemi où estant je suis allé au chasteau voir Mr de Bourran, seigneur dudit lieu[2], où estoit Mr de Raganeau[3], conseiller du Roy en la Cour du Parlement de Bourdeaux, et un filz

---

[1] On trouve mention dans le *Nobiliaire de Guyenne* (tome II, p. 424) d'un « François du Gout, seigneur de Montastruc, co-seigneur de Daubèze », vivant en 1758, qui devait être de la même famille que l'amphytrion de notre narrateur. L'auteur du *Nobiliaire* rattache Fr. du Gout à l'antique maison de Goth, d'où est sorti le pape Clément V. Je lui laisse toute la responsabilité de son assertion.

[2] C'était Bernard de Bourran, baron de Saint-Barthélemy, conseiller au Parlement de Bordeaux depuis 1627, marié, en 1628, avec la fille d'un président du même Parlement, Anne le Comte de la Tresne.

[3] Jean-Baptiste de Ragueneau était probablement un fils de ce « Pierre de Ragneau » qui, en 1603, avait acheté « l'office d'advocat du Roy en la seneschaussée de Guyenne », et « qui fut depuis très digne conseiller au Parlement « de Bourdeaux, et se fit Huguenot. » (*Chronique bordeloise*, par Jean de Gaufreteau (tome II, p. 10).

dudit sieur de Bourran [1], où je rencontré Messieurs de Boisverdun, de Badets, de Beaulieu, de Roquepiquet, de La Roche Melet [2]. Le mardy matin passâmes à Casseneuil voir Monsr de Monferran [3] et vinsmes diné à St-Legé. Mr de Fermi vint et avec luy Messieurs l'abbé de Fages et le sieur de Montaudon, frère du conseiller au Parlement de Bourdeaux [4], lesquels s'en allarent le vandredy après disner et le dit sieur de Fermi s'en alla coucher chés le sieur de la Voulume de Pouy, à Clairac [5].

Je suis revenu de Bourdeaux le samedy 14 septembre, où j'estois allé puis le mecredy 21 aoust.

Le dimanche 20 octobre, le frere de Renguet est dessedé à Chayne près Carron.

Le mardy 22 octobre, le sieur Gratien Gautié est dessedé et Huguet Douzon, marchant de Montclar, aussi.

Le mardy 29 octobre, Mr de Bonneffon de la Verriere a mené sa femme à Gondon.

---

[1] Bernard de Bourran eut six enfants, quatre fils et deux filles. Une de ses filles, Marie, était, depuis 1655, la femme de J. B. de Ragueneau.

[2] C'était Gaston-André de Melet, écuyer, seigneur de la Roche-Marais, de Faudon (dans la paroisse de Saint-Pierre de Nogaret, juridiction de Gontaud). J'écris cette note en vue du château en ruine de la Roche-Marais, dont mon ermitage n'est séparé que par 500 mètres environ. Je m'occuperai prochainement des anciens seigneurs de la Roche-Marais, en un petit travail que j'intitulerai : *Les Baculan et les Melet dans l'Agenais. Notes généalogiques accompagnées de documents inédits.*

[3] C'était François III de Montferrand, seigneur de Cancon, Casseneuil et autres places, chevalier de l'ordre du Roy, maréchal de camp de ses armées, premier baron de Guyenne. Voir *Histoire de la ville et des seigneurs de Cancon*, par L. Massip, p. 176 et suiv.

[4] Ce magistrat avait épousé Denise de Pichard, sœur de Jean de Pichard, nommé conseiller au Parlement de Bordeaux, en 1655.

[5] Sur la famille Du Pouy ou Du Puy, dont on retrouve les diverses branches à Clairac (canton de Tonneins), à Longuetille (canton de Damazan), à Gontaud (canton de Marmande), famille alliée aux de Cours (Agenais), aux Du Bourg (Languedoc), aux Luppé (Gascogne), aux Malvin de Montazet (Agenais), etc., voir une note dans la *Chronique* d'Isaac de Pérès (Agen, 1882, in-8º, p. 61). Conférez la généalogie insérée dans le *Nobiliaire* de Saint-Allais, les notes qui accompagnent des lettres patentes du roi Henri IV en faveur de Marthe de Béarn (*Annuaire du conseil héraldique de France* pour 1889), etc. M. Raoul Du Pouy de Bonnegarde, à Clairac, prépare une notice généalogique sur sa famille, à laquelle me rattache ma trisaïeule paternelle.

Le samedy 2 novembre, le mariage de ma niepce a esté accordé avec le sieur de Sespes, second filz de Mr de Bacalan, lieutenant général de Castelmoron [1]. Le lundy 28 juillet, contract de mariage a esté passé à St-Legé, par Rouzet, notaire royal de Castelmoron de Bazadois, et espousé à St-Leger, le 31 juillet 1659, par Monsr Brignot, pasteur de La Parade [2]. — Ont commencé à publier les annonces le dimanche 23 mars 1659, à Castelmoron de Bazadois et Castelmoron d'Agenais, avant la passassion du contrat. (*Additions dans le texte et en marge.*)

Le dimanche x novembre 1658, j'ay esté à la sepeulture de Mademoiselle de la Tour, de Peissac sur Dourdogne.

Le mecredy 18 decembre, est morte à Montclar damoiselle Anne Missandre, environ minuit, et ensevelie le vendredy xx decembre au susdit 1658.

1659.

Le jeudi 4 septembre, à *l'Ave Maria*, Mr de Seffons de Montclar est mort à Auriolle, chés son ayné.

Le vendredy 24 octobre, Mr de Carbon de Baccalan, frère de Mr de Sespes, a esté blessé de deux coups de fuzil dans la Sauvetat, par Roumaigne et ses enfants.

Le lundy 4 decembre, la nege a commencé.

---

[1] M. le comte de Saint-Saud a daigné fouiller à mon intention les riches dossiers formés par M. Léo Drouyn en plus d'un demi-siècle d'incessantes recherches, poursuivies au milieu des dépôts publics et privés de la Guyenne : il y a trouvé cette analyse d'un document des archives de la famille de Bacalan : « Contrat de mariage de noble Étienne de Bacalan, seigneur de Sepes, et de « demoiselle Marie de Lidon (28 juillet 1659), duquel il résulte qu'il était « fils d'Eymeric de Bacalan, lieutenant général de la sénéchaussée de Castel- « moron. » Étienne, après la mort de son oncle, dont il fut l'héritier, continua pendant quelque temps, à Saint-Léger, le Livre de raison, mais il n'y inscrivit que des ventes et achats, et les dix ou douze feuillets occupés par ses comptes de propriétaire sont tellement insignifiants que je n'ai pu en tirer une seule particularité.

[2] Commune du canton de Castelmoron, à 5 kilomètres de cette ville.

1660.

Le dimanche 25 avril, jour de St-Marc, j'ay esté à La Marchande, petite borde[1] du sieur Carrier, où j'ay remis l'original des articles de mariage que j'escrivis et signé de ma main seans, le dimanche 20 avril 1653, entre Bertrand Chizeau (du village de la Riale) et Anne Millouroux entre les mains de (*un vide*) Samondès, notaire de Montastruc.

Le jeudy 19 jun, Monsr de Beaulieu de Roquepiquet, après midy, a esté tué d'un coup de fuzil[2] dans le chemin entre St-Estienne de Montastruc et la maison du sieur Bousquet, par ung Donzon de Montastruc, sergent.

Le lundy, au lever du soleil, 21 jun 1660, il y a eu un grand tremblement de maison par tous ces quartiers et en des endroits la terre [se fendit], et à Cours[3] [on trouva] 24 gouttes de sang sur l'autel et sur les pierres qui tiennent l'arbre de la croix, dans le semetiere 9 gouttes de sang.

Le dimanche, à x heures du matin, 27 jun 1660, Jehan Missandre a espousé une fille du dernier lict de feu Faure, advocat d'Agen, à St-Jehan de Montclar[4].

---

[1] *Borde*, en langue gasconne, signifie métairie.

[2] Un peu plus loin vont retentir bien d'autres coups de fusil. On dirait des feux de peloton. Mais à ceux qui s'élèveraient, à ce sujet, contre les meurtrières habitudes du *bon vieux temps*, ne pourrait-on pas opposer les fusillades encore plus nombreuses et plus cruelles de notre époque ?

[3] Commune du canton de Prayssas, à 9 kilomètres de cette ville.

[4] Je trouve dans les papiers de la famille de Missandre les renseignements suivants : Jean de Missandre épousa, le 27 mai 1660, Anne (*alias* Jeanne) de Faure, habitante d'Agen, fille de Bernard de Faure, avocat au Parlement, sieur de Castres, et de demoiselle Marguerite de Galau ; la mariée étant assistée de son beau-frère Anthoine-Gabriel de Cunolio, sieur d'Espalaix, lieutenant particulier et assesseur criminel au siège de cette ville. De ce mariage provint (29 novembre 1669) Raymond de Missandre, sieur de Pecaubel, lequel épousa, le 24 décembre 1716, à Agen, Marie-Louise du Cauzé de Naselles, fille de noble Jean Charles du Cauzé, seigneur de Naselles, lieutenant de nos seigneurs les maréchaux de France, et de dame Louise d'Anceau. Raymond obtint en 1741, de Mgr de Chabannes, évêque d'Agen, l'autorisation d'établir une chapelle domestique en son château de Pecaubel (paroisse de Saint-Pastour) ; il fut enterré non dans cette chapelle, mais dans l'église de Saint-Pastour.

Le samedy au soir 10 juillet, la blanche a faict ung poulin alezan.

Le dimanche 25 de juillet, Pierre de Mestre, sieur de Berniassade, de Montastruc, a fianssé Françoise Barlan à Fontairard, au dessus Villeneufve.

Le mardy iii aoust, Madame de Flamarens a envoyé de Lair, son resseveur, avec Verniaut, arpenteur de Monflanquin, et Sinadon, aussi arpenteur de Pène, pour faire arpenter des lieus rurauls icy.

Le jeudy 12 aoust, Massias, le marchand, second filz du vieux notaire Massias, de Montclar, a esté tué d'un coup de pistolet par le Mares, segond filz du sieur Lanauze, hors la porte de la ville de Marmande.

Le lundy au soir 23 aoust, après soleil couché, il parut au ciel la forme d'une grand ville avec ses tours et chasteaux, clochers, entre le bout du nort du Pech de la Tuque, tirant en haut, jusques vers le Cuioula.

Le 18 octobre, Madame de Flamarens et toute sa maison sont allés se tenir à Vileneufve et est veneue à Montastruc le 27, avec Messieurs le prieur de la Calsini (?) et Monsieur de La Tour, son gendre, et s'en est retournée le mecredy 29 dudit mois.

Le vendredy au soir, à cinq heures, 22e du mois d'octobre, Monsieur de Monferran est dessedé dans son chasteau de Casseneuil, et porté à Cancon le mardy 26 dudit mois d'octobre [1].

Le vendredy matin 19 novembre, le valet de Mr de Boysverdun, filz de Ratié, fuzillé de Monflanquin, a esté tué devant la maison de La Faurie le tailleur, soubs le moulin de St-Eutrope, que ceux de Montclar avoyent assiegé dedans et son camarade Guarrigou et le corps porté icy le samedy au soir, enterré au cimetière de St-Legé.

---

[1] Sur la mort et les funérailles de François de Monferrand, voir les détails fournis par M. L. Massip, d'après les registres paroissiaux de Cancon (p. 185). Notre document est sur tous les points d'accord avec le récit de l'historien, jour pour jour, et même, pourrait-on ajouter, heure pour heure.

1661.

Le jeudy au soir vi de l'an 1661, ma belle-sœur et ma niece sont retournées d'Aynesse, où elles estoyent puis le 4 aoust 1660.

Le vendredy 21 janvier 1661, j'ay esté à Montastruc où estant j'ay donné au sieur de Lerm, receveur de Madame de Flamarens, un consentement retenu par Samondès (*il s'agit d'une somme de 1134 livres 9 sols 9 deniers de la consignation du prix du décret de la maison de Saint-Léger*).

Le samedy 22 janvier, j'ay donné au consul Fournié, de Montclar, 17 livres, et promis un tonneau de vin pour 30 livres, pour les deux derniers quartiers de l'an 1660. Et le mesme jour, baillé au jeune Massias, consul, 12 livres, et le 6 jun 1660 22 livres, et le 21 jun 15 livres, montant tout ce dessus que j'ay baillé audit Massias pour les deux premiers cartiers, 49 livres.

Le jeudi 17 mars 1661, Mr de Seppes est parti pour aller à Bourdeaux et a prins le procès verbal faict par le juge de Ste-Foy, en l'an 1619, contenant cent onze feuillets escript en papier.

Le jeudy au soir 26 may, Madame la marquise de Flamarens et Madame de Houellies [1] sont venus coucher à St-Leger, et le vendredy apres disner sont allées à la forest de Gondou [2] et de là à Cabanes, chés le sieur Grenier faire faire des verres.

(Peyrelongue et Marquet estoyent avec la dite dame).

1661.

Le samedy au soir, environ 4 heures, onziesme jour de juin, la gresle nous battit à St-Leger et avoit faict grand mal aux bleds et vins, et le samedy au soir, 25 dudit mois, il gresla en telle façon qu'il n'y a demeuré ne bled ne vin.

---

[1] Nom de lecture douteuse. Aussi je ne m'étonne pas trop de ne le trouver nulle part.

[2] Sur la carte de Cassini est représentée, près de Gondou, une forêt de considérable étendue.

Le vendredy 1er jour de juillet 1661, j'ay donné à Madame de Flamarens quatre barriques de vin en payement de la rente, et Mezieres, son domestique, l'est venu gouster.

Le samedy 2 de juillet, le sieur Babigeon, juge de Montclar, a vendu sa maison à Jehan Barrail, filz de Renaut, pour 400 livres, et le dimanche 3, son office de juge pour 3,300 livres [acheté] par La Faurie, et le lundy matin 4 nasquit à Jehan Missandre son premier filz, à Montclar. (Mort le lundy xi juillet après.) (*Note marginale.*)

Le dimanche 17 juillet 1661, Jacques Boisson, filz de Jehan, de Capdefer, paroisse de Villebrama, juridiction de Tombebœuf, a fianssé ceans Magdeleine Chazereng, fille d'Anthoyne et de Jane Savary, de la presente paroisse de St-Leger, et juridiction de Montastruc (contrat retenu par La Tour le jeune).

Le mecredy 3 juillet 1661, Mr de Labatut, filz ayné de Mr Du Puy, demeurant à Labatut, a fianssé dans le village de la Baysse en la paroisse d'Aynesse, juridiction de Sainte-Foy, la fille du premier lict appelée damoiselle de Monbiron, de mon cousin du Barrailh (contrat retenu par Coulerie, notaire de Genssac) et ont espouzé audit Genssac le mecredy 14 septembre, par Mr Marcon, ministre de Pelegrue[1].

Le mecredy 27 juillet, Mr d'Armaignac est dessedé à Paillas.

Le vendredy xvi septembre audit an 1661, le feu du ciel a tumbé sur Languallerie[2] et blessé la fille aynée de la maison.

Le dimanche 18 septembre, Monsr de Sepes et Madamoyselle de Lenguallerie[3] ont fait baptizer à Genssac un filz de Mr de la Tour de Pessac.

Le vendredy 2 de decembre, j'ay esté à La Tour, avec Monsr de Sepes, à la sepulture d'une fille dudit sieur de La Tour.

---

[1] Pellegrue est un chef-lieu de canton du département de la Gironde, arrondissement de la Réole, à 27 kilomètres de cette ville.

[2] Le château de Langallerie est situé à 11 kilomètres de Sainte-Foy-la-Grande, dans la direction du sud-ouest.

[3] La famille Gérault de Langallerie, qui devait donner de notre temps un si saint archevêque au diocèse d'Auch, était alors protestante.

Le samedy 24 decembre, veille de la Noel, j'ay esté à la sepulture de la vieille damoyselle de Lenguallerie, et porté le drap avecq Mrs de Paillas, de Missandre et Du Puy de Labatut[1].

1662.

La nuit du mardy 14 febvrier, venant au mecredy xv febvrier 1662, ma niepce, femme de Mr de Seppes de Bacalan, s'est accouchée d'une fille. Fust baptisée le susdit mecredy, à Aynesse, par Mr Cartier, servant l'esglise d'Aynesse, et presantée par moy au nom de Mr de Bacalan, lieutenant général au siège de Castelmoron de Bazadois, grand-pere paternel, et Madame de St-Leger, ma belle-sœur, grand mere maternelle, et nommée Marie, et morte le samedy, sur les huit heures du matin, 18 dudit mois de febvrier 1662 et ensevelie à Aynesse le dimanche 19, à l'issue du presche, et portée en terre par le sieur Laboulbene de Martet, antien de la dite eglise.

Le jeudy 16 mars 1662, Pierre de La Riviere, sieur de Lafon, filz du sieur de Mayne, a espouzé en ce lieu d'Aynesse Rachel Bayle, fille du sieur Genevrier, laquelle il avoit fianssée puis (*depuis*) le lundy 2, jour de l'an.

Le samedy avant jour 20 may 1662, le sieur Gorin de la Peyre en Genssac est dessedé.

Le dimanche 24 septembre, Jehan Rivoyre, pere des marchands de Sainte-Foy, a fianssé Izabeau du Guy de Tenon, de Puiguillem[2], et espousé aux Gours par Mr Cartier, le lundy 23 octobre 1662.

Le susdit jour de dimanche 24 septembre, Jacques du Puy,

---

[1] Les Barrail et les Labatut formaient deux branches de la famille Du Puy, établie aux environs de Sainte-Foy-la-Grande.

[2] L'antique et célèbre château périgourdin, contre lequel fut faite une des premières applications de la découverte de l'artillerie. Au sujet de cette forteresse, dont j'ai admiré, dans une excursion de jeunesse, les ruines imposantes recouvertes presque entièrement d'un immense manteau de lierre, je noterai combien sont nombreuses, dans la partie de l'Agenais qui avoisine le Périgord, les localités qui ont emprunté à la langue gauloise un nom signifiant hauteur : je citerai seulement *Puymiclan*, les deux *Puydauphin*, *Puysserampion*, *Puychagut*, etc.

escuyer, sieur de Pudris, filz ayné de François, escuyer, sieur du
Barrail, a fianssé damoyselle Marguerite de Geraud, fille d'Anthoyne, escuyer, sieur de Langallerie (contrat retenu par Ruffe,
notaire et lieutenant de Lenderrouat[1]). A espouzé à Aynesse le
lundy 20 novembre 1662, et conduite au Barrail le mecredy
29 novembre, et le lundy VI aoust 1663 accouchée d'une fille.

1663.

Le jeudy 4 de l'an 1663, party d'Aynesse avec ma belle-sœur et
ma niepce et couché chés le sieur de Va [.....], à St-Astié,
juridiction de Puychagut, et le vendredy aux Charriés[2], chés Mʳ du
Carbon[3], et le dimanche VII à St-Legé.

La nuit du jeudy 25 janvier venant au vendredy 26 janvier 1663,
trois heures avant jour, ma niepce s'est accouchée d'un filz et
baptizé par Mʳ Costés, ministre de Pujolz, à St-Legé, le samedy 27
(*addition marginale :* est appelé Jehan), mon frere, grand pere,
l'ayant presenté avecq sa femme en l'absence de dame Marthe de
Bacalan, dame de Grateloup (de Perigort)[4], et mort le mecredy
31 janvier, entre deux et trois heures du soir, porté en terre le
jeudy matin par maistre Jehan Rouzet, jadis notaire royal de
Montclar.

Le samedy X mars, Martin Renguet dit Martinot est dessedé à
Montastruc.

Le lundy XII mars 1663, environ vespres, David Guasc dit
Beaupred a esté tué à sa fenestre, dans Montclar, de coups de

[1] Commune de la Gironde, canton de Pellegrue.
[2] Le domaine des Charriers, à peu de distance de Puychagut, appartenait, il y
a une trentaine d'années, au comte de Thémines. C'est aujourd'hui la propriété
de M. Paul de Boëry, déjà nommé plus haut.
[3] Le sieur de Carbon était, comme nous l'avons vu, un Bacalan, frère aîné du
neveu de notre chroniqueur. Voir, du reste, la note suivante.
[4] M. le comte de Saint-Saud, qui prépare une généalogie de la famille du
Faure, daigne m'apprendre, avec toute la parfaite compétence d'un spécialiste,
que Thomas de Bacalan, écuyer, sieur de Carbon, avait épousé, le 30 décembre
1657, Marguerite du Faure, demoiselle de Grateloup, La Rivière, etc.

pistolet et fuzil par Las Bouygues, second filz de Pierre Glori et le filz de feu Auzeral, aussi de Montclar [1].

Le lundy 7 may 1663, Pierre Castellane, sergent de ville vieille de Montclar, est dessedé chés luy.

Le vendredy à midy premier de jun 1663, Mr de Billon, pere de Mr de Poustan [2], est dessedé Agen.

Le mecredy au point du jour 20 jun, Guillem La Mole, filz de Nouvel, marchant, de Pontraucat, est mort à Casseneuil et enseveli à St-Pierre de Belves.

Le vendredy après vi heures du matin, 3 d'aoust 1663, Nouvel La Mote, marchand de Pontraucat, est dessedé ensepveli dans l'esglise de St-Pierre de Belves, le samedy 4 d'aoust.

Le samedy 18 aoust, j'ai envoyé Guarrigou, notaire à Buzet, signifier un acte à Madame la marquise de Flamarens.

Le dimanche 16 septembre 1663, Pierre La Combe dit Poulet s'est loué avec nous jusqu'à St-Cla (*Saint-Clair*) pour 18 livres et après la maytive (*moisson*).

Le mardy 30 octobre, M^r de La Tour, gendre de Mme de Flamarens, est parti de Montastruc pour Paris. (*Addition marginale* : revenu à Montastruc le jeudy v septembre 1664.)

Le mardy vi novembre, j'ay esté voir le sieur Baraillon qui a prins possession de l'abbaye de Gondon par le sieur Neuville, juge de St-Pastour. Ledit Baraillon est de Bordeaux.

Le mecredy au point du jour, 19 decembre 1663, ma niepce s'est accouchée pour la troisiesme fois d'un filz, et baptisé à Castelmoron le jeudy 29 mars 1664, par Mr Guarrissolle [3], ministre de

---

[1] Ne se croirait-on pas dans le pays classique de la *vendetta*, et le territoire de Monclar ne nous rappelle-t-il pas un de ces maquis où, si l'on en croit les pittoresques récits de Prosper Mérimée, on s'entretuait avec tant d'entrain ?

[2] Deux noms de terre portés par deux membres de la famille de Gervain, comme plus haut nous avons trouvé trois noms de terre portés par trois membres de la famille Du Puy.

[3] Voir la *France protestante*, sur les Garissolles (de Montauban). Le plus connu d'eux tous est Antoine, né à Montauban en 1587, mort en la même ville en 1651, à la fois poète et théologien, quoique les deux qualités ne s'accordent guère ensemble (*res dissociabiles*, comme parle Tacite). Antoine était peut-être le père du ministre de Castelmoron.

Castelmoron, et presenté par le sieur de Sespes pere en l'absence du sieur de Carbon, son frere ayné, et ma sœur Jane de Lidon, la marrine, et a esté appellé Thomas.

1664.

Le mecredy 23 du mois d'avril 1664, noble Jehan de Lidon [1], escuyer, sieur de St-Leger, mon frere, revenant de Bourdeaux, environ les neuf heures du soir, est dessedé dans sa maison d'Aynesse, en la juridiction de Sainte-Foy-le-Grand en Agenais, et ensepveli sur le soir le jeudy 24 avril 1664.

---

[1] Comme je l'ai annoncé, je reproduis ici, d'après une copie gracieusement et soigneusement faite pour moi par M. de Saint-Saud, aux Archives départementales de la Gironde (arrêts, B 822) un document du 31 août 1651, relatif au procès engagé entre Jean de Lidon, frère du narrateur, et le président de Coquet, qui se disputaient la possession de Saint-Léger : « Entre Jean de Lidon, « escuyer, sieur de St-Leger, demandan l'enterinement de certaine reqᵗᵉ du « premier d'aoust mil six cens cinquanie, d'une part ; et Jacques Fournier, « bourgeois et marchant de Moncla, Mᵉ Gabriel de Coquet, conᵉʳ du Roy et « president au siege presidial d'Agen et Marie de Sangosse, damᵉˡˡᵉ, deffandeur « d'autre.

« Veu le proces, reqᵗᵉ aud. de Lidon dont est requis l'interinement dud. pre- « mier d'aoust mil six cens cinquante, requeste dud. Fournier contenant ses « deffences du quatorse dud. mois, autre requeste dud. de Coquet contenant aussy « ses deffances du dix septe (pour 17ᵉ) dud. mois, et autres pièces et produc- « tions des parties avec la reqᵗᵉ de forclusion du trantiesme dud. mois.

« Il sera dit que la cour avant faire droit de lad. reqᵗᵉ a ordonné et ordonne « que dans le premier jour après la St-Martin prochain ladite de Sangosse y « viendra deffendre toutes parties diront et produiront et ce que bon leur sem- « blera ; dans lequel delay led. de Lidon rapportera les quittances des payemens « par luy faits en execution de l'arest du vingtiesme may dud. an pour ce fait, « ou à faulte de ce faire et le delay passé estre fait droit aux parties ainsi que « appartiendra.

(Signé) : « NESMOND.　　　　GENESTE, rapʳ.

« Espice un écu.

(plus bas :)

« Du 31 aoust 1651. »

J'ajoute que l'on trouvera d'abondants renseignements sur la famille de Coquet dans les notes généalogiques consacrées à cette famille par Mᵐᵉ la comtesse Marie de Raymond (Archives départementales, à Agen, fonds Raymond, registre numéro 3). Voir dans ce même fonds les dossiers relatifs à diverses familles de l'Agenais mentionnées dans le Livre de raison de N. de Lidon ou dans le commentaire, notamment les familles de Cunolio d'Espalais, de La Tour, de Dangeros, de Thoiras, de Digeon, de Longueval, etc.

Le samedy au soir 25 may, Pierre Glori, marchant de Montclar, est dessedé dans sa maison et ensepveli le dimanche 26 may.

Le mardy 23 jun, ma sœur Jane s'en est retournée à Aynesse, et Mr de Sepes aux Charriers pour [aller] le lendemain à Aynesse.

DU LIVRE DE RAISON DE DAME BOUCHAREL.

1682-1687.

Le 19 avril 1682, le bon Dieu m'a visité et m'a retiré Monsieur Boucharel et a esté enterré derriere le pigonier (*sic*) le 15 avril[1].

Le 11 may 1682, j'ay acheté à ma cousine de Du Pres un quintal de chanvre, au prix de 16 livres, pour faire presan à madamoiselle de Renac, fame de nostre procureur.

Du 15 may, j'ay vendu 15 sacs de segle à 51 sols le sac; se monte 38 livres 5 sols.

J'ay vendu deux sacs de mesture[2] pour achever de payer le puis.

Du 29 may. J'ay vendu quatre barriques de vin cleret à 9 livres 10 sols la barrique à un oste[3] (*sic*) de la Gruère, Jean Duguasse dit la Vigne.

Le 29 may 1682, j'ay preté à Jacques de la Fite, demeurant à Vilaine, un sac de mesture qu'il m'a promis de me payer l'été, et la mesture se vandoit 3 livres 6 sols.

---

[1] Cet enterrement à la campagne, derrière le pigeonnier, indiquerait à lui seul que la famille Boucharel était protestante. Un autre signe caractéristique, c'est le prénom *Gédéon* que portait le père du personnage dont le décès est ici mentionné. Mais ce qui est encore plus décisif, c'est la mention qu'on trouvera, aux années 1684 et 1685, des sommes versées par la dame Boucharel pour le pasteur de Tonneins-Dessous.

[2] *Méture*, mélange de seigle et de froment. On en faisait dans chaque maison de paysans un pain fort appétissant que je croquais avec délices, en mon heureuse enfance, chez nos métayers ou vignerons.

[3] C'est-à-dire *hoste*, aubergiste, homme tenant *hôtel*.

Le 2 juin 1682, à la mesterie de la Nause, une vache de labourage nous est morte et la paux (*sic*) s'est vandu à Manesquer, 5 livres.

Le 4 juin, j'ay acheté une vache de Monsieur Ponc de Verteuil et donné neuf esqus contant.

Du 20 juin 1682, j'ay donné au tisseran de la Champagne pour la fason d'une piece de grosse toile qui se monte 45 sols. Plus une autre piece de fine. Y en a 43 aunes. J'ay donné audit mestre deux sacs de mesture à 3 livres 4 sols.

Le 3 juillet 1682, j'ay acheté de Romas, tuilier, 400 tuiles à quanale (*sic*) et un san (*sic*) du gros tuile, et se monte le tout 4 livres 18 sols.

Du 16 juillet 1682, j'ay vendu deux sacs de froman et deux poygueres 8 livres 12 sols, pour payer la taille.

Au nom de Dieu soit. Set (*sic*) année 1682, se 23 aoust, à Tonnein dessous, j'ay passé contrat du ferme de la meterie du Groust pour 6 années à 200 livres par an aveque Quasemajous. Le contrat est retenu par Gares, notaire royal.

Le 1er septembre 1682, j'ay payé à maistre Nadaux, pour la fason de trente aunes d'estamine, quatre sols l'aune, 6 livres [1].

Au nom de Dieu. Le 30 octobre 1682, ce jourd'huy, j'ay payé à mon beau-frere 140 livres et m'a donné quittance [2] retenue par devan Mr Guares, notaire.

Le 19 fevrier 1683, j'ay payé la rante de la Nause de quatre aunées. S'est monté 25 livres 3 sols. J'ay retiré quittance de Monsieur Catufe, receveur.

Le 7 septembre 1683, j'ay loué la chambre carrelée à Mademoiselle de Rouhos pour un année, et m'en a promis 10 livres chaque année.

---

[1] Cette étamine devait servir, comme on le voit un peu plus loin, à habiller les filles de Mme Boucharel.

[2] Ce beau-frère était un homme indélicat, s'il faut en juger par cette accablante accusation de la narratrice : « Mon beau-frère Boucharel me doit deux « esqus que je luy ay donnés de trop. Je les ay perdus par sa mechante foy. Il me « les a niés. »

Le 5 octobre 1684, j'ay receu de Mr Quazemajous (*son fermier*) les deux cens livres à la reserve de 24 livres que je luy ay rabatu pour le domage que la gelée a fait au tabas.

Le 26 octobre 1683, j'ay payé la Marie Rolin, servante de Monsieur Boucherel, qui n'a voulu dire la verité de tout ce qu'elle avoit receu. Je l'ay feit jurer devant le juge, accompagnée de son maître Mr Boucherel, a quoy set (*sic*) malheureuse a levé la main à Dieu pour avoir de moy 66 livres.

Le 8 novembre 1683, j'ay payé à Mr Balude, medesin, 8 visites rendues à Mr Boucherel, 9 livres, dont j'ay retiré quittance.

Le 2 janvier 1684, j'ay payé à Mr Lasale jeune, pour la taille de Thonens, 12 livres 13 sols.

Au nom de Dieu. Le 30 mars 1684, j'ay donné pour le ministère de set esglise de Thonneins dessous, à Mr Poujet, ensien (*sic*) de l'esglise, 4 livres.

Ce 26 may 1684, j'ay vandu mon vin à St-Aman, savoir : 5 barriques de cleret et 2 de blanc, à 12 livres la barrique.

Ce 5 aoust 1684, j'ay payé à Mr Poujet, encien de l'esglise de Thonneins dessous, pour les gages du ministre, 30 sols.

Le 19 septembre 1684, j'ay vendu à mon cousin Desclaux un tonneau, 15 livres.

Le 6 octobre 1684 j'ay acheté 8 barriques, à 3 livres pièce.

Ce 25 mars 1685, j'ay donné à Mr Renos, ministre[1], le reste de ce que je devois à set esglise, savoir : 50 sols.

Ce 22 may 1685, j'ay affermé à mon cousin de Monsales le pré que j'ay au Bernes pour 3 années, 28 livres 10 sols chaque année.

Ce 21 juin 1685, j'ay payé à Mr Renos, ministre, 40 sols[2].

Du 3 août 1685. J'ay vendu 5 barriques de vin à Mr Lagrange, à 5 livres la barrique.

Au nom de Dieu. Le 12 decembre 1685, j'ay livré à la veuve de St-Amant 9 barriques de vin clairet, à 10 livres la barrique.

---

[1] Sans doute Renaud. La famille Renaud a fourni plusieurs pasteurs à la Guyenne.

[2] Quatre mois plus tard (20 octobre), l'édit de Nantes était révoqué.

Ce 15 avril 1686, j'ay acheté un cofre de maroquin rouge, 30 livres.

Le 11 may 1686, ma fille Marie Boucharel a passé artique (*sic* pour article) de mariage avec Monsieur de la Bernatier de Du Pres et a espousé à Saint-Grapase (*nom gascon de Saint-Caprais*) le 12 juin 1686.

A Thonnein, j'ay acheté à Françoise, nostre servante, quatre aunes de cadeix[1] à 16 sols 6 deniers. S'est monté 3 livres 6 sols[2].

Du 5 novembre 1687. Dieu a donné un fils à ma fille de la Bernatier qu'ils ont donné au bateme à Mme de Du Pres, mere, et à mon fils Pierre Boucharel. On luy a donné le nom Pierre. A la maison de la Barre est né notre fils. Que Dieu le benisse et le reserve au nombre des siens !

---

[1] *Cadis*, serge commune, droguet de laine.
[2] La chambrière se montra bien peu digne de ce cadeau, car son improbité nous est dévoilée dans cette phrase additionnelle : « J'ay renvoyé ladite Fran- « çoise pour une chaine d'argent qu'elle avoit pris ; elle l'a rendue. »

DU LIVRE DE RAISON DE BERTRAND NOGUÈRES.

1649-1682.

Soli Deo omnis honor et gloria.

Livre de raison de moy Bertrand Noguères[1], *commencé ce 6ᵐᵉ du mois de febvrier mil six cents 49 qui finira quand Dieu voudra.*

Le 24 juin 1649, Jacques Nogueres, mon filz, et de Jeanne Seguin, ma femme, a esté baptisé à Sᵗᵉ-Bazeilhe. Parrin, Mʳ Jacques Seguin, son grand pere; marrine, Marie Chaubin, damoiselle, sa grand mere. Nasquit le 8ᵉ dudit mois et an, entre trois et quatre heures du soir.

Noguères père.

Marie Nogueres, ma filhe, et de Jeanne Seguin, ma femme, a esté baptisée à Sᵗᵉ-Bazeilhe le 26ᵉ novembre 1651. Parrin, Mʳ Jean Nogues [ailleurs : *Nougues* et *Noguey*], son oncle; marrine, Marie Nogueres, femme à feu Jean Gayraud, marchand, sa tante. Elle est morte.

✝

In nomine Dei nostri et Mariæ ejus genetricis. Amen.

Le sixiesme du mois de febvrier l'an 1650, Marguerite Arnauzan est veneue dans ma maison pour servir de nourrisse à mon petit.

---

[1] Sur Bertrand Noguères et sa famille, voir l'ample généalogie des Noguères insérée par M. l'abbé Alis dans sa monographie de Sainte-Bazeille (p. 459 et suivantes).

Pour son salaire, accordé entre ma femme et elle, est promis annuellement la somme de vingt et une libre et deux chemises.

Le 4ᵉ may 1650, je donné receu à Mʳ mon père [1] de la somme de 250 libres...

Le 1ᵉʳ janvier 1651, le sieur Lussignet [2], du lieu de Marcellus, a prins au Bilhan (*domaine des Noguères, dans la commune de Marcellus, canton de Meilhan*) un milier et dix-sept gerbes de carrassons (*échalas pour la vigne*), à raison de 14 libres le milier.

La feste de saint Estienne (*26 décembre*) 1651, Chaterine Lestrade, du lieu de Montpouilhan (*commune du canton de Meilhan*), est entrée en service dans ma maison, à laquelle a esté promis par an en argent la somme de douze libres, deux chemises, un garde robe d'estoupe (*tablier de fil grossier*), ung pere de souliers et chausses avecq un pere de sabots [3].

Le 4ᵉ juilhet 1652, Marie Gayrard, ma sœur, vefe à feu Jean Gayrard, est dessedée. Jean, son filz, mourut le 28 octobre audit an.

Le (*le nom du jour est omis*) 1654, je me marié avec Anne Clerc, ma femme en secondes nopces. Le contract est reteneu par Touchart, notaire de Marmande.

Receu de sieur Gabriel Dupeiron, mon cousin, ce 29 aoust 1654,

---

[1] C'était François Noguères, nommé procureur du roi en la cour de Sainte-Bazeille, le 26 septembre 1637. Nous trouverons, sous la plume de son fils, l'éloge de ce magistrat à l'occasion de sa mort (3 octobre 1664).

[2] On rencontre plus loin mention de Lussignet : « Mon cousin, notaire de « Marcellus. »

[3] Le narrateur changeait souvent de servante, mais le salaire ne changeait pas beaucoup. Le 21 mars 1655, on promet à Jeanne Bartole, de Meilhan, « 3 escus « en argent, deux chemises d'estoupe, ung garde robe avec une pere sabots et « quelque pere chausses *usées.* » Le 25 mai 1656, Jeanne Priamy, d'Escassefort, obtient « neuf livres, une chemise, une pere chausses de drap grossier et une « pere sabots. » « Toinette Cassin, du lieu de Mauvezin, est veneue à mon service « le 13 decembre 1659, à raison de 4 escus blancqs de trois livres pièce, 2 che- « mises et une aulne de toile. Elle a reçu, le 15ᵉ mars 1660, 4 escus qu'elle a employé « en l'achat d'une cotte (*aujourd'hui cotillon*) de rase (*espèce de serge*) grise, « plus a reçu, le 28ᵉ may 1660, 6 sols pour paier le rabillage d'une pere de « souliers. » — « Le 28 novembre 1660, Jeanne Rayne, du lieu de Cocumond « (*canton de Meilhan*) est veneue à mon service. Je luy donne par an 12 livres « en argent, 3 aulnes de toyle d'estoupe, 2 coulctes (*tour de cou, collerette*) et « 2 cornetes (*sorte de coiffe*).

la somme de 12 libres en deduction de 40 libres d'intérêts qui me sont deubs par Beatrix Labat, sa femme, comme heretiere de feu Jean Labat.

Le 22 du present mois (*aout 1654*), j'ay donné à Leonard Piraube la somme de 24 livres pour partie du paiement de demy journal de pastenq (*pâturage*) que je luy ay achepté contre le Bilhan.

Le cousin François Dubernard me doibt rendre 2 escus d'or valans 10 livres 8 sols, lesquels le sieur Sainct-Suricq (*autre cousin du narrateur*) me renvoyait par iceluy [1].

Le 3 du mois de may 1655, maistre Helies Beaune, advocat en la cour [2], a faict cession à noble Jacques de Nogueres [3] de l'action criminelle que ledit Beaune avoit faict contre moy, pendente à Casteljaloux (*chef-lieu du canton de l'arrondissement de Nérac*), par contract reteneu par Lacam, notaire royal du lieu de Sainte-Bazeilhe.

Le 18e jour du mois de may 1655, Anne Clerc, ma femme, a eu une filhe entre quatre et cincq du matin. Son nom est Marie. Parrin, le sieur Pierre Clerc, son grand pere; marrine, damoiselle Marie Chaubin, ma mere. Le jour de la naissance de ladite Marie Nogueres, ma filhe, est un mardy, et le jour de son baptesme un dimanche, 23e du susdit mois et an.   B. NOGUÈRES [4].

(*Addition marginale :* le sieur Marucheau, prestre, l'a baptisée dans l'eglise Nostre Dame de Marmande).

Le 15e septembre 1655, le sieur Nouguès et moy avons rendu 4 comptes consulaires pour feu sieur Seguin, mon beau-père,

---

[1] Sur les trois cousins qui viennent d'être nommés par le narrateur, Dupeiron, Dubernard et Saint-Surric, voir la généalogie des Noguères si bien dressée par M. l'abbé Alis.

[2] A cette vieille famille appartient mon voisin, confrère et ami M. Joseph Beaune, avocat, ancien magistrat, membre de la Société des Archives historiques de Gascogne, qui dans son château de Bistauzac (commune de Saint-Pierre de Nogaret) ne cesse de demander à l'étude ses nobles et fortifiantes joies (*labor cum dignitate*).

[3] Sur Jacques de Noguères, écuyer, sieur de Saint-Martin, avocat et juge royal de Sainte-Bazeille, voir (p. 456) la généalogie déjà citée.

[4] Noguères, comme le sieur de Savignac, a soin de mettre sa signature sous tous les articles importants.

sçavoir de l'an 1635, 1643, 1648 et 1651, à Monpouilhan, par devant le sieur Daney, juge.

Le dernier jour de octobre 1656, Jehan Descamps, du lieu de Coutures (*Couthures, commune du canton de Meilhan*) est veneu à mon service et s'est loué pour un an à raison de cincq escus d'argent, 2 chemises grossieres, une casaque de toile, une pere chausses, une pere de bas de demy linge, une pere sabots.

En 1655, je prins un cent de faichounas (*fagots de branches de chêne*) de Lespes, de Gauiacq (*Gaujac, commune du canton de Meilhan*), et en 1656 un autre cent à raison de six livres cincq sols [1], et ce en deduction des interets qu'il me doibt.

Le 7 novembre 1656, Bertrand Gairard, mon nepveu, est veneu à Marmande ches moy en pension par l'ordre de M[r] mon pere pour apprendre à escrire chez Mr Dartigole, maistre escrivain, où je l'ay envoyé le 8me du susdit mois et an.

(Achat de chausses pour valet 10 sols, de sabots pour servante 5 sols, plus 2 deniers pour 7 clous desdits sabots, plus 8 sols pour une chemise.)

Le 8e mars 1657, est venu au monde François Nogueres, mon filz, entre quatre et cinq du matin. Perrin, Mr François Nogueres, mon pere; merrine, Anne Bourgeois, vefve à feu Brisson, maistre appoticaire, tante de Anne Clerc, ma femme.

Le vingt-deuxiesme may mil six cens soixante, Anthoine Nogueres, mon filz, est veneu au monde entre six et sept heures du matin, dans la ville de Marmande. Sa mere, Anne Clerc, ma femme; son perrin, noble Anthoine Scorbiac; sa merrine, Leonarde Gouineau. A esté baptisé le 15e aoust audict an, dans l'eglise de Ste-Bazeille.

Anne Clerc, ma femme, de moy authorisée, a faict eschange de la maison qu'elle a au canton [2] de Marmande, avec Mademoiselle

---

[1] Le cent de ces fagots se vend en moyenne aujourd'hui une trentaine de francs (après coupe de dix à douze années).

[2] Sur le *canton*, milieu de la croix formée par les deux principales rues de la ville, voir ma notice sur Marmande, p. 1. *Canton* signifie donc ici *carrefour*. Le mot a-t-il été recueilli par nos lexicographes?

de Labarthe. Le contract est retenu par Mr Galaud, notaire royal, en date du (*un vide*) may 1660.

Le 19e juilhet 1660, j'ay emmené ma familhe de Marmande à Ste-Bazeille.

Le 15e aoust 1660, Anthoyne Nogueres, mon fils, et de Anne Clerc, ma femme, a esté baptisé par Mr de Cyram, vicaire à Ste-Bazeille. Parrin, noble Anthoine Descorbiac, et marrine Leonarde Gouineau. Le sieur Sainscricq l'a tenu à la place dudict sieur Descorbiac. En foy de quoy ledict sieur Descorbiac a signé et moy.   B. NOGUERES.   SCORBIAC.

La femme de Mr Ragot me doibt une barrique de vin que je luy ay livrée le 18e septembre 1660, pour 5 escus blanqs valant 15 livres[1].

Ma sœur bessoune (*jumelle*) a contracté mariage avec le sieur François Deymier[2]. Il luy a esté constitué de dot par mes pere et mere 2000 livres, sçavoir 200 livres en meubles et 1800 livres en argent.

Le 18e apvril 1662, Marie Laguée est veneue au monde. Je suis esté son perrin. A esté baptisée dans nostre eglise de Ste-Bazeilhe par Monsieur Lomenie, prestre et curé dudit lieu, le 2e jour du mois de may.

Le 2e may (1662), donné à Catherine Delage, ma servante, une paire souliers valant 30 sols.

Le 24 may 1662, Marie Nogueres, ma filhe, et de feue Jeanne Seguin, ma premiere femme, est morte et ensepvelie à Ste-Bazeilhe.

Le 16e jour du mois de juilhet 1662, je achepté de Guiraut Rapin une cavale de 3 ans 1 mois pour 28 escus.

Le 25 septembre 1662, Jean Nogueres, mon fils, est mort sur les 11 heures du soir.

Le 28e jour du mois d'octobre 1662 est nay Bertrand Nogueres, mon fils, et de Anne Clerc, ma femme. A esté baptisé le susdit

---

[1] Avant l'invasion du phylloxera, j'ai vu, dans les années d'abondance, vendre ici d'excellent vin rouge 18 francs la barrique. Où sont les vignes d'antan ?

[2] Sur les Deymier, voir (*passim*) la monographie de Sainte-Bazeille.

jour 28ᵉ octobre 1662, dans l'eglise de Ste-Bazeille, par Mʳ de Lomenie, curé dudit lieu. Perrin, Bertrand Laujacq, mon beau frère ; merrine, Catherine Nogueres, ma sœur.

B. Nogueres.

Le 29 dudit mois et an le susdit Bertrand, mon fils, est mort.

Le seize aoust 1663, jour de Saint Rocq, je achepté deux asnes, prix fait à 19 livres [1].

Le troisiesme jour du mois d'octobre 1664, vers la minuit, jour de vendredi tirant vers le samedi, Mʳ François Nogueres, mon pere, mourust la veille [de la fête] de son patron et fust honorablement ensepvelly le quatriesme dudit mois par Mʳ Lhomenie, curé. Il a esté un grand homme de bien [2] et fort craignant Dieu [3]. J'apprehende que ses successeurs ne l'imiteront pas.

Je soussigné doibs à Monsieur de Nogueres, procureur du Roy, deux pougnieres deux piccotins froment qu'il m'a presté ce jourd'huy, lequel bled promectz luy rendre sur le sol aux mestives prochaines. Faict à Sᵗᵉ-Bazeilhe ce dix-septiesme novembre 1664.

Villotte.

Payé ledit bled le 18 juillet 1665.

Le 23ᵉ jour du mois d'octobre 1665, Bertrande Tomazeau, filhe à Jean et à Guiraude Lussacq, est veneue me servir. Elle est de la parroisse d'Ailhas. Luy a esté promis quatre escus blanqs de trois livres piece pour son salaire annuel.

---

[1] Un peu plus loin, on trouve mention d'un autre achat « d'un paire d'asnes « pour vingt livres. » Cela rappelle une anecdote que nos pères aimaient fort à conter. Un magistrat municipal haranguait Henri IV, qui en était fort ennuyé. Un courtisan (on prétend que c'était Roquelaure) voulant décourager l'orateur lui demanda brusquement combien se vendaient les ânes dans le pays. L'autre, sans se déconcerter, le regarda froidement, comme s'il avait l'air de le mesurer, et puis lui répondit ainsi : « Quand ils sont de votre poil et de votre taille, ils valent environ dix écus la paire », et il reprit le fil de son discours. On ajoutait que le bon Henri IV dit, en riant, au malencontreux interrupteur : *A railleur, railleur et demi.*

[2] Expression chère au XVIᵉ siècle et que j'ai eu l'occasion de signaler dans plusieurs documents de cette époque.

[3] Cet éloge funèbre a été reproduit par M. l'abbé Alis, dans son *Histoire de Sainte-Bazeille* (p. 458).

Le 20ᵉ mars 1666, je donné à Jean, nostre valet, la somme de cinq sols pour s'achepter des sabots.

Le seziesme aoust, jour de St-Rocq, je donné à Jean, nostre valet, vingt-quatre sols et demy pour s'achepter de la toile pour un haut de chausses.

François Nogueres, mon fils, est allé à Marmande demurer chez ma tante Lerisson, en pension le 26ᵉ octobre 1666, et le 27ᵉ est allé à l'escole chez Mʳ Duprou, auquel a esté donné un escu pour un mois par advance.

31 may 1667. Vente à Monsieur Paty, conseiller du Roy en Guienne, d'un cheval poil rouge pour la somme de cent livres.

Remarque pour les vins. — Lorsqu'il y a gelé au mois de septembre, il est certain que les vins se cuillent verts. C'est ce que nous avons experimenté l'année presente 1667.

Le 27 decembre 1667, Arnaud Canasset, du lieu de Cocumont, est veneu chez moy pour servir de valet, auquel a esté promis vingt-sept livres par an, deux chemises et une paire sabots.

Je donné au sʳ Michel Dubernard, consul de la ville de Sᵗᵉ-Bazeille, un sacq de proces complet selon son inventaire de l'an 1646 pour servir au procès que la communauté a avecq Fizelier, par devant Mʳ Bouch, juge de Londres[1], commissaire deputé du parlement. La reception [dudit sac] paroist au livre de jurade en aoust 1669.

Le 10 aoust 1669, je acheté à la Reolle le froment 7 livres 6 sols; la mesture 6 livres 6 sols; là fève se vendit 3 livres 15 sols et 4 livres.

Le 10 octobre 1669, je me suis faict mettre soubz la protection et sauvegarde du Roy et de Monseigneur le duc de Bouillon[2] à son greffe de Sᵗᵉ-Bazeille, m'aiant menassé de me tuer Pierre Gayrard, mon neveu.

[1] Saint-Étienne-de-Londres, canton de Seyches. C'est une petite paroisse de 300 âmes, formant une section de la commune de Puymiclan.
[2] Sur le duc de Bouillon, voir le chapitre v de la monographie de Sainte-Bazeille, intitulé : « Les Bouillon, ducs d'Albret. »

Le 21ᵉ octobre 1669, Gayrard Pierre, mon nepveu, m'a faict assigner au parlement de Bourdeaux.

Mon fils [Jacques] est allé demurer à Bourdeaux, chez Mʳ Laporte, procureur en la cour, le 27ᵉ novembre 1669. Je promis audit sieur Laporte 45 escus l'an pour sa pansion.

Le 4ᵉ janvier 1670, la riviere de Garonne se glassa et se print à l'endroict de Marmande. Le 5, le 6 et le 7, hommes, femmes et enfans y passoient, mesmes les chevaux chargés.

Le 21ᵉ novembre 1670, je livré au sʳ Baradat, mᵉ chyrurgien, mon beau-frere, un tonneau de vin, sçavoir 3 barriques du rouge et une barrique blanc Sauvignon, sans avoir faict de prix.

Jé donné à Mʳ le curé de Lomenie, le dernier mars 1671, cinq cents et demy de late feuilhe d'aubier pour recouvrir l'esglise des neuf fonds [1].

Le 19 mai 1671, jé faict mon testament solemne, clos et cacheté. L'acte est reteneu par Fores, notaire royal de la ville de Marmande. Les tesmoins sont Mʳ Perret, procureur du Roy de la dite ville, Labrechede, le sʳ Nogueres fils à Michel, M. Brezetz, cappitaine, Romain Plombard, Artiganabe. Il y a une clause derogatoire. *Cor contrictum et humiliatum Deus non despicies* [2].

Le 19 novembre 1671, François Rondureau m'a rendu compte de 14 miliers de carrassons vendus à raison de 16 livres le milier.

Le 18ᵉ juin 1672, le foudre tomba sur le clocher de Marmande entre douze et une heure du matin et mit le feu aux poudres qui estoient dans ledit clocher, la cheute duquel clocher escroula cinq maisons circonvoisines et tua dix-huit personnes, mist à bas le grand autel de l'eglise et la moitié d'icelle eglise [3].

Ledit jour et mois (*17 juillet 1672*), je mis en memoire que je prins prisonier [4] Michel Paran (criminel accusé de larrecin à Marmande, *lit-on à la marge*) et le remis es mains de Carbonel, huissier,

---

[1] Sur la chapelle de Neuffons, voir la même monographie, chapitre I, p. 18.

[2] Le narrateur ne mourut que 22 ans plus tard (janvier 1693).

[3] Mention de cet événement a été déjà faite plus haut (*Livre de raison de la famille Boisvert*).

[4] En qualité de procureur du Roi.

qui dressa son proces de rebellion contre deux de ses freres. Je fis cette capture le 14 dudit mois.

Le 14 novembre 1672, François Nogueres, mon fils et moy, avons faict une plainte contre Pierre Gayrard, mon nepveu, remise au greffe de Ste-Bazeilhe entre les mains de Dubernard, commis du greffier. Monsieur Nogueres, juge, l'a respondue et s'est recusé. Tesmoins qu'il faut faire ouyr sont la filhe de Picon, le fils de Junqua, etc. ˙

Le 30 may 1674, les milices du haut et bas Agenois ont eu lieu d'assemblée dans ce present lieu de Sᵗᵉ-Bazeilhe. Je fourni foin pour des gentilshommes[1] qui vindrent loger icy et ay donné le compte au cousin St-Suricq.

Mʳ Deymier, mon beau-frère, m'a achepté une jument poil estourneau avecq une bride pour dix-sept escus blancqs (*après le 15 octobre 1676*).

Le (*un vide*) mars 1677, le sʳ Casale Cabiro, capitaine, a atesté, par devant Mʳ le juge de Sᵗᵉ-Bazeilhe, que Jacques Nogueres, mon fils, estoit mort à Messine (*Sicile*), vers le commencement du mois de novembre dernier de l'an 1676[2].

J'ay eu arrest le (*un vide*) juilhet 1677, contre Pierre Gayrard, au rapport de Mʳ Rabar, conseiller du Roy en la chambre de l'Edit, à Marmande. Le 16ᵉ juilhet audit an, j'ay payé les espices 60 livres.

Goyneau, mon petit-fils, est né le 20ᵉ juilhet 1678 entre huit et neuf heures du matin. A esté baptisé par Mʳ Lomenie, curé, le 21ᵉ dudit mois et an.

Le 24ᵉ fevrier 1681, Marion Pachau, filhe naturelle de Jean Pachau, sʳ de Lisle, receveur des tailhes de Xaintonge, et de Catherine Grenier, de Bordeaux, a esté baptisée dans l'eglise de Sᵗᵉ-Bazeilhe par Mʳ de Lomenie, curé, et est née le 22ᵉ dudit mois, vers les unze heures du soir. Son parrain, François Nogueres, et [sa marraine], Marion Nogueres, mes enfants. Ladite Grenier a declaré dans l'acte baptistaire qu'elle s'estoit accouchée des œuvres dudit Pachau et a signé l'acte[3].

---

[1] Le narrateur a évidemment voulu dire pour *les chevaux* des gentilshommes.
[2] Il était lieutenant au régiment de Picardie.
[3] La recherche de la paternité n'était donc pas interdite à Sainte-Bazeille?

Le 12 juilhet 1681, j'ay envoyé Cators, ma filhe, en pension à La Reolle chez Madame de Chaunet, pour 75 livres pour uu an et luy a esté donné le quartier par advance.

Le 20e may 1682, Guilhaume Campmas, marchand et bourgeois de Saincte-Bazeilhe, m'a denoncé que Jean Bouges, maistre bate-lier, fit des execrables blasphemes comme jarni Dieu, ventre Dieu, teste Dieu, mort Dieu, aiant quelque desmelay avec ledit Camp-mas, lequel luy voulant representer amiablement qu'il ne vouloit pas blasphemer, il continuoit tousjours à faire les mesmes blas-phemes et les dits blasphemes furent dits dans la maison de Gabriel Panetier, vers les cinq à six heures du soir, le 19e de ce mois et a signé.   CAMPMAS, *denontiateur*.

Le 10e juin 1682, Mr Jean Touchard a esté installé dans l'office de juge de Saincte-Bazeille.

Le 31e juilhet 1602, Marie Goyneau, filhe du sr Jean Goyneau, mon gendre, et de Marie Nogueres, ma filhe, est née environ les trois heures du matin dudit jour. Parrain, Bertrand Dubernard, marchand, et marrine, Marion Nogueres, ma segonde filhe.

Le 26 octobre 1682, Jean Potareau, mon valet, de la Religion pretendue reformée, a esté ensevely environ l'heure de onze heures de la nuit, au semitiere de la Religion, proche la ville de Saincte-Bazeilhe.

Le 23e decembre 1682, Anne Clerc, ma femme, est morte. Que Dieu [luy] pardonne s'il luy plait et à moy quand je seray comme elle mort[1]!

---

[1] Je groupe ici quelques détails épars dans le livre de raison de B. Noguères : une vigne de la contenance de 32 *hommes* est vendue à raison de 50 livres l'*homme*. — Un notaire de Marmande, maître Gailhard, porte (en 1651) le pit-toresque surnom de *Truque Tarrocq* (qui frappe, qui brise les mottes de terre). — Le foin (en 1663) se vend « 18 sols le quintal ». — En 1660, consulat du père du narrateur et de Pierre Deymier. — 2 *braous* (grands veaux) se vendent 33 écus. — Deux pièces d'eau-de-vie valent « 41 escus 1/2, 2 sols et 6 deniers. » Mention est faite du livre de raison « de feu Clerc », beau-frère du narrateur. — 14 comportes de chaux valent « 7 sols la comporte, » etc.

LIVRES DE RAISON

PUBLIÉS OU INÉDITS.

Livre de raison d'**Abel** (Joseph-Louis), négociant, à Aix en Provence. Voir *Livre de raison Fontainemarie*, p. 139 [1].

Aboval (famille d'), en Artois. Un livre d'heures du XVe siècle, conservé parmi les mss. de la Bibliothèque d'Abbeville, contient l'indication des naissances et décès de cette famille, à la suite de semblables inscriptions faites par divers membres de la famille Gargan de Rollepot. Voir *Notes généalogiques sur les Gargan et les d'Aboval*, dans le *Bulletin de la Société d'émulation d'Abbeville* (année 1888, p. 34-44), par M. Alcius Ledieu. Cet érudit a reproduit toutes les mentions du livre d'heures, devenu, comme il arrivait si souvent, livre de famille, et a ainsi complété la *Généalogie historique de la maison de Gargan*, publiée à Metz en 1881, in-8°.

Achard (Guy). — L. inédit de Guy Achard, sgr du Pas-de-la-Vente, vicomté de Domfront, en tête duquel on lit entre deux croix : « *Hic liber incipiatur in nomine Dei Patris omnipotentis, et Filii,* « *et Spiritus Sancti. Amen. — Jesus.* Icy est le livre de raison mentionné « en mon testament, là où est contenu plusieurs memoyres, entre autres « ung catalogue de mes debtes, desquelles je me veux acquitter par la

---

[1] Dans les articles suivants, les mots *Livre de raison* seront remplacés par l'initiale L., et le renvoi à l'*Essai bibliographique* qui suit le Livre de raison des Fontainemarie sera fait au moyen de l'initiale F., accompagnée simplement du chiffre de la page.

7

« grâce de Dieu. Faict l'an de grâce 1628, huictiesme de juillet. » Le document se termine ainsi qu'il suit : « *Sperante in Domino, det meliora* « *Deus. In nomine Patris, et Filii, et Spiritus Sancti. Hic liber finiatur.* « Le present livre appartient à noble Guy Achard, s^r du Pas-de-la-Vente. « Je supplie mes héritiers de l'accomplir, sur peine de leur damnation. « *Hic sit finis hujus libri in nomine Domini.* »

(Communication de M. Ch. de Ribbe.)

Agoult d'Ollieres (Ursule d'), veuve Du Puget. (F., 140.)

Albert (Joachim d'), s^r de Rochevaux (de la ville de Marseille), de 1692. L. mentionné dans le *Catalogue général des mss.*, tome xv, Bibl. de Marseille, 1892, p. 395.

Allard (famille). — Livre de comptes 1695-1720. Ms. de la Bibliothèque de Grenoble, n° 5747.

Allard (Antoine), fils de l'historien dauphinois Guy Allard. Livre de comptes, 1707-1733. Ms. de la même collection, n° 5867.

Amoreux (Pierre-Joseph). — *Mes souvenirs ou détails historiques des principales époques de ma vie* par P.-J. Amoreux, médecin-naturaliste (né à Beaucaire, le 26 février 1741, fils de Guillaume Amoreux, médecin de cette ville, et de Marie Guyon, fille et petite-fille de notaires, mort en 1824, à Montpellier, où il était bibliothécaire de la Faculté de médecine, auteur de divers ouvrages sur l'économie rurale). Ce ms., appartenant au Musée Calvet (Avignon), porte dans son en-tête : *Adhuc meminisse juvabit.* Son auteur dit l'avoir commencé dans l'hiver de 1806 à 1807. « J'ai mis », dit-il, « par écrit cette espèce de mémorial, pour me retracer « succinctement les principales époques de ma vie, et les événements « qui l'ont traversée, sur lesquels j'ai quelques notes éparses, des lettres, « des mémoires et divers actes authentiques. C'est, pour ainsi dire, mon « *livre de raison domestique.* » Inédit.

(Communication de M. Ch. de Ribbe.)

Andreas (Jacques-Laurens), consul de Saint-Gilles. (F., 136.)

Antonnelle de Montmeillan (Jean d'). (F., 140.)

Antye (Clément), marchand à Rennes. L. de 1479 à 1502, continué par son petit-fils, Gilles *Becdelievre*, s^r de Buris, de 1534 à 1576, in-4° de 24 feuillets. Conservé aux Archives d'Ille-et-Vilaine (série E)[1], ainsi qu'un journal des dépenses et recettes de ce dernier (de 1548 à 1576).

---

[1] A noter, m'écrit M. l'archiviste Parfouru, une obligation en faveur de Clément d'Antye, pour vente de *vin claret de Gascogne* (12 janvier 1486).

Anvers (Antoine d'), petit-fils de Jean Chaudet (voir ce nom), continuateur, en 1517, du L. de son grand-père.

A son tour, pierre **d'Anvers**, fils d'Antoine, continua jusqu'à 1564 le L. de son père. Voir *Notes sur quelques livres de raison franc-comtois*, par M. Jules Gauthier, archiviste du Doubs, dans les *Mémoires de l'Académie de Besançon*, 1887, p. 140.

Archinard (famille), du Dauphiné. Voir à l'Appendice, n° I, une notice sur son L. par M. Brun-Durand.

Areilh (Antoine d'), de Beaulieu. (F., 135.)

Argillières (famille d'). L. écrit sur quelques pages (parchemin) d'un livre d'heures. Actes d'état civil très détaillés (de 1496 à 1705), publiés par le possesseur du volume, M. A. Roserot, archiviste à Chaumont (Haute-Marne), dans *La famille d'Argillières en Picardie et en Champagne* (Arcis-sur-Aube, 1884, in-8°. Extrait de la *Revue de Champagne et de Brie*).

Arnaud (famille), de Forcalquier. — Voir l'ouvrage de Camille Arnaud : *Histoire d'une famille provençale depuis le milieu du XIVe siècle jusqu'en MDCCCLXXXIII. Recherches et documents* (Marseille, Camoin, 2 vol. in-8°).

J'ai donné l'analyse de ce curieux et charmant recueil, dans une plaquette imprimée à Forcalquier, chez Bruneau, et tirée à un très petit nombre d'exemplaires (in-8° de 13 p.).

Arnoux (famille), de Gap. — L. ms., de 1562 à 1793, donné aux archives départementales des Hautes-Alpes, le 5 mai 1885, par M. E. Sibour, propriétaire à Puymaure, près Gap.

Aulanier (abbé). — Les notes journalières de ce curé du Brignon (paroisse située sur les confins du Velay et du Vivarais, dans le canton de Solignac, Haute-Loire), ont été publiées intégralement, en 1889, par M. l'abbé Peyrard, curé de Cayres, sous le titre de *Petites Éphémérides Vellaniennes* (Le Puy, 1889, in-8°). Plus récemment, elles ont été résumées par A. Mazon, sous ce titre : *Une paroisse de montagne et son curé au XVIIe siècle*. Dans : *Vivarais et Velay. Deux livres de notes journalières au XVIIe siècle* (Annonay, 1891, in-18).

M. Parfouru a fait à une réunion de la Société archéologique d'Ille-et-Vilaine (mai 1892) une communication sur le L. de r. d'Antye-Becdelievre. A cette occasion, le président de la Société, M. le comte de Palys, dont la famille est originaire du Midi, a déclaré qu'il possédait un ancien registre domestique sur lequel il donnerait une notice.

Auteserre (famille Dadine d'). — M. Louis Greil possède un cahier in-4° contenant une série d'actes, tous relatifs à la famille du grand jurisconsulte cadurcien, depuis 1601 (13 juin) jusqu'à 1628. Parmi ces actes on remarque le pacte de mariage de Jean Dadine, docteur ès droits et avocat en la cour du présidial du Quercy, avec d^lle Jeanne de Peyrusse. Notons aussi diverses donations faites par Jérôme Dadine, bourgeois de Cahors, à Jean Dadine, docteur ès droits et avocat, divers actes concernant le fief d'Arbre long (mentionné dans la notice biographique qui précède les *Lettres inédites d'A. Dadine d'Auteserre*, 1876, p. 9), etc.

Dans la riche collection de M. Greil on trouve encore un cahier in-f° contenant copie d'actes divers relatifs aux terres d'Auteserre qui appartenaient à l'abbaye de la Garde-Dieu, dont messire Hébrard de Saint-Sulpice était abbé commandataire. Le cartulaire est formé de nombreuses pièces des années 1565 à 1568.

Autun (famille d'), en Languedoc. Sur son L., voir à l'Appendice, n° II, une notice de M. Oberkampff de Dabrun.

Avril, de Limoges, xviie siècle. Extraits de son L., dans les recueils de l'abbé Nadaud et de Legros, au séminaire de Limoges.

Aynesy (Augustin), du Luc. L. ms. Commencé en 1638 et continué pendant peu de temps. Conservé aux Archives départementales du Var.

Baculard (G. C. Consolin). (F., 142.)

Badou (Jean), bourgeois de Bellac. L. de 1657 à 1695, publié par M. L. Guibert (*Nouveau recueil*, etc).

Bagnols (Guillaume et Antoine de). (F., 130.)

Bailly (famille). (F., 142.)

Balthazar (Honoré), en Provence. L. de 1764 à 1788, possédé par M. le conseiller Em. Fassin, qui en a publié tout ce qui est intéressant dans le t. I, p. 146-157 du recueil arlésien si bien dirigé et — l'on peut même dire — si bien rédigé par lui, *Le Musée*, qui a paru pendant dix ans (1873 à 1883).

Baluze (famille). (F., 134.)

Barbier (Jean) et **Chaix** (Pierre), doyens de N.-D. de la Major d'Arles. L. de 1601 à 1676. M. E. Fassin en a publié divers extraits dans la *Revue Sextienne*, en 1886. Voici deux petites citations : « *Jesus,* « *Maria.* 1601. Ce le livre de memoires que tient messire Jehan Barbier, « natif de la ville de Sallon de Crau, doyen de l'église collégiale et

« parochiale Nostre-Dame la Majour de la cité d'Arles, de tous les
« actes, vantes, quitances et autres afferes du venerable chappitre Nostre-
« Dame la Majour dudit Arles. Faict en l'année 1601. BARBIER, doyen.
« — Le 18 novembre dicte année [1639], je, Pierre Chaix, bachelier en
« droit canon, ay pris possession du doyenné de l'eglise Notre-Dame
« la Majour de ceste ville d'Arles, vaccant par la demission que m'en a
« faict Mre Jehan Barbier... »

Barbou. — L. de Hugues Barbou, imprimeur à Limoges, de sa
veuve Jeanne Desflottes et ses descendants (1567). M. Paul Ducourtieux
en prépare la publication dans le *Bulletin* de la Société archéologique
et historique de Limoges.

En ce L. est fait mention de papiers domestiques de Jean Barbou
(XVIe siècle).

On possède encore à Limoges un grand livre de comptes, « couvert de
rouge, » de Jacques Barbou, où sont éparses quelques notes domestiques.

Barcilon (Charles), Joseph, notaire de Carpentras. (F., 142.)

Barneoud. Le L. de Jean-François-Charles Barneoud, né en 1749,
mort en 1829, ancien receveur des cens du chapitre et de l'archevêché
d'Aix, est conservé dans le cabinet Guillibert (Aix-en-Provence, 10, rue
Mazarine). C'est un volume in-folio, relié en parchemin, commencé en
1774 et qui s'arrête au 25 mai 1799. L'auteur constate, en commençant, qu'il n'y a rien de plus intéressant et de plus utile que de régler
les affaires d'une maison, et qu' « on ne sauroit y apporter trop de pré-
« cision. » Aussi trace-t-il un tableau des « biens fonds, créances,
« capitaux, dettes et meubles » de sa maison, « afin qu'on soit à même,
« à chaque instant, de connaître au fond mes affaires, de même que les
« améliorations qu'il y aurait à faire. »

Barrème (Pons de). L. de la deuxième moitié du XVIe siècle et
de la première moitié du XVIIe, possédé par M. le conseiller E. Fassin,
qui en a donné une brève analyse dans le tome III du *Musée*.

Bastard (famille de), de Niort. (F., 133.)

Batmaison-Pougnet, jurisconsulte, commentateur de la coutume
d'Auvergne. Son L. est conservé dans la famille de Chabrol, à Riom.

Bayle de la Charbonnière (Jean). (F., 142.)

Baujeu (François de), en Provence. L. ms. possédé par le baron du
Roure, au château de Barbegal, près Arles.

Beauvoir de Grimoard du Roure (Jacques de). (F., 139.)

Belorce (famille de). (F., 142.)

Belrieu (famille de), en Périgord. (F., 149.)

Benoist (les). L. d'Etienne Benoist, bourgeois de Limoges, et de Guillaume, son fils (1426-1454). (F., 125.)

(Là sont mentionnés le L. de la famille Benoist, de Limoges, vers 1308, et le L. de Jean Benoist, bourgeois de Limoges, vers 1330) [1].

Berlier (César de), conseiller au siège de la sénéchaussée de Draguignan. L. s'ouvrant à l'année 1698, avec ce verset de l'*Ecclésias-tique* : *Laudando Dominum in filiis tuis, curva cervicem in juventute, ne forte induret et non credat tibi.* Continué par ses successeurs.

Berlier-Tourtour (F.-E. de). (F., 143.)

Berckheim (Mlle O. de), en Alsace. (F., 138.)

Berluc (Jean-Pierre de). (F., 143-146.)

Berluc (Marie de), sœur du précédent. (F., 146-147.)

Les additions suivantes me sont communiquées par mon ami Léon de Berluc-Perussis, qui lui-même rédige, depuis l'année 1854, son livre de raison, où je voudrais tant qu'aux pages sombres et douloureuses succé-dassent enfin des pages ensoleillées et paisibles :

« S'il peut vous être utile d'avoir le relevé de ce que je possède « moi-même, le voici :

« 1. Livre de raison, *alias* livre vert, de Colin de Berluc, Joseph son « fils, et Augustin son petit-fils, commencé en 1522, mais remontant « à 1497, et finissant en 1658.

« 2. Livre journalier desdits Joseph et Augustin (1594-1629); avec « extrait du Livre de raison de J. Antoine, s^r de Porchères, frère dudit « Augustin (1610-1634).

« 3. Livre de raison de Pompée, fils dud. Augustin (1647-1654). « Manque Etienne, fils de Pompée, seule lacune sur dix générations.

« 4. Livres de raison (3 vol.) de Jean-Pierre, petit-neveu dudit « Augustin (1729-1772) et de Marie, sa sœur (1731-1784).

« 5. Livre de raison d'Augustin, petit-fils dud. Pompée (1729-1770).

« 6. Livre de raison de Joseph, fils du précédent (1771-1800).

« 7. Livres de raison (2 vol.) de J^s Pierre et V. Fortuné, fils et petit-« fils de Joseph (1800-1854).

---

[1] M. Louis Guibert a complété sa publication de 1882, en mettant au jour une curieuse plaquette : *Le troisième mariage d'Etienne Benoist* (Limoges, Ve Ducour-tieux, 1892, petit in-8°.)

« 8. Votre serviteur (1854-....), fils de V. Fortuné.

Plus un livre de généalogie, par Balthazar, père dud. Jean-Pierre ; et un terrier de Porchères, remontant à 1418.

Bernard (Antoine et son fils André), notaires au Langon, en Vendée. (F., 133.)

Berthomeau-Dumas (famille), de Saint-Jory. L. allant de 1602 à 1709, lu à Toulouse, devant la Société archéologique du Midi de la France, par M. Dumas de Rauly, archiviste de Tarn-et-Garonne, et mentionné dans le procès-verbal de la séance.

Bessot (Pierre de). (F., 153.)

Ce livre-journal sera publié, en 1893, par MM. Paul Huet, comte de Saint-Saud, et Ph. Tamizey de Larroque, tous les trois membres de la Société historique et archéologique du Périgord.

Beziel (Jean-François L. de), avocat au parlement de Bretagne. (F., 127.)

Beynes, bourgeois de Meymac. L. du milieu du XVIIᵉ siècle. Extraits publiés par M. Champeval dans le *Nouveau Recueil*, de M. Guibert.

Bienvenu (A.-E.). Voir sur son L. une note de M. P. Le Blanc, à l'Appendice, nº III. Cf. *Le L. d'une famille bourgeoise au XVIIIᵉ siècle* (1764-1779), par A. Vachez (*Les livres de raison dans le Lyonnais*, 1892, pp. 61-70).

Bigorie (Pierre), juge de Bré. L. de 1687 à 1690, dont des extraits ont été publiés par M. P. de Russac dans le *Bulletin* de la Société de Brive, 1890, p. 437.

Bildstein (famille), en Alsace. (F., 138.)

Bitsch (Pierre), en Alsace. (F., 138.)

Blanc (Melchior). — L. de « Melchior Blanc, fils d'Antoine Blanc, « notaire royal, quand vivoit, du lieu de Ste-Zacharie, lequel j'ay escript « de ma propre main, et veulx y estre adjousté foy par mes successeurs. « Aix, 9 febvrier 1594. »

En tête du registre, est marquée une croix suivie de cette suscription : *Au nom de Dieu.*

La famille Blanc, qui prit plus tard le nom de *Le Blanc l'Huveaune*, a donné des conseillers au parlement et a produit aussi des militaires, des religieux (dominicains et jésuites).

(*Communication de M. Ch. de Ribbe.*)

Blau (André). — Analyse et extraits de son L. par M. Elie Jaloustre, dans une brochure intitulée : le *Livre de raison d'un bourgeois de Clermont au XVII° siècle* (Clermont-Ferrand, 1892, grand in-8° de 26 p.). Tirage à part du *Bulletin de l'Académie des sciences, belles-lettres et arts de Clermont-Ferrand*[1].

Bodreau (les), dans le Maine. (F., 127.)

Bohier (famille). (F., 150.)

Boisset (famille de), établie à Pesmes. L. du XVI° siècle. Voir *Catalogue général des mss.*, t. XIII. Bibl. de Dôle, p. 447.

Boisson (Isaac). (F., 136.)

Boisvert (famille). — En ce présent volume, p. 1.

Bollioud (famille), de Bourg-Argental, en Forez. — L. contenant une longue nomenclature de naissances, de mariages et de décès, écrite sur les gardes d'un vieux volume, imprimé en 1516, et appartenant à M. de Lagrevol, conseiller à la cour de Cassation. Cette liste, commencée en 1522, s'arrête à l'année 1570, et elle concerne la branche de cette famille, dite Bollioud des Granges, qui vint s'établir à Lyon au commencement du XVIII° siècle. (A. Vachez, *Les L. dans le Lyonnais*, 1892, p. 75.)

Bonis (Les Livres de compte des frères). (F., 124.) — Depuis le jour où je mentionnai la brochure, — ballon d'essai de 1881, — a paru le premier volume du registre des marchands montalbanais du XIV° siècle, une des plus précieuses publications de la Société des Archives historiques de la Gascogne (Auch, 1890, grand in-8°). Le second volume de l'ouvrage, qui fait tant d'honneur à M. Ed. Forestié, est sous presse et paraîtra prochainement[2].

Boucharel (dame). En ce présent volume, p. 73.

Bouhier (famille). (F., 150.)

Bouillard (N...), sʳ de La Rablée, habitant de Montreuil-sur-Isle. L. de 1634 à 1552, conservé aux Archives d'Ille-et-Vilaine (Série E).

---

[1] L'auteur cite deux articles de recueils périodiques, qui doivent être signalés dans ce complément de mon *Essai bibliographique :* dans la *Revue des Deux-Mondes*, du 1ᵉʳ septembre 1873, un article de M. A. Geffroy sur les *Livres de raison de l'ancienne France*, à propos du travail de M. de Ribbe sur *Les familles et la société;* dans le *Bulletin de l'Auvergne*, de juin 1890, un article de M. A. Vernière sur *Les Livres de raison*, à propos de ma publication de 1889.

[2] A rapprocher : *Les livres de comptes des frères Boysset, marchands de Saint-Antonin-de-Rouergue, au XVI° siècle*, publiés par le même érudit dans le *Bulletin archéologique et historique de Tarn-et-Garonne* (1ᵉʳ trimestre de 1892).

Bourdicaud (Jacques), élu et contrôleur en l'élection de Bourganeuf. L. de 1632 à 1645, mentionné d'après un registre paroissial d'Eymoûtiers, par M. Leroux (*Inventaire des archives communales de la Haute-Vienne*, fonds d'Eymoûtiers).

Bouteiller de Châteaufort (les), dans le Maine. (F., 128.)

Boyel (Jeanne), comtesse de Villelume. (F., 134.)

Boyer (Pierre), docteur en médecine à Saint-Bonnet le Château. Son L. (1620-1634), est intitulé : *Livre de remarques de ce qui s'est passé en la ville de St-Bonnet, depuis que je m'y suis retiré.* M. A. Vachez a publié la plus grande partie du recueil dans la *Revue du Lyonnais*, en 1889 ; il est revenu sur ce sujet, en analysant les pages les plus intéressantes de l'ouvrage, qui est à la fois un registre domestique, une chronique médicale, une chronique politique. Voir *les L. dans le Lyonnais*, pp. 11-15. Voir encore l'*Histoire de Saint-Bonnet-le-Château*, par l'abbé Langlois et le chanoine Condamin, 1882, *passim*.

Boysset (Bertrand). L. en langue provençale, de 1372 à 1414, dont plusieurs copies sont conservées dans la Bibliothèque d'Arles, publié, d'après la meilleure copie, celle de l'abbé Bonnemant, par M. E. Fassin dans le *Musée* (t. III).

Brach (Pierre de), le poète bordelais. (F., 128.)

Bramaud (Gérald), notaire à Aixe-sur-Vienne. L. commencé en 1590 et continué par ses descendants jusqu'à nos jours. Ms. entre les mains de M. Bramaud, ancien conservateur des forêts, à Limoges.

Brem (Mathieu), intendant de M. de Reinach, s^r de Montreux. L. de 1522 à 1543 et de 1569 à 1581. *Catalogue général des mss.*, t. XIII. Biblioth. de Belfort, p. 279.

Brie (vicomte de). (F., 150.)

Brindejonc (Luc), s^r de la Marre, avocat au parlement de Bretagne. L. de 1677 à 1725, en trois petits cahiers de papier, aux Archives départementales d'Ille-et-Vilaine.

Brun (Fr. de). — L. inédit de « noble François de Brun, s^{er} de « Favas, fils de noble Antoine, lieutenant général d'épée et commissaire « aux inventaires, cy-devant lieutenant particulier en ce siège [de Draguignan], et de dame Françoise de Gily de Trouvennes », portant dans son en-tête : *Jesus, Maria, Joseph*. Voici les premières lignes : « J'ay « commencé ce livre le 1er octobre 1735 ; il doit y estre fait mention de « tous les évènemens, depuis mon mariage jusques à ma mort. »

Brunier (famille), de Limoges. L. du XVIIIe siècle, publié par l'abbé Lecler, dans le *Nobiliaire*, de Nadaud (t. IV, p. 468).

Brunye (sieurs de la), de Rochechouart. (F., 134.)

Busquet (famille de), de Chauffailles. L. de 1686 à 1703, publié par M. L. Guibert dans le *Bulletin* de la Soc. arch. de Limoges, t. XXXVIII, p. 414.

Cabanes (Melchior). — L. à partir du 1er janvier 1676, avec généalogie de la famille de Cabanes. Voir *Catalogue général des mss.*, t. XV., Bibliothèque de Marseille, p. 397, n° 1451.

Cabanes (Jean de). L. à partir du 1er mai 1698. Continué jusqu'en 1765. *Ibid.*, n° 1452.

Cabassole (Marguerite-Mathilde de). Voy. *Calvet* (Mme).

Cadenet de Charleval (Pierre-César et François, son fils). (F., 150.)

Caire (Joseph), avocat à Aix. (F., 150.)

Calvet (Marguerite-Mathilde de Cabassole, Mme). (F., 139.)

Calvet (François), fils de la précédente. (F., 139.)

Cambefort (famille de), en Auvergne. L. en langue vulgaire (1514-1536), publié dans les *Mémoires* de l'Académie de Clermont-Ferrand, en 1862, p. 237 et suiv.

Voir à l'Appendice du présent recueil, n° IV, une note de M. P. Le Blanc remplie d'intéressants détails sur le mémorial de la famille de Cambefort et sur l'éditeur de ces trop courtes pages, le baron de Sartiges.

Capponi (G. de). — Voir plus loin sur ce L. une note de M. P. Le Blanc, à l'Appendice, n° V.

Capus (Marc). — Voir à l'Appendice, n° VI, des extraits du L. de Capus, fournis par M. Ch. de Ribbe.

Carsalade du Pont (famille de), en Gascogne. L. ms., in-f° de 427 p., de 1626 à 1788, faisant partie des archives domestiques de M. le chanoine Jules de Carsalade du Pont, à Auch.

Castellane (Jean de), homme d'armes sous Louis XIII. L. conservé dans les archives domestiques de M. Théobald de Castellane.

Cat, marchand, à Arles. L. qui fait partie de la collection de M. le conseiller E. Fassin, à Arles.

Caucabanes (famille). (F., 150.)

Caumont (le seigneur de). (F., 120.)

Céberet (les), en Auvergne. Voir l'article *Pré* (famille du).

Chabert (Jean). — Voir analyse et extraits de son L. à l'Appendice, n° VII, communication de M. Ch. de Ribbe.

Chaboceau, de Parthenay. (F., 133.)

Chaix (Pierre), doyen de N.-D. de la Major d'Arles. Voir article *Barbier*.

Champlais. Le comte de Bastard-d'Estang a publié, sous le titre de : *Un livre d'heures de la maison des Champlais* (Mamers, 1888, in-8°), une notice sur un volume qui est à la fois un livre d'heures et un livre de raison.

Chandieu (Antoine de), ministre. (F., 127.)

Charmeteau, de Poitiers. (F. 133.)

Chaudet (Jean), notaire et co-gouverneur de Besançon, 1465-1474. L. imprimé par M. Jules Gauthier, archiviste du Doubs, parmi les pièces justificatives de ses *Notes sur quelques livres de raison franc-comtois*, dans les *Mémoires* de l'Académie des sciences, belles-lettres et arts de Besançon, 1887, pp. 150-153, d'après un ms. communiqué par M. Bernard Prost, ancien archiviste du Jura.

Chevalier (Jean), conseiller élu pour le Roi en Périgord, père de l'historien de Périgueux. L. du XVIII° siècle, ms. de 89 p., conservé aux archives départementales de la Dordogne.

Chifflet (Philippe-Eugène), fils du médecin Jean-Jacques. L. où le rédacteur « inscrit pêle-mêle le compte de ses revenus de Palante, de ses « épices de conseiller au parlement, la naissance de ses fils tenus sur les « fonts du baptême par l'historien de *Vesontio* ou par l'abbé de Balerne. » (*Mémoires* de l'Académie de Besançon, 1887, *Notes sur quelques livres de raison franc-comtois*, par M. Jules Gauthier, p. 141). Le ms. est conservé aux Archives du Doubs, E 1369.

Chorllon (Isaac, Alexis I et Alexis II), de Guéret. (F., 135.)

Chouvel (abbé). Voir à l'Appendice, n° VIII, quelques extraits du L. de ce bon prêtre. L. qui fait partie de la collection de M. P. Le Blanc et qui m'a été prêté par ce libéral bibliophile.

Clappiers (Dᵣ André). (F., 150.) — Ajouter que M. de Ribbe a reproduit, dans le *livre de famille* (p. 56-58) le très curieux préambule en vers français, accompagnés de vers latins, du L. du docteur.

Coignart (famille). (F., 151.)

Coillot (les). — Une des familles les plus considérables de la ville de Poligny, dès le XVIIᵉ siècle. L. continué jusqu'à 1791 par les légitimes descendants de Jean Coillot, secrétaire du roi d'Espagne Philippe II, analysé par M. Jules Gauthier dans les *Mémoires* (déjà cités) de l'Académie de Besançon (1887), d'après les archives de famille de M. le marquis de Terrier de Loray.

Coligny-Cressia. — M. Em. Oberkampff de Dabrun possède un L. sur vélin, du XVᵉ siècle. C'est un livre d'heures, avec les bordures tout enluminées, qui appartenait à la famille de Coligny, de Bresse (branche des seigneurs de Cressia). On y trouve de nombreuses notes manuscrites (naissances, mariages, décès). On y trouve aussi des ins-criptions et devises comme celles-ci : *Serviteur des dames Crescia. — L'esclave de vos rygeurs — l'organe de vos volontés — par ma fidelité iugeres mon merite*, et, au-dessous, la signature : *Colligny.*

Collas (Antoine), maître tapissier à Felletin. Carnet de notes, 1758 à 1781, entre les mains de M. Clément, avocat, à Aubusson.

Colleau (Jehan), de Melun. (F., 751.)

Colonia (P.-J. de). (F., 151.)

Corbigny (Livre-terrier de la famille de). (F., 123.)

Commiers (Joseph de) et Louise de **Ponnat.** L. de 1581 à 1623. Ms. de la Bibliothèque de Grenoble, n° 5915.

Contard du Burgaud (famille). (F., 131.)

Corbigny (famille de), en Nivernais. (F., 123.)

Cornarel (famille), de Pertuis, en Provence. L. de 1500 à 1790, en six petits volumes où chaque génération a consigné ses notes domestiques. Dans les archives de M. P. de Faucher, à Bollène.

Cornet (famille), d'Amiens. (F., 151.)

Cornuel (famille), à Paris. L. malheureusement fort incomplet qui est conservé dans le dossier Cornuel, au cabinet des titres (Biblio-thèque nationale).

Cortète (J.-J. de), frère du poète Fr. de Cortète, seigneur de Prades. (F., 151.)

Couloumy (J.-B.), notaire à Saint-Pantaléon, et **Beauregard,** son gendre. L. de 1759 à 1830, publié par M. L. Guibert (*Nouveau Recueil*).

Courbefosse (famille de), dans le Maine. XVIᵉ siècle. (F., 127.)

Courtet, prêtre du Bas-Limousin. L. de 1654 à 1661, publié par M. A. Leroux (*Nouveau Recueil*, etc.).

Courtois-Durefort (Antoine de). (F., 121.)

Cousturier de Fornoue (Joseph), receveur des consignations à Guéret. L., 1674, publié par M. A. Leroux (*Nouveau Recueil*).

Croze (J.-F.), en Auvergne. — L. tenu du 14 juin 1739 au 24 décembre 1760 par messire Jean-François Croze, écuyer, avocat au parlement, conseiller du Roy, contrôleur ordinaire des guerres.....

(Appartient à M. le baron Charles de Croze.)

Cuel (famille), de Vic-le-Comte. L. de 1735 à 1841, ms. des archives de M. A. Vernière, à Brioude. Antoine Cuel, le dernier qui a tenu la plume, était l'arrière grand-père et parrain de l'avocat-bibliophile. Les Cuel ont tenu l'office de bailli à Vic-le-Comte, de 1630 à la Révolution.

Curieres (Jean-Fr. de). (F., 129.)

Dabot (famille). — *Registres, lettres et notes d'une famille péronnaise*, par François Fursy et Henri Dabot. (Péronne, 1891, in-8° de 84 p.)

Dagues (les), la plus ancienne famille patricienne du Mans. (F., 128.)

Dare (Nicolas), champenois. (F., 130.)

Daugières. — L. de la famille Daugières, de 1566 à 1706, gros volume relié en parchemin, conservé aux Archives des hospices d'Arles. Mentionné par l'abbé A.-J. Rance, dans *l'Académie d'Arles au XVIIe siècle, d'après les documents originaux* (Paris, 1890, tome III, Appendice, p. 407).

Daurée (les), d'Agen. (F., 122.)

David (J.-B.). — Voir, à l'Appendice, n° IX, des extraits de son L., communiqués par M. de Ribbe.

David (famille), de Limoges. — Papier baptistaire de 1703 à 1809, publié par M. L. Guibert (*Nouveau Recueil*, etc.).

Davity (Pierre), le père du géographe. L. de la fin du XVIe siècle, conservé aux Archives de la Drôme, signalé par M. A. de Gallier dans les *Tournonais dignes de mémoire* (Paris, 1878, p. 41-42).

Defforges (les), en Auvergne. — Voir l'article *Pré* (famille du).

Delacroix (Daniel et Anthoine), chirurgiens à Annonay. L. de 1598-1683. Voir *Catalogue général des mss.* t., XIII, Bibl. d'Annonay, p. 165, n° 9.

Delaroudie (les), marchands d'Aipe-sur-Vienne. L. 1586-1644. Ms. des Archives de la Haute-Vienne, coté provisoirement E 7067.

Delavergne (Jean) et Martial, son fils. L. de 1727 à 1800, publié par M. A. Leroux (*Nouveau Recueil*, etc.).

Delherm (Jean), du Quercy. — Livre de comptes, avec notes domestiques, de 1657 à 1693. En ce moment communiqué à M. L. Guibert, qui se propose de l'étudier et, s'il y a lieu, de le faire connaître.

Demeure (Pierre-Paul), en Auvergne. Voir, à l'Appendice, n° X, sur son L., une note de M. P. Le Blanc, possesseur du ms.

Demandols (les). L. inédit de Jehan de Demundols, seigneur de La Palud, Meyreste, etc., « mon très honoré père, continué par moy, « Elzéard de Demundols, seigneur de ces lieux. » (1616.)

Denesde (Antoine), de Poitiers. (F., 133.)

Denisot (Julien), au Mans. (F., 128.)

Desveux (Léonard) et A. **Lombardie,** curés de la Bregère. Notes personnelles de 1735 à 1783, mentionnées par M. A. Leroux dans l'*Inventaire des Archives communales de la Haute-Vienne.* (Fonds de Limoges.)

Desflottes. — L. du sʳ Desflottes, de Limoges. XVIᵉ siècle, Mentionné dans le L. de BARBOU (Hugues). Voir ce nom.

Devaleize ou **Valeize** (les), de la Jonchère. L. de 1642 à 1795. Ms. conservé par M. Gérardin, à La Jonchère.

Deydier (les), d'Ollioules. (F., 151.)
M. Ch. de Ribbe, échappant à peine à l'atteinte d'un mal qui avait effrayé ses nombreux admirateurs et amis, m'adresse l'addition suivante, que tous liront avec une double joie :

« Je ne crois pas enfreindre les prescriptions de mon docteur, en « *copiant* simplement et en vous envoyant, comme complément de mes « notes sur les nombreux *Livres de raison* de DAYDIER, les quatre vers « latins dont l'un d'eux, Pierre DAYDIER fit précéder le sien :

> Sex horas somno, totidem da rebus agendis,
> Quatuor orabis, des epulisque duos ;
> Postea, quod superest, jucundis concede camenis,
> Sic brevis hic hominum vita peracta licet.

« N'est-ce pas charmant ? N'y a-t-il pas là toute une civilisation

« rendue vivante ! J'avais oublié de vous le transcrire. Je m'arrête, mes
« forces sont à bout. »

Deyma (famille), d'Argentat. (F., 135.)

Dogerdias (famille), en Auvergne. Sur ce L., qui appartient à M. P.
Le Blanc et qu'il m'a confié, voir une note à l'Appendice, n° XI.

Dordé (Françoise La Crompe, épouse de), marchande à Bordeaux.
(F., 128.)

Doumail (Pierre), notaire royal à Gros-Chastang. (F., 129.)

Drouet d'Aubigny, dans le Maine (les). (F., 128.)

Drouet du Valentin, dans le Maine (les). (F., 128.)

Droulhas (Jean de), prêtre, semi-prébendé de la collégiale d'Eymoûtiers. L. 1586 à 1638. ms.

Du Bois (Jean), curé de Parassy. L. de 1746 à 1792. Ms. des
des Archives départementales du Cher (E 991).

Du Boys (Siméon), **Bosius**. (F., 151.)

Du Boys (Jean). Son journal historique (1577-1596) a été analysé
par M. A. Leroux, dans l'*Inventaire des Archives Hospitalières de la
Haute-Vienne*, II B, 11.

Dubreuil (Joseph), jurisconsulte provençal, reçu avocat en 1766,
assesseur d'Aix en 1785 et 1786, maire d'Aix en 1815 (pendant les Cent-
Jours), mort dans cette ville le 3 juin 1824, a laissé un L. sur lequel je
ne puis donner le moindre détail.

Duchemin (les), dans le Maine. (F., 128.)

Duchemin (René), notaire royal à Rennes. — L. publié par
M. de La Bigne-Villeneuve, sous le titre de : *Journal d'un bourgeois de
Rennes au XVIIe siècle*, dans les *Mélanges d'histoire et d'archéologie
bretonne* (1885, t. I, p. 179).

Dudrot de Capdebosc (famille). — 1522-1675. Auch, 1891, grand
in-8° de 47 p.

Dufour (abbé), curé de Saint-Louis de Grenoble. — L. ms. conservé
aux Archives hospitalières de Grenoble.

Dumas (Henri), bourgeois d'Alais. (F., 131.)

Dumas de Lacaze, de Nègrepelisse. — Le L. de cette famille,
branche collatérale des Dumas de Rauly, a été publié, en 1883, dans le
Bulletin de la Société archéologique de Tarn-et-Garonne (p. 109-130), par
M. Dumas de Rauly, archiviste départemental.

Dumas de Rauly. — L. commencé en 1608, au nom de Dieu, par Abraham Dumas, alors notaire à Bruniquel. Sa maison, m'écrit son descendant, l'aimable archiviste de Tarn-et-Garonne, fut pillée en 1622 par les soldats du duc d'Angoulême, qui s'emparèrent de la ville. Il y fut *navré*, mais il ne mourut que plus tard. La partie la plus curieuse du L. est le récit de la conversion d'Abraham Dumas, deuxième du nom, en 1685. Il devait loger chez lui 24 dragons du régiment de Condé, le colonel et autres officiers. Il déclare qu'il a fait abjuration *par violence et par force*. Il ne mourut qu'en 1714, ayant eu le temps de s'habituer au culte qu'il avait embrassé. Outre la mention des *missions bottées*, on trouve dans le L. la mention de la destruction du temple de Bruniquel, dont les matériaux furent donnés à l'église du lieu, rebâtie en 1639 et qui devait être encore incomplète.

Duminy (Claude), marchand à la Charité-sur-Loire. Son L. forme la seconde partie des *Livres de famille dans le Nivernais*, par l'abbé Boutillier (Nevers, 1881).

Du Noyer. — L. des Du Noyer et des Labrunie (de Martel, en Quercy), 1522-1728, publié par M. L. Guibert dans son *Nouveau Recueil*.

Du Plessis (famille), des environs de Sens. Le ms. 205 de la Bibliothèque de Berne contient des extraits du L. de cette famille (xve siècle), que M. H. Stein publiera prochainement dans une notice généalogique sur les Du Plessis.

Du Port (Richard), en Provence. — L. de la première moitié du xviie siècle, dans la collection de M. Em. Fassin, à Arles.

Dupoux (famille), en Auvergne. — Voir à l'Appendice, n° xi, une note de M. P. Le Blanc.

Dupuis (Gabriel), seigneur de la Roquette. — Voir E. Barry : *Note sur une copie manuscrite d'un L. de noble Gabriel Dupuis*, dans *Académie des sciences, inscriptions et belles-lettres de Toulouse* (1880, pp. 178-182).

Dupuy (Jacquemin). — *Le L. d'un bourgeois de Lyon au XIVe siècle*, texte en langue vulgaire (1314-1344), publié, avec des notes, par Georges Guigue, élève de l'École des Chartes. Lyon, Meton, in-8°, 1882. Voir mention dans F., p. 125, et analyse dans les *L. dans le Lyonnais*, par A. Vachez (Lyon, 1892, pp. 3-7).

Durand d'Escalis. (F., 152.)

Dürer (Albert), en Alsace. (F., 138.)

103

Dusillet (capitaine), de Dôle. — L. de 1626 à 1651. Voir catalogue général des mss., I t. XIII, Bibl. de Dôle, p. 452, n° 398 *ter*.

Dusson (Claude, Jacques et N.), tisserands. (F., 120.)

Dutillieu (Jacques-Charles). (F., 130.) Ajoutons, d'après M. A. Vachez (*Les L. dans le Lyonnais*, p. 23), que « cette chronique de « famille, rédigée entre les années 1761 et 1772, se distingue des autres, « en ce qu'au lieu d'avoir continué l'œuvre de ses ancêtres, J.-Ch. « Dutillieu remonte, au contraire, en arrière, pour faire précéder sa « propre histoire de celle de ses ascendants, jusqu'au quatrième degré. »

Du Verger de Gaillon (Gilles), bourgeois de Vitré. L. du XVIIᵉ siècle, continué par Pierre Le Segretain, et dont quelques passages ont été reproduits dans le *Journal historique de Vitré*, un notamment relatif à des reliques trouvées au château de Vitré en 1626.

Entraigues (marquis d'). — L. de 1687 à 1732, cité par Ch. de Ribbe, dans *Une grande dame*, etc., p. 162.

Ercuis (Guillaume d'). (F., 152.)

Errault. — L. de la famille Errault, contenu dans un missel de la Bibliothèque nationale (fonds latin, nouvelles acquisitions, n° 3951). Signalé par M. Léon Dorez, notice insérée dans les *Mémoires de la Société académique de l'Aube*, 3ᵐᵉ série, t. XXVI, Troyes, 1890.

Escayrac de Lauture. — Voir, à l'Appendice (n° XII) une note sur les L. conservés dans les archives du château de Lauture (Tarn-et-Garonne), communiquée par M. l'abbé Taillefer, curé de Cazillac, près de Lauzerte.

Esperon (Pierre), juge de Saint-Junien. L. qui va de 1384 à 1417, et même jusqu'en 1443, publié par M. L. Guibert dans son *Nouveau recueil de Registres domestiques*, en cours de publication dans le *Bulletin de la Société scientifique, historique et archéologique de Brive*.

Estienne de Saint-Jean (Honoré d'). (F., 153.)

Fabry (Charles), viguier d'Hyères. (F., 152.)

Fabry (Raynaud), sʳ de Callas, père de Peiresc. Un extrait de son L. est conservé à la Bibliothèque nationale (cabinet d'Hozier, 3409, dossier Fabry, f° 20). Je dois à M. le marquis de Boisgelin communi-cation de cet extrait relatif à la naissance de celui qui devait être si célèbre sous le nom de Peiresc : « Le 1ᵉʳ jour de décembre 1580 jeudi, « à 6 heures du soir, attendantz, ma femme est accouchée d'un fils

« baptisé entre nous à Beaugenci par un pauvre homme nommé Jean
« Teissere et de ma sœur d'Amirat ; puis le deuxiesme jour des fêtes de
« Noël, mon frère l'a tenu à l'église sur les fonds avec damoiselle
« Hellaine de Vallavoire, sa marraine, femme de M. d'Astour, de Toulon,
« et lui ont mis nom Nicolas-Claude, à qui Dieu par sa grace donne vie
« longue pour être homme de bien. » (Le copiste a ajouté : *et fut M. de
Peiresc, abbé de Guistre, conseiller au parlement*).

Faucher (Pierre de) et son fils Jean-Baptiste. L. de 1599 à 1640 et
de 1637 à 1649, en deux gros volumes où sont transcrits tous les actes
d'acquisition et contrats de mariage de la famille, dans les archives de
M. P. de Faucher, à Bollène.

Fedon (famille), de Marseille. L. de 1729 à 1776. Voir *Catalogue
général des mss.*, t. XV, Bibliothèque de Marseille, p. 397, n° 1454.

Fènis (Martin de), sʳ de La Brousse et du Tourondel. Mémoire des
services, etc., 1675-1713, dans le *Nouveau Recueil*, de M. Guibert.

Ferrand (Marguerite de), femme d'Hector d'Escodeca de Boisse
(XVIIᵉ siècle) : *Memoire de la nesance de mes enfans* (onze sont indiqués,
et l'énumération n'est pas complète). Voir *Notice sur le château, les
anciens seigneurs et la paroisse de Mauvezin*, par l'abbé R.-L. Alis (Agen,
1887, grand in-8°, pp. 215-217).

Fontainemarie (famille de), de 1640 à 1774. — Agen, 1889,
grand in-8° de 173 p.

Fonteilles (famille), d'Aubin. (Aveyron). L. de 1670 à 1760. Ms.
provenant des archives de M. Descrozailles, notaire à Aubin, déposé en
1887 aux Archives départementales de l'Aveyron.

Forbin (Henry de), baron d'Oppède. (F., 152.)

Foresta (Gaspard de). (F., 152.)

Fornet (famille), d'Étoile en Dauphiné. (F., 131.) Ce L., dont feu
M. Bellin n'avait donné, en 1887, que l'analyse avec quelques extraits,
a été publié presque *in extenso* par M. A. Vachez, sous ce titre : le
L. d'une famille de robe au XVIIᵉ siècle, dans les *L. dans le Lyonnais*
(pp. 27-39). Le ms. appartient à M. Camille de Soubeyran de Saint-Prix,
gendre de M. Bellin.

Fornier, procureur du roi à Hyères. (F., 152.)

Fortis. — M. H. Guillibert possède dans ses archives un ms. intitulé :
*Livre des memoyres tant des actes par moy Jacques Fortis passés depuis
que mon feu père Mᵉ Honoré Fortis, en son vivant notaire et praticien de la*

ville de Toulon, m'a émancipé, que fut le cinquiesme mars 1576, que de mes autres affayres particulières. (Vol. relié en parchemin, orné dès sa première page de diverses inscriptions latines : *Deum time, pauperes sustine, memento mori*, et de cette invocation : *Virgo mater, dat mihi scribere verum.*) Dans les dernières feuilles du volume se trouvent les naissances des enfants de Jacques Fortis, 1543 et années suivantes.

D'autres Fortis ont travaillé au livre de raison, car on y trouve de nombreux actes d'une écriture moins ancienne, ainsi qu'un *memoire de mes papiers et un roole de mes livres*, parmi lesquels figure l'*Histoire des plantes qui croissent aux environs d'Aix*, par le dr Garidel, qui fut imprimée avec luxe, aux frais de la province, à Aix, en 1775. Le rédacteur de cette partie du registre est peut-être le personnage dont le nom est inscrit ainsi sur la couverture : *Livre de raison de moy Charles-Legier Fortis.*

Fournié (Vincent), curé de Magnac-Laval. Journal personnel, de 1667 à 1693, cité par M. Normand (*Histoire du collège de Magnac-Laval*, pp. 19 et 106).

Fresse de Monval (Antoine de), de Valensoles. (F., 153.)

Froissard-Broissia (famille de). (F., 131.) L. commencé en 1532 par le président d'Orange et continué jusqu'à 1701 par les descendants, « un des plus curieux qui existent, soit par son ancienneté « et son étendue, soit par la variété des récits qu'il contient, grâce au « rôle important de la famille dont il enregistre la filiation. » Ainsi s'exprime M. J. Gauthier (*Mémoires* de l'Académie de Besançon, 1887, p. 140), avec cette addition en note : « Ce L., conservé au château de « Neublans, va paraître incessamment dans les *Mémoires* de la Société « d'Émulation du Jura, par les soins de M. le comte de Froissard- « Broissia. »

G... (Jean-Louis), bourgeois de Marseille. (F., 124.)

Galle (Antoine), de Voiron. (F., 153.)

Galles (en Bretagne). — Journal de Jean-Marie Galles (1799-1801), publié en mars et mai 1890, dans la *Revue de Bretagne, de Vendée et d'Anjou*, par Albert Marè, sous ce titre : *Journal d'un bourgeois de Vannes*. — En 1871, le manuscrit a été déposé aux Archives départementales du Morbihan, par M. Louis Galles, fils de Jean-Marie Galles.

Gamon (Achille), l'auteur des *Mémoires*. (F., 153.)

Gardane (Ange-Nicolas de), ancien consul à Chypre et à Tripoli, auteur d'*Instructions à mes enfants* (1764), mentionnées par M. de Ribbe (*Les familles*, t. I, p. 191).

Gargan de Rollepot (famille). Voir plus haut article *Aboval*.

Garidel (famille de). (F., 153.) — Outre les L., cités par M. de Ribbe, de quatre membres de la famille de Garidel (J.-Joseph, F.-Joseph, J.-B. et Bruno-Pierre), M. G. de Rey possède dans ses archives, à Marseille : le L. de Paul I de Garidel, continué par sa femme Isabeau de Poucard, leurs enfants et leurs petits-enfants (de 1664 à 1768); le L. d'Isabeau de Poucard, veuve de Garidel, va de 1691 à 1729; — le L. du P. Balthasard de Garidel de l'Oratoire, va de 1770 à 1775.

M. de Ribbe, qui ne semble avoir connu ni Paul de Garidel, ni Isabeau de Poucard, ni le P. Balthasard, cite, en revanche, le L. de Mme Thérèse de Burle, veuve de J.-R. de Garidel, document que possède aussi M. de Rey et qui s'étend de 1729-1752.

Garinet. — *Ephémérides* de Jean Garinet, médecin bisontin, (1603-1657) imprimées parmi les pièces justificatives des *Notes sur quelques livres de raison franc-comtois*, par M. Jules Gauthier, dans les *Mémoires* (déjà cités) de l'Académie de Besançon, 1887, pp. 153-157, d'après un ms. de la bibliothèque de M. l'avocat Dunod de Charnage, et un autre ms. de la Bibliothèque de Besançon.

Gassaud (Anthoyne), notaire royal de la ville de Forcalquier. — *Livre de memoyres des affaires de moy*, etc., publié par M. L. de Berluc-Perussis, sous ce titre général : *Documents inédits sur le protestantisme à Forcalquier* (XVIe siècle), dans le *Bulletin* des Basses-Alpes (Digne, 1892).

Gaultier (M^e) notaire à Saint-Romain en Jarez (Loire). L. du XVIIIe siècle. Appartient à M. B. Reynaud, de Rive-de-Gier. Des fragments en ont été publiés par l'abbé James Condamin, dans son *Histoire de Saint-Chamond et de la seigneurie de Jarez* (Paris, 1890, in-4°, p. 693).

Gauthier (les), d'Aix. — L. inédit de Me Vincent Gauthier, notaire, à Aix, continué par son fils Jean-Baptiste (1655-1738). Ms. du cabinet de M. Paul Arbaud. L'aimable bibliophile me signale la triple importance de ce ms., au point de vue de l'histoire domestique, locale et sociale.

Gautier (le chanoine J.-Ét.), de Cavaillon. (F., 153.)

Gay (Paul), conseiller au siège sénéchal de Limoges. Ses notes domestiques (1553) seront publiées dans le *Bulletin* de Brive, à la suite du *Nouveau recueil de registres domestiques.*

Gay (Martial de), lieutenant général à Limoges. L. de 1591 à 1602, publié par M. L. Guibert (*Nouveau recueil,* etc.)

Gay (frères). *Mémoires des frères Gay, de Die, pour servir à l'histoire des guerres de religion en Dauphiné, et spécialement dans le Diois, publiés, d'après les mss. originaux, avec un texte supplémentaire, des notes généalogiques et des documents inédits,* par Jules Chevalier (Montbéliard, 1888, grand in-8° de 353 p.), une des plus importantes publications qui aient jamais été consacrées à un L. qui est en même temps, il est vrai, une chronique régionale (de 1574 à 1640). Signalons-y, comme dans le L. des Boisvert, une histoire généalogique de la famille (pp. 253 et suiv.), ainsi qu'un *memoyre des contracts* d'Anthoyne Gay, 1542 à 1547 (pp. 307 et suiv.).

Gay de Nexon (famille). Registre domestique et papier baptistaire, de 1514 à 1522 et de 1620 à nos jours. Publié par M. L. Guibert, dans son *Nouveau recueil.*

Gayrosse (famille de). — Les L. de cette famille béarnaise, et particulièrement le L. du baron Henry de Gayrosse, conservés aux archives du château de Gayrosse-Audijos, ont été cités et utilisés par M. Planté (d'Orthez) dans un chapitre (*détails de la vie domestique*) de son récent ouvrage sur son pays natal.

Genebrias de Gouttepagnon, bourgeois de Bellac. L. de la deuxième moitié du XVIII° siècle, continué jusque vers 1825, mentionné par l'abbé Granet (*Histoire de Bellac,* p. 274).

Généroux (Denis), notaire de Parthenay. (F., 133.)

Genreau (Pierre), procureur au parlement de Dijon. XVII° siècle. L., ms. de la Bibliothèque de Dijon, n° 1011.

Gennes (Jean de), en Bretagne. L. (XVI° siècle) continué par René Le Cocq, mari de Gillette de Gennes. Ms. de la Biblioth. nat., dont une copie est entre les mains de M. Arthur de la Borderie qui, espérons-le, ne tardera pas à la publier en entier. Les parties les plus intéressantes en ont été données dans le *Journal historique de Vitré.*

Gennes (Jacques de), doyen de Vitré. L. (XVIII° siècle), possédé par M. A. de la Borderie et publié par ce savant, en 1876, dans le *Journal de Vitré.* On en retrouve quelques extraits dans *Les familles de Vitré* (pp. 41-46), très intéressante publication de M. Ed. Frain.

Génuyt (Jean), bailli de Saint-Germain-Lembron (Puy-de-Dôme). Livre de comptes, avec divers renseignements de famille. XVIIIe siècle. Ms. de la collection de M. A. Vernière, à Brioude.

Geoffre (Jacques), de Brive, et sa fille. L. de 1698 à 1774, publié par M. L. Guibert (*Nouveau Recueil,* etc.).

Gérard de la Brelly (Balthazar-Jean-Pierre). (F., 153.)

Germain (Toussaint). (F., 153.)

Ghaisne de Classé (P.-H. de), magistrat du Mans. (F., 127.)

Giot (N....), patron de barque, d'Arles. L. qui contient des détails très curieux sur le règne de la Terreur à Arles. M. le conseiller E. Fassin, qui en est possesseur, m'écrit qu'il se propose de le publier bientôt.

Giraud (Ambroise). Livre de comptes tenu par A. Giraud, paysan-métayer, exploitant en 1588 le domaine d'un propriétaire appelé Deffauris, dans le territoire de la commune de Mane (Basses-Alpes), mentionné par M. de Ribbe (*Les familles,* t. I, pp. 16-17).

Giraud (Isabeau de). (F., 153.)

Godefroy (famille). (F., 120.)

Gondinet, de Saint-Yrieix. (F., 135.)

Gouberville (le sire de). (F., 122.)

J'ajoute à la mention de 1889 cette note, tirée d'une lettre de M. Léopold Delisle : « Le journal du sire de Gouberville, qui est à mes « yeux l'un des plus précieux, peut-être même le plus précieux, des livres « de raison dont on se soit occupé, a fait son entrée dans le monde de la « publicité un peu plus tôt que vous l'avez cru : la première édition des « extraits qu'en a donnés l'abbé Tollemer est intitulée : *Journal manuscrit* « *d'un sire de Gouberville et du Mesnil-au-Var, gentilhomme campagnard,* « *au Cotentin, de 1553 à 1562. Étude publiée par le journal de Valognes,* « *du 17 février 1870 au 20 mars 1872, par A.-T. Valognes,* imprimerie de « G. Martin, libraire, in-12 de 841 p. Le volume ne porte pas de date ; « mais j'en ai un exemplaire qui m'a été offert par l'abbé Tollemer, le « 9 avril 1873, peu de jours après l'achèvement du volume. — De ce « même journal de Gilles de Gouberville, on a retrouvé cinq années, que « l'abbé Tollemer n'a pas connues et qui ne seront malheureusement « pas comprises dans l'édition in-4° que M. Eug. de Beaurepaire va « publier pour la Société des antiquaires de Normandie. Le propriétaire « du registre retrouvé, M. le comte de Blangy, se réserve le plaisir et

« l'honneur de le produire au grand jour. Il a préludé à ce travail par
« un élégant volume intitulé : *Généalogie des sires de Russy, de Gouber-*
« *ville et du Mesnil-au-Val* (Caen, 1887), grand in-8°. »

Gras (de), conseiller au parlement de Provence. L. du XVIII⁰ siècle, conservé dans les Archives de M. Paul de Faucher, à Bollène.
Gros registre rempli de renseignements généalogiques, domestiques, etc.
Beaucoup de choses sur des acquisitions de charges, sur des propriétés
de seigneuries. Curieux détails sur le parlement d'Aix, après la cassation
des parlements par le chancelier Maupeou, et aussi sur la Révolution
et la Terreur en Provence. Faits très bien narrés, appréciations d'un
esprit très droit. Je dois ce rapide résumé à un homme qui est lui-
même un excellent appréciateur, M. P. de Faucher.

Gros (Bernard), commandeur du Temple-de-Breuil, en Agenais,
sous Louis XI et Charles VIII. Ms. du fonds du grand Prieuré de
Toulouse, aux Archives départementales de la Haute-Garonne. Voir une
notice de M. G. Tholin, dans le *Bulletin historique et philologique du
Comité des travaux hist. et scient.* (1889, pp. 115-128). Dans son analyse
des trois registres (1477-1487), que forment le *Livre de raison de
Bernard Gros,* M. Tholin note que le commandeur du Temple-de-Breuil,
« apprécie les variétés de cerises tirées de Gontaud. »

Gouéon (époux). Dans les *Fragments d'un livre de raison au
XVII⁰ siècle,* insérés par M. du Boishamon dans la *Revue de Bretagne,
de Vendée et d'Anjou,* publiée par la Société des Bibliophiles Bretons
(t. VI, octobre 1891, pp. 299-305), on trouve (à partir de l'année 1613)
l'indication de la naissance des nombreux enfants (neuf fils et quatre
filles) de Pierre Gouëon, seigneur de la Bouétardaye (dans l'évêché de
Saint-Malo), et de Marguerite Le Bigot. Le père et la mère signent
ensemble la longue liste. Le reste du L. est occupé par des comptes de
fermages.

Gras de Prégentil (Honoré-Jean-Joseph de). (F., 153.)

Grignon de la Pellissonnières. (F., 133.)

Grimaud (Daniel), procureur au bailliage de Graisivaudan.
L. commencé le 26 juin 1774 et fini le 15 février 1783. Ms. de la Bibl.
de Grenoble, n° 7068.

Guamores, notaire à Vesc (Drôme). Livre de comptes, commencé en
1582 et fini en 1630. Ms. in-4°, de 600 feuillets (Archives départ. de la
Drôme). (On y voit qu'un client devait 20 sols pour un contrat de

mariage et qu'un autre client devait 8 sols pour l'acte de vente d'un coin de vigne.)

Guerin, notaire, à La Guerche, en Bretagne. Voir à l'Appendice, nᵒ XIII, une note de M. Frain de la Gaulerye sur le *L.* (deuxième moitié du XVIIᵉ siècle) de Guerin, dont il possède une copie.

Guirbaldi (?). — Fragments d'un *L.* d'un bourgeois de Rodez, depuis 1635 jusqu'en 1688 ou environ.

Volume en papier, de 95 feuillets. Bibl. nat., ms. français, 6187. (Voir L. Delisle, *Ms. latins et français*, 1891, 2ᵉ partie, p. 577.)

Hardy du Rocher (Mathurin), maire de la communauté de Vitré. *L.* du XVIIIᵉ siècle, cité par M. Ed. Frain, dans les *Familles de Vitré de 1400 à 1789* (Rennes, 1877, in-8ᵒ, p. 35).

Hardy du Rocher (Pierre-Anne-Ignace), fils du précédent. *L.* cité par le même (p. 41). M. Frain m'annonce qu'il le reproduira en entier dans le tome II de ses *Tableaux généalogiques*.

Henry (Guillaume). — Livre de naissance des enfants de G. Henry, qui exerçait à Lyon le commerce de mercier, en 1538, et qui devint, plus tard, seigneur de Jarnieux, en Beaujolais. Ce recueil, que M. Paul de Varax a publié, comme pièce justificative à la suite de sa notice sur *La seigneurie de Jarnieux* (Lyon, 1883, in-8ᵒ, p. 91), renferme plus qu'une simple généalogie. Les traits de mœurs y abondent. Voir A. Vachez, *les L. dans le Lyonnais*, pp. 8-10.

Huet (Charles-Antoine-Gabriel). C'est l'auteur du *L.* Laonnois étudié par M. le président A. Combier, en 1880. Voir F., 122. J'ajoute que le ms., qui fait partie des archives du tribunal de Laon, a commencé par être un plumitif du bailliage de Laon en 1753 et 1754, et est devenu en 1774 le registre-journal de C.-A.-G. Huet, alors receveur de l'émolument du sceau de la chancellerie présidiale de Laon, greffier d'appeaux, etc.

Huguetan, famille lyonnaise. *L.* analysé par A. Vachez, auquel il a été communiqué par un descendant des célèbres imprimeurs, M. Edmond Roche, avocat (*Les L. dans le Lyonnais*, pp. 15-18). Cette sorte de registre de l'état civil commence en l'année 1603, pour finir en 1733, avec la famille Chaumas, dans laquelle se fondit celle des Huguetan, à la fin du XVIIᵉ siècle.

Hugon (Clément), sʳ de Roux. *L.* de 1706 à 1710, publié par M. L. Guibert (*Nouveau recueil*, etc).

Humblot, gendre du d^r Damidez. L. de 1786 à 1794. Voir *Catalogue général des mss.*, t. XIII. Biblioth. de Dole, p. 421, n° 198.

Hun (J.-B.), en Alsace. (F., 138.)

Ille (famille d'). Voir à l'Appendice, n° XIV, une notice sur les L. de cette famille par leur possesseur M. Ch. de Gantelmi d'Ille.

Ingold (famille), de Cernay (Alsace). (F., 138.)

Jalsch (Sigismond), en Alsace. (F., 138.)

Jannet (Claude), propriétaire-vigneron du lieu de Demigny (Saône-et-Loire), a laissé un livre de comptes et journal agricole qu'il avait tenu de 1735 à 1759. Voir C. de Ribbe, *les Familles*, t. I, p. 18.

Jarrige, de Saint-Yrieix. (F., 135.)

Jaume (Joseph), jurisconsulte du dernier siècle, une des gloires du barreau de Perpignan, et qui avait enseigné le droit dans l'Université de cette ville, de 1757 à 1791, auteur d'un remarquable L. écrit en 1806, qui porte pour épigraphe : *Sit nomen Domini benedictum; ex hoc nunc et usque in seculum. Amen,* analysé par M. Ch. de Ribbe dans la *Réforme Sociale* (livraisons du 15 avril et du 1er mai 1881) : *Les foyers d'autrefois, d'après une publication récente et un document inédit.*

Jouard. Psautier annoté (en marge) par JOUARD (Jean), de Gray, ancien juge de la cité de Besançon, puis président des parlements de Bourgogne, assassiné par les Dijonnais en un jour d'émeute (1477).

Ms. n° 13 de la Bibliothèque publique de Vesoul, analysé par M. Jules Gauthier dans les *Mémoires* (déjà cités) de l'Académie de Besançon, 1887, pp. 137-138.

Kerlouan (Hamon du Louët, s^r de). L. ms. conservé aux Archives du Morbihan sous ce titre : *Extrait d'un cahier appartenant à Hamon du Louët, s^r de Kerlouan et Penanreux, le nom duquel est écrit au dedans de la couverture d'icelui, touchant les alliances de Coutzunval, Keramoët, Penanreux, le Plessis et autres bonnes maisons.* Copie de la première moitié du XVIIIe siècle. Cahier de 12 feuillets in-f°, série E., liasse 110. Dans ce recueil généalogique et familial on trouve une relation du combat de la carraque de Bretagne, nommée la Cordellière, et la carraque d'Angleterre, nommée le Régent, près du raz de Saint-Mahé (Saint-Mathieu), le soir de Saint-Laurens (1512), avec les noms d'un grand nombre de membres des meilleures familles du pays, qui y périrent. Les lunaisons y sont aussi indiquées.

Labat de Savignac (famille). L. inédit qu'il a été question de publier dans les *Archives Historiques du département de la Gironde*, et qui va de 1705 à 1760. Comme les Labat appartenaient au parlement de Bordeaux (voir sur eux le *Nobiliaire de Guyenne*), leur journal est à la fois une chronique du palais et une chronique de la maison.

La Baume-Pluvinel (famille de), en Dauphiné. (F., 131.)

La Beillessue-Lymon (de). L. de 1694 à 1765, publié par M. Arthur du Bois de la Villerabel, sous ce titre : *Journal historique et domestique d'un magistrat breton*, dans les *Mémoires* de la Société archéologique des Côtes-du-Nord (t. II, 2ᵐᵉ série, 1887, pp. 152-200). Il y a un tirage à part de cette publication. (Saint-Brieuc, Prudhomme, 1886, in-8° de 51 pp.)

La Brély. L. inédit de Balthazard-Jean-Pierre-Girard de la Brély, ancien secrétaire en chef des États de Bourgogne, commencé le 1ᵉʳ juin 1759, et portant dans son en-tête : *Amico si des mutuum, vel illud perdes vel amicum. — Beatus vir qui timet dominum ; cornu ejus exaltabitur in gloria.*

(Communication de M. de Ribbe. — Ms. de sa collection).

Labrunie (Guillaume), avocat à Martel. L. de 1653 à 1655, publié par M. L. Guibert. (*Nouveau recueil*, etc.)

Labrunie. Voir *Du Noyer*.

La Brunye (de). Voir *Brunye* (de La).

Lacabane (famille), en Quercy. L. de 1695 à 1820. Registre in-fᵒ faisant partie de la collection de M. L. Greil, à Cahors. Avec les naissances, mariages, décès, sont mentionnés des actes d'achats, de ventes, d'emprunts, de prêts, etc., ainsi que des détails sur les récoltes de certaines années et des recettes pour empoisonner les taupes, pour guérir les bœufs de diverses maladies, remèdes qui sont *bons aussi au monde*. A cette famille appartenait M. Léon Lacabane, l'excellent érudit dont je garde et garderai toujours un si reconnaissant souvenir, car ce fut lui qui m'orienta le premier dans ce département des mss. de la Bibliothèque alors impériale, où je devais passer de si nombreuses et de si heureuses journées.

Lachau, d'Argentat (les). L. de la première moitié du XVIᵉ siècle. Signalé comme existant, il y a peu d'années, dans les archives de Mˡˡᵉ de Négraval, à Argental.

Lacolonie (de). (F., 128.)

Lacroix (Noé), Chalonnais. (F., 126.)

Lafaïsse (famille). L. tenu successivement par Pierre, Jean et Alexandre (1570-1681), acquis par M. R. Kerviler et publié en partie par le baron de Coston : *André de Lafaïsse, maréchal de bataille, sa famille, son histoire et sa correspondance* (Lyon, 1886, in-8°).

Lafosse (Jean), bourgeois et consul de Limoges. Journal tenu pendant l'année de son consulat (1649), publié par M. L. Guibert sous le titre : *Journal du consul Lafosse.*

La Fregère de Laulanié (famille), en Quercy. M. Lafregère de Laulanié, juge de paix à Cahors, conserve plusieurs cahiers in-4° où sont relatés les naissances, mariages, décès et autres événements divers qui intéressaient la famille, où sont aussi reproduits des actes d'achats, de ventes, de marchés pour travaux agricoles, etc.

Lagarde (les), de Tulle. L. 1569-1645, publié par M. A. Leroux (recueil déjà cité).

Lagoy (de). — L. inédit de Jean de Meyran Laceta, seigneur de Nans, baron de Lagoy, procureur du pays de Provence de 1686 à 1690. — Après les naissances de ses enfants, l'auteur y enregistre celles de ses petits-enfants, avec cette formule : *Mémoire de la naissance des enfants qu'il plaira à Dieu de donner à mon fils de Lagoy.* (Collection du marquis de Lagoy).

La Hitte (J.-B. du Cos de), en Gascogne. L. ms., de la première moitié du XVIIᵉ siècle, conservé au château de La Hitte et décrit par M. le comte de la Hitte dans la *Revue de Gascogne*, de février 1891, article intitulé : *Un gascon, père de trente-deux enfants.*

Lamy de la Chapelle, de Limoges. (F., 134.)
J'ajoute que dans le L. des Lamy (1571 jusqu'à nos jours) figurent les deux branches, les Lamy de Duret et les Lamy de La Chapelle.

Lamy-Deluret, curé de La Roche-l'Abeille. (F., 135.)

Langelier (Guillaume), sieur de la Martinais. (F., 129.)

La Plante (Martin), notaire. (F., 154.)

Laqueux (Jean), de Vitry-le-François. L. de 1688 à 1760. Ms. Un long extrait a paru dans le journal allemand *Die französische Colonie* (1889, n° 5, pp. 79-84) sous ce titre : *Aus den Familien-papieren der familie Laqueux*[1].

---

[1] J'ai recueilli ou, pour mieux dire, on a recueilli pour moi diverses mentions de publications allemandes, italiennes, suisses et surtout belges relatives à des livres de raison, mais je n'ai pas cru devoir me servir de ces communications

Larouverade (L.-A. de), conseiller à la Cour de Bordeaux. (F., 154.)

Laugier (J.-B.), bourgeois de Toulon. (F., 154.)

Laugier (J.-Claude). (F., 154.)

Launay (Jean de), habitant de Vitré, au XVIIIe siècle. Une copie de son L. est aux mains de M. A. de la Borderie. Voir Ed. Frain, *Familles de Vitré*, p. 42.

Laurens (famille du). (F., 118.)

Addition de M. le marquis de Boisgelin : « J'ajouterai à ce que dit « M. de Ribbe sur la généalogie du Laurens, que l'œuvre de Jeanne a « été imprimée de son temps, mais doit être bien rare puisque la Méjanes « n'en possède qu'une copie faite à la main, comme j'en possède une « moi-même. J'ai vu un fragment de cette généalogie imprimée in-4° : « il en existe un exemplaire complet (peut-être unique) à la biblio- « thèque d'Arles. »

Laurens (Henry des), d'Avignon.

Son L. a été mentionné plusieurs fois par M. de Ribbe, dans *Une grande dame*, notamment p. 182-184. Voir à l'Appendice de mon recueil, sous le n° XVI, des notes complémentaires que me fournit le biographe de la *Comtesse de Rochefort*.

Lavernot-Paschal (le président Ph. de). (F., 138.)

Laviron. — L. de Jean-Étienne LAVIRON, vigneron bisontin (mort le 28 janvier 1854), mentionné comme « le dernier livre de raison Comtois, » par M. J. Gauthier, dans les *Mémoires* (déjà cités) de l'Académie de Besançon (1887.) Une copie en a été faite pour les Archives du Doubs par le savant archiviste, d'après l'original que conserve le fils du chroniqueur, M. l'abbé Laviron.

Lazinier (famille), en Auvergne. Voir, à l'Appendice, n° XVII, une note de M. P. Le Blanc sur le L. de cette famille, lequel fait partie de la collection du bibliophile de Brioude.

Le Blanc (famille), en Auvergne. Voir sur son L. une note (avec extraits) à l'Appendice, n° XVIII. Le ms. m'a été communiqué par le possesseur, M. P. Le Blanc, dont la famille n'a aucun lien de parenté avec celle dont il est ici question.

---

dues principalement à M. de Ribbe et à M. Stein. Laissons les mentions de livres étrangers à ceux qui entreprendront une bibliographie générale du sujet : c'est bien assez pour mes épaules du fardeau spécial de la partie purement française d'une œuvre aussi considérable.

Le Boucher (François). (F., 128.)

Le Comte (Daniel). (F., 132.) Article à compléter ainsi : *La finance d'un bourgeois de Lille au XVIIe siècle. Livre de raison de François-Daniel Le Comte, escuyer, conseiller, secrétaire du roi, maison et couronne de France* (1664-1717), par Aimé Houzé de l'Aulnoy, ancien bâtonnier, etc. (Lille, imp. L. Danel, 1888, in-4° de 124 p.)

Le Cocq (René), continuateur du L. de Jean de GENNES. Voir ce dernier nom.

Le Duc (Jeanne). — L. inédit de Jeanne Le Duc, fille de Pierre Le Duc, écuyer, et veuve de Gilles Hennequin, écuyer, président au grenier à sel de Châlons-sur-Marne (10 février 1661). Cité par M. de Ribbe, *La vie domestique*, t. II, pp. 142-144.

Lefeuvre, Fouarche, Monnier (abbés, en Bretagne).
Dans les *Annales de Bretagne*, publiées par la Faculté des Lettres de Rennes, avril 1890, M. Dupuy a publié sous ce titre : *Journal d'un curé de campagne*, 1712-1765 (59 pages in-8°), les notes insérées sur les registres des baptêmes de la paroisse de Souclan (Loire-Inférieure, canton de Châteaubriand), 1698 à 1765, par trois ecclésiastiques :

1° L'abbé Lefeuvre, vicaire de Saint-Mars-du-Désert ;

2° L'abbé Fouarche, recteur de Soudan ;

3° L'abbé Monnier, successeur du précédent.

Le premier a donné des détails fort intéressants sur le terrible hiver de 1709 ;

Le second, homme d'une ardente charité, tient la plume jusqu'en 1712 ;

Le troisième pendant 53 ans, ne manque jamais de faire connaître ses impressions avec régularité et abondance.

Legendre (famille), dans le Maine. (F., 132.)

Lélée (les). (F., 128.)

Le Maczon de Courcelles. — Livre d'heures du XVe siècle, sur les gardes duquel les Le Maczon enregistrèrent mariages, baptêmes et décès depuis 1570 jusqu'en 1830, décrit par M. E. Frain dans le tome II des *Mœurs et coutumes des familles bretonnes avant 1789*. En la possession de M. Charles Rupin, avocat à Vitré, descendant de Françoise Charlotte Le Maczon.

Lemaistre-Bastide (les), de Limoges. (F., 134.)

Le Peletier (famille). (F., 127.)
J'ajoute que M. l'abbé G. Esnault a consacré le second fascicule de

son recueil, *Les livres de famille dans le Maine*, à *Pierre et Victeur Le Peletier, avocats en la sénéchaussée du Maine, 1499-1556.* (Le Mans, Pellechat, 1890, grand in-8° de 32 p.)

Le Roy (famille), dans le Maine. (F., 127.)

Le Riche (Guillaume et Michel), de Saint-Maixent. (F., 132.)

Leroi (Jean). — L. commencé en 1672 et continué par sa famille jusqu'en 1726. Ms. des archives de M. G. de Rey, à Marseille.

Lespaignol (famille), de Reims en Champagne. (F., 154.)

Lestorguie (Jean), de Nonars. L. de 1585 à 1602, publié par M. L. Guibert (*Nouveau Recueil*, etc.).

Leynia (Joseph), juge de Beaumont. L. de 1741 à 1801, publié par M. Champeval, dans le *Nouveau Recueil*, etc.

Leynia de Chassagne (les), de Treignac. (F., 135.)

Lidon (N... de), sr de Savignac. Dans le présent recueil, p. 31

Lieutaud (François de), fils de Mathieu et d'Anne de Poucard. L. de 1714 à 1726. Ms. conservé dans les archives de M. G. de Rey, à Marseille.

Lions (Pierre-Joseph), bourgeois de Marseille, originaire du Bar (Alpes-Maritimes). L. de 1770 à 1795. Ms. des archives de M. G. de Rey, à Marseille.

Lombardie (A.). Voir l'article *Desveux.*

Loménie (François), seigneur du Monteil, mort en 1770. L. mentionné par M. Compayroux dans ses *Notes sur Peirat-le-Château.*

Loménie (chanoine Guillaume de), rédacteur, en 1751, de notes de famille et généalogie de Loménie. Quelques fragments en ont été publiés dans le *Limousin littéraire* (1886-1887).

Lordonet (J.-F.). — « L. de moy Joseph-François Lordonet que « j'ay commencé de faire en l'année 1733, sur les mémoires que j'avois « tenus, et sur les livres de raison de mes père et mère et oncles, dont « j'ay été l'héritier. » Le narrateur fait suivre la mention des naissances de ses enfants, d'une invocation qui se reproduit la même pour tous : *Que Dieu en fasse un grand saint! [ou] une grande sainte!* Il écrit spécialement pour le fils qui doit lui succéder : « J'exhorte mon fils à « se ressouvenir que *nisi Dominus œdificaverit domum, in vanum laboraverunt qui œdificant eam.* »

(*Communication de M. de Ribbe. — Le ms. inédit appartient à sa collection.*)

Lorier (famille), de Redon. L. conservé aux Archives d'Ille-et-Vilaine, sous ce titre : *Papier de merque pour servir à François Lorier pour raporter nopces, batesmes, mortuaires et autres choses dignes d'estre raportées.* 1592-1624. — Continué par son fils François Lorier, qui fut sénéchal (juge) de Redon (1642-1644).

Lorman (Jean de), bourgeois du Mas-d'Agenais. (F., 154.)

Lur (Jean de), seigneur de Freyssinet. Fragments de son L. (1441 et ann. suiv.), qui est surtout un état de biens-fonds et rentes. Ont été acquis récemment d'un libraire parisien, par M. A. Thomas, directeur des *Annales du Midi,* qui les mentionne dans la livraison de juillet 1892, p. 415.

Mabit (Pierre), religieux du prieuré de Font (en Quercy). L. de 1623 à 1649, registre in-4° incomplet (les premiers feuillets manquent), en la possession de M. Louis Greil, à Cahors.

Madelmon (Simon), de Sarran. Cahiers, du commencement de ce siècle, cités dans l'étude de M. de Seilhac, sur l'*Œuvre de Simon Madelmon* (*Bulletin* de Tulle, 1889).

Maigne de Sarazac (Pierre de), conseiller du roi au siège présidial et sénéchal de Brive. L. ms., de 1765 à 1803, communiqué par M. Ernest Rupin, de Brive, à son collègue M. L. Guibert qui en publiera de larges extraits et qui veut bien me dire que les mentions se rapportant à la période révolutionnaire sont intéressantes, par exception, car les auteurs des livres de raison se montrent généralement très réservés, et même plus que réservés, au sujet de cette période.

Mailhar de la Couture. — « Livre contenant ce qui est de plus « essentiel et considérable dans mes affaires, » par Jean-Baptiste Mailhard de La Couture, bourgeois de Limoges, consul et trésorier de France (1678-1715), et copies de contrats jusqu'en 1719, dans les archives de la famille.

Maillasson, de Montmorillon. (F., 133.)

Maillefer. — *Mémoires de Jean Maillefer, marchand, bourgeois de Reims* (1611-1684), continués par son fils jusqu'en 1716, publiés sur le ms. original de la Bibliothèque de Reims, par H. Jadart. (1890, in-8°.)

Malebaysse (famille), d'Agen. (F., 155.)
J'ajoute que le ms. est aujourd'hui déposé aux Archives départementales.

Malliard (les), de Brive. (F., 122.)

Malmazet (les), de Vals. (F. 122.)

Mandon (Trophime de), en Provence. L. ms. qui était entre les mains de M. Clair, avocat à Arles, et qui, depuis 1882, appartient à ses héritiers.

Mandon (François de), L. ms. dont quelques extraits ont été donnés par M. Fassin dans son *Musée*.

Manha (Antoine), marchand et receveur de la dame de Capdenac (en Quercy). L. du XVIe siècle, mentionné dans un autre livre de raison Quercinois, de 1563 et années suivantes, qui est entre les mains de M. Champeval et qui eut pour rédacteur, semble-t-il, un certain Durand Carmelayre, de Capdenac.

Marchandon du Puimirat (J.-B.), chanoine de Limoges. (F., 135.)

Mareschal (Fr.), procureur fiscal au ressort de Pontarlier. L. de 1660 à 1664. Voir *Catalogue général des mss.*, t. XIII, Bibl. de Dôle, p. 416, n° 159.

Mari (Jean de), en Provence. L. ms., possédé par le baron de Roure, au château de Barbegal, près Arles.

Marin de Carranrais (famille), en Provence. Voir, à l'Appendice, n° XIX, une considérable notice sur ce L. par M. F. de Marin de Carranrais, qui en est le possesseur.

Marraud (Jacques et Pierre), d'Agen. (F., 155.)

Martel, avocat, de Montauban. L. du XVIIe siècle, conservé aux Archives départementales de Tarn-et-Garonne, série E.

Martin (Philippe). Voir l'étude intitulée : *Paysans franc-comtois des environs de Pontarlier au XVIIIe siècle*, dans les *Mémoires de l'Académie des sciences, belles-lettres et arts de Besançon* (1888), où M. le chanoine Sachet dépeint les vieilles mœurs rurales d'après trois livres de famille, rédigés par de simples paysans des environs de Pontarlier, notamment d'après celui de Ph. Martin, cultivateur à Saint-Pierre-la-Cluse, lequel, pendant les loisirs d'une longue maladie, écrivit tout ce qu'il avait découvert dans ses papiers domestiques et ce qu'il avait vu lui-même depuis le milieu du siècle dernier jusqu'au siècle actuel.

Martin (les), de Carpentras. Voir à l'Appendice, n° XX, une note de M. de Ribbe sur le L. de deux membres de la famille Martin.

Martin de Puylisod (famille), en Limousin. L. ms. relatif à la Révolution et à la période suivante ; entre les mains de la famille.

Martinon (famille), en Auvergne. Voir à l'Appendice, n° XXI, une note de M. P. Le Blanc.

Marye (famille), en Auvergne. Voir à l'Appendice, n° XXII, quelques extraits du L. de cette famille, qui a été mis à ma disposition par le possesseur, M. P. Le Blanc.

Marye (Jean-Joseph), avocat en parlement à Brioude. L. tenu de 1694 à 1739, conservé dans la collection de M. le baron Charles de Croze.

Massac (Jean de), juge royal de Gontaud (F., 155.)

Massiot (les), de Saint-Léonard. (F., 134.)

Masson (famille), de Montbéliard (1745-1814). Voir *Catalogue général des mss.*, t. XIII, Bibl. de Montbéliard, p. 308, n° 85.

Massonneau (Arnaud-Bernard), avocat en parlement. (F., 155-163.)

Mateau (Jean), de Goulles. L. de 1729 à 1740, publié par M. L. Guibert. (*Nouveau Recueil*, etc.)

Maucourant (Henri), marchand de Bourganeuf. Livre de comptes, avec notes diverses, de 1758 à 1775, publié par M. l'abbé Lecler. (*Nouveau Recueil.*)

Maurat (les), du Dorat. (F., 134.)

Mayet (Hugues). — L. de ce cultivateur, de la petite paroisse de Nuelles, près de l'Arbresle (Rhône), publié par A. Vachez (*L. dans le Lyonnais*, pp. 43-59) sous ce titre : *Le L. d'un paysan du Lyonnais au XVIIIe siècle.* Le récit s'étend de 1682 à 1762.

Médicis (Étienne). — L'auteur de la *Chronique* publiée par feu M. Chassaing, a laissé un L. très curieux, qui a été trouvé, dans les archives hospitalières de la ville du Puy, par l'archiviste actuel de la Haute-Loire, lequel a l'intention de le publier prochainement.

Mémoire, intendant du comte des Cars. L. de 1787 à 1786, dans *Nouveau Recueil*, de L. Guibert.

Meslon (famille de) et particulièrement André de Meslon. L. du XVIe siècle, ms. des archives de M. L. de Meslon, cité et utilisé par M. Léo Drouyn dans ses *Variétés girondines* (Bordeaux, 1879, deuxième fascicule, p. 277).

Meyran (de). Voir l'article *Lagoy* (de).

Micault (J.-B.). (F., 132.)

Micault (Claude). (F., 132.)

Migault (Jean). Voir sur ce L. (fin du XVIIᵉ siècle), à l'Appendice, nᵒ XXIII, une note de M. H. Stein.

Mieg (Matthieu), en Alsace. (F., 138.)

Milhot (famille), de Feurs. — L'abbé Duguet (*Mémoire sur la ville de Feurs*, écrit entre les années 1707 et 1714, inséré dans les *Mémoires de la Société de la Diana*, t. VI, p. 159), reproduit la généalogie des Milhot, famille importante de cette petite ville, et ajoute : « Tout cela « est écrit à la marge d'un grand livre, intitulé l'*Almanach du berger*, « où tous les Milhot se sont inscrits et ont mis leurs armes, de sorte qu'il « leur tint lieu d'archives. »

Minet (Isaac), protestant boulonnais émigré en Angleterre. Des extraits de son L., qu'il commença à écrire en 1737, ont été publiés par M. William Minet, sous ce titre : *Isaac Minet's narrative*, 1660-1745, dans les *Proceedings of the Huguenots society of London* (t. II, 1888, nᵒ 3, pp. 428-445).

Missandre. — J'ai eu entre les mains le L. de la famille de Missandre (près de Monclar d'Agenais), que j'ai souvent cité dans l'annotation du *Journal domestique* de N... de Lidon. Le ms. appartient à M. René de Lajugie, dont la mère est une Missandre.

Modène. — L. de Guillaume de Modène, bailli de Montlor (XVIIᵉ siècle), mentionné dans le *Catalogue sommaire des manuscrits de la Bibliothèque d'Avignon*, par L.-H. Labande (Paris, A. Picard, 1892, gr. in-8°, p. 273, nᵒ 2309 [1]).

Moissonnier (famille), de Saint-Bonnet-le-Château. (F., 125.)

Momyn (les de). — L. de famille (inédit) de MM. de Momyn, de Mauvezin (de 1537 à 1725). Entre les mains de la famille Periès-Labarthe, à Mauvezin. M. Dumas de Rauly, qui l'a mentionné dans une des récentes réunions de la Sorbonne, m'écrit que ce mémorial d'une famille protestante est curieux et mériterait bien la lumière de l'impression.

Mondenard (Charles de), seigneur de Saint-Amans, a écrit sur un terrier de cette seigneurie, conservé aux Archives départementales de Tarn-et-Garonne, les naissances et décès de divers membres de sa famille. L'archiviste, M. Dumas de Rauly, a publié, dans le *Bulletin* de

---

[1] Ce *Catalogue* ayant paru quand l'impression de cette *liste* était déjà presque achevée, je renvoie aux *Additions et corrections* les nouveaux renseignements que j'y trouve et qu'il est trop tard pour ranger ici en ordre alphabétique sous les lettres B à L.

la Société archéologique de Montauban, l'arbre généalogique de la maison de Mondenard, qui se développe sur la première feuille du terrier.

Mongé (Gaspard de), s^r du Caire et (en partie) de Puimichel. (F., 120.)

Depuis la publication de mon *Essai bibliographique*, M. Jules de Terris a donné une complète et charmante édition du ms. de son cinquième aïeul, sous ce titre : *Un provençal oublié. Mémoires d'un père de famille au XVII° siècle.* (Forcalquier, E. Martin, 1890, in-8° de XII-77 p.) Les mémoires de G. de Mongé sont précédés de lettres adressées à M. J. de Terris par Mgr l'Archevêque d'Avignon, M. L. de Berluc Perussis, le vicomte O. de Poli et Ph. Tamizey de Larroque.

Monneraye (René), *alias* de la Monneraye, s^r de Bourgneuf, conseiller du Roy, notaire-secrétaire au parlement de Bretagne, à Rennes. L. de 1654 à 1684, in-4°, conservé aux Archives d'Ille-et-Vilaine, série E.

Montagne (les). — L. de Toussaint Montagne, né à Cuers, le 19 décembre 1696, et de son fils Joseph (1769-1790). Des extraits de l'un et de l'autre ont été donnés par M. de Ribbe dans les *Familles* (t. I, pp. 81-85.)

Montaigne (famille), de Saint-Chamond. L. qui embrasse une période de plus d'un siècle et demi. Commencé, en 1527, par Catherin Montaigne, il est continué successivement par d'autres membres de la même famille nommés Claude Ravel, F. Palerne, Chenevier et Jean Chavanne, jusqu'en l'année 1683. L'original en est aux mains de la famille Bethenod, de Montbressieu ; mais il en existe deux copies : l'une, à la Bibliothèque de Lyon, fait partie du fonds Coste (n° 17, 406) ; l'autre appartient à la Bibliothèque de la ville de Saint-Étienne (n° 517). Voir A. Vachez, *Les L. dans le Lyonnais* (pp. 10-11). Le document avait été déjà fort utilisé par l'abbé Condamin, dans l'*Histoire de Saint-Chamond.*

Montaigne (Michel de). — Dans un volume de sa bibliothèque, les *Ephémérides* de Beuther (Paris, 1551, in-8°), disposé, comme nos agendas actuels, avec des folios blancs, il annotait les principaux événements de sa vie domestique[1]. Ces précieuses, mais trop courtes et

---

[1] L'auteur des *Essais* a soin de nous apprendre que son père tenait une sorte de livre-journal militaire (liv. II, ch. I) : « Pierre Eyquem nous a laissé, de sa « main, un papier journal, suyvant poinct par poinct ce qui s'y passa [aux guerres « de là les monts] et pour le public et pour son privé. »

trop rares notes ont paru en 1855, publiées par le Dr Payen (Paris, Jannet, in-8°) : elles forment le fascicule III des *Documents inédits sur Montaigne*. En la même année parut (*Actes de l'Académie de Bordeaux*, pp. 485 et suiv.) un travail de M. le vicomte Alexis de Gourgues, où est reproduit le fac-simile de quelques-unes des quarante et une notes de Montaigne, fac-simile qui prouve que la transcription du Dr Payen n'a pas été partout d'une exactitude irréprochable. Mon ami M. R. Dezeimeris, qui me fournit toutes ces indications, ajoute que les *voyages* de l'illustre philosophe périgourdin ne sont autre chose qu'un livre-journal se rapportant à sa vie en voyage.

Montalescot (Léonard et Jacques), de Saint-Léonard. L. et journal de commerce, de 1722 à 1826, publié par M. L. Guibert (*Nouveau Recueil*, etc.).

Montfort (famille de), en Provence. L. ms. commençant en 1688. Était naguères entre les mains de M. l'avocat Clair, à Arles, et est aujourd'hui entre les mains de ses héritiers.

Montrichard (les). — L. des Montrichard, de 1499 à 1691, ms. des Archives du Doubs. Mentionné par M. Jules Gauthier dans les *Mémoires* (déjà cités) de l'Académie de Besançon, 1887, p. 141.

Monts (de). — L. inédit « tenu par moy Balthazard de Monts, « écuyer, de la ville de Brignoles, commencé le 27 juin 1627, jour de « mon mariage. » En tête du registre, on lit : *Initium sapientiæ est timor Domini. — Levavi oculos meos in monte, unde veniet auxilium mihi.* »

(Communication de M. de Ribbe, possesseur du ms.)

Moreau (Jean), notaire et arpenteur au Dorat. Livre-journal de 1666 à 1719. Extraits publiés par M. A. Leroux dans le *Bulletin* du Limousin (t. XXIX, p. 172).

Morel (Edmond). L. de 1715 à 1728 mentionné sous le n° 2261 dans le *Catalogue des mss. de la Bibliothèque d'Avignon*, 1892.

Morras (famille), de Périgueux. (F., 163.)

Mosnier (famille), en Auvergne. Voir à l'Appendice, n° XXIV, une note de M. P. Le Blanc.

Moufle (famille), de Saint-Paul-d'Eyjeaux. Livre de comptes, de 1740 à 1825, publié par M. L. Guibert (*Nouveau Recueil*).

Müller (Jean, Jonas et Ambroise), en Alsace. (F., 138.)

Natural (Michel), sʳ de la Flechaye, habitant de Guer (Morbihan). L. de 1647 à 1679, in-4° de 32 feuillets, conservé aux Archives d'Ille-et-Vilaine, série E, et intitulé : *Papier pour servir à Mᵉ Michel Natural, etc.*

Nempde de Poyet (famille de). Voir à l'Appendice, n° xxv, une notice sur le L. de cette famille, par M. P. Le Blanc, possesseur du document.

Nèque (Damian), en Provence. De nombreux extraits du L. de ce prêtre (1572-1580) ont été publiés par M. E. Fassin, dans le *Musée* (III, 161-198), d'après une copie de la Bibliothèque d'Arles.

Nicolas (les). L. de Jean Nicolas, marchand de Limoges, de Pierre et de François, ses fils, de Champsac, 1653-1735, publié par M. A. Leroux. (*Bulletin de la Société archéologique de Limoges*, t. XXXVIII, p. 354.)

Niveau (J.-B.), notaire royal et directeur des postes à Guéret (1775-1808), dans *Nouveau recueil*, de L. Guibert.

Nogueres (Bertrand de), juge de Sainte-Bazeille. Dans le présent recueil, p. 76.

Nozerines (famille), en Auvergne. Voir sur son L., à l'Appendice, n° XXVI, une notice analytique de M. Paul Le Blanc, possesseur du ms.

Oberkampff (famille). L. sous la forme d'une vieille bible de famille, avec nombreuses illustrations finement gravées sur bois, reliée en maroquin noir écrasé, tranches dorées, initiales J. C. O. 1728, sur le plat. La bible a été imprimée à Lunebourg, en Saxe, l'an 1642, à l'époque de la guerre de Trente ans, dont des épisodes sont reproduits sur la gravure formant le titre. Le volume appartenait, à cette époque, à la famille Reher ou Reyher, qui possédait la seigneurie de Falckehrehde. La première mention est celle de la naissance d'Ursule Reher, venue au monde le lundi après l'Avent, l'an 1646, sur le lieu noble de Falckehrehde. Suivent d'autres mentions parmi lesquelles celle du mariage de Marie-Élisabeth Reher, née en 1683, avec le lieutenant Heinrich-Gustave Oberkampff, seigneur de Dabrun en 1707. Puis viennent diverses notes sur les Oberkampff, lesquelles s'arrêtent à J. Gustave Oberkampff, officier au régiment de chevau-légers, mort en 1806. Aux notes de famille sont mêlées quelques notes relatives à des faits contemporains, notamment au débordement de la rivière l'Elbe, en 1744, et aux dégâts qu'elle a commis. Une note atteste que la bible, actuellement en la possession de M. E. Oberkampff de Dabrun, a été trois fois sauvée du feu[1].

Olivari ou **Olivier** (Jean-Pierre), conseiller au parlement d'Aix. (F., 164.)

Oudard Coquault, marchand de Reims. (F., 129.)

Pagès, marchand d'Amiens. (F., 164.)

Pasquier (Nicolas). — Des fragments de son L. ont été communiqués par le possesseur, M. le marquis de Bremond d'Ars Migré, à M. Louis Audiat, pour son étude biographique intitulée *Un fils d'Étienne Pasquier.*

Patin (Guy). — Voir (Appendice, nº XXVII) quelques extraits d'un trop court L. du célèbre docteur, conservé parmi les mss. de la Bibliothèque Sainte-Geneviève et qui m'ont été communiqués jadis par feu M. Jules Ravenel, auquel ils avaient été remis par M. Jules Taschereau, lequel les tenait de Jules Labitte. On sait que M. Taschereau, reprenant un projet du savant B. Guérard (de l'Institut), avait songé quelque temps à donner un recueil complet des lettres (les unes déjà publiées et les autres inédites) de G. Patin. Il avait cédé les matériaux déjà recueillis à son collaborateur M. Ravenel, lequel, peu de temps avant sa mort, me les confia avec l'espoir que je pourrais réaliser le projet d'édition complète successivement abandonné par tant de travailleurs. Je crains bien qu'une trop persistante fatalité m'empêche d'entreprendre jamais une tâche qui, malgré ses difficultés, me souriait beaucoup. Puisse cette tâche tenter enfin un travailleur qui, animé de tout mon zèle, aurait le grand mérite d'être moins âgé et moins fatigué que moi!

Pauthut (B.), curé de Saint-Maurice de Limoges. Notes personnelles inscrites aux registres paroissiaux de cette église (1627-1632), publiées par M. L. Guibert, dans l'*Almanach Limousin* de 1869 et dans le *Bulletin de la Société archéologique et historique du Limousin* (t. XXIX, p. 93).

Péconnet (Psaumet), notaire de Limoges. (F., 134.)

Péconnet (Jean), notaire de Limoges. (F., 135.)

Péconnet (Joseph), notaire de Limoges. (F., 135.)

---

[1] Voir *Notice sur la famille Oberkamp* (sic). *Son origine, modifications du nom, ses différentes branches,* par Émile Oberkampff de Dabrun. Petit in-4º, tiré à cent exemplaires. Alais, 1890.

Pellapra (J.-J.), bourgeois de Montélimar. L. du XVIIIᵉ siècle (chez M. Magneau, à Montélimar). — On y voit qu'en 1708, son père donnait 18 livres par an à sa servante, avec promesse de ne rien lui retenir sur cette somme, si ce n'est la moitié de la capitation, dans le cas où il serait content de ses services. En 1710, les gages de cette servante étaient de 24 livres. Sous la date de 1709, le narrateur dit que « si Dieu « n'avait par un miracle évident fait produire à l'infini les menus grains « du printemps, — car son père, de trois quartes d'orge semées à « Margeric, recueillit 36 sétiers ou 144 quartes), — la France entière « périssoit de famine. »

Pellicot (Bernardin), de Marseille. (F., 164.)

Pérard (famille). (F., 164.)

Pérès (Isaac de), concierge (dans le vieux sens) du château de Nérac. (F., 125.)

Périgord (Ambroise), sieur de la Guinaudie, subdélégué de l'intendant de Poitiers à Rochechouart. L. de 1751 à 1764, publié par M. l'abbé Leclerc (*Nouveau Recueil*).

Perron. — *Livre de comptes* d'un bonnetier bisontin, Pierre Perron, né en 1591, mort en 1669, qui tient en même temps boutique d'apothicaire. Ms. des Archives du Doubs, analysé par M. Jules Gauthier dans les *Mémoires* de l'Académie de Besançon, 1887, pp. 143-145.

Perry (Jean), de Montault (en Agenais). (F., 128.)

Pestels (François-Claude de), seigneur de Beauregard, habitant Altillac (Corrèze). L. ms. de la période qui précède immédiatement la Révolution. Aux mains de l'abbé Poulbrière, directeur du Petit-Séminaire de Servières.

Pierre (Charles). — *Observations météorologiques et économiques faites à Boëssis* (Loiret), de 1764 à 1853, par Charles Pierre, recueillies et collationnées par J.-Isidore Pierre, doyen de la Faculté des Sciences de Caen.

Versailles, 1877, grand in-8° de 151 p.

« L'observateur était un paysan doué d'une intelligence supérieure, « d'un jugement solide et sain jusqu'à son dernier jour ; en un mot, un « de ces caractères antiques vigoureusement trempés, à qui la sobriété « a permis de vivre jusqu'à l'âge de 91 ans. Les notes qu'il a prises « n'étaient certainement pas écrites pour la postérité ; elles sont l'œuvre « d'un homme qui, chaque jour, inscrivait ce qu'il *avait vu*, ce qui l'inté-

« ressait personnellement et ce qui concernait son pays, dont il a été
« maire ou adjoint pendant plus de cinquante ans. Une foule de notes
« privées, domestiques ou politiques, témoignent de son calme inalté-
« rable et de sa résignation dans le malheur, mais jamais aucun indice
« de découragement, quoiqu'il arrivât. On pouvait bien dire de lui avec
« le poëte : *Impavidum ferient ruinæ.* » (P. 2 de l'Introduction de
l'éditeur, petit-neveu de l'auteur) [1].

Pin (Joachim-Félix), trésorier général des États de Provence et
doyen de la chancellerie du parlement d'Aix, a laissé un L. que possède,
à Aix, M. Léon de Garidel, dont J.-F. Pin était le bisaïeul.

Plantadis (J.-B.), curé de Boussac. Journal personnel, 1750, cité
par M. Louis Duval (*Esquisses marchoises*, pp. 305 et suiv.).

Plaze (famille), d'Argentat. (F., 135.)

Plieux (Guillaume), magistrat de Condom. (F., 164.)

Poli (F.-G.-M. de), chevalier, seigneur de Saint-Tronquet. L. in-f°,
relié en vélin, possédé par M. le vicomte O. de Poli, qui se propose de le
publier avec d'autres documents de famille. Le ms. (de plus de 200 p.)
est intitulé : *Livre concernant les affaires de la maison que je François-
Gabriel-Marie de Pol ay dressé l'an 1736 avec l'ayde de Dieu et de la
Très Saincte-Vierge, dans lequel je mets au commencement tout ce que j'ay
pu recueillir des affaires de mes ancêtres*, etc. L'auteur naquit, en 1693,
à l'Isle (comté Venaissin) et fut garde du corps du roi Louis XV.

Portalis (les). — Voir à l'Appendice, n° XXXVIII, divers extraits
des L. de la famille Portalis, communiqués par M. de Ribbe.

Pré (famille du), de Clermont-Ferrand. L. (en latin) conservé parmi
les mss., de la Bibliothèque nationale (Fonds latin, 18351) et continué
par les descendants de cette famille, les Céberet et les Defforges. On y
remarque un récit du passage de Charles IX à Clermont, en 1566.

Préverauld de la Boissière (Pierre), magistrat d'Angoulême.
(F., 164.)

Prevost, curé de Lussac-les-Églises. L. ms. cité à la date de 1608
par Pierre Robert, du Dorat, dans sa *Chronique*.

---

[1] On peut rapprocher l'ouvrage de Pierre d'un journal ms. rédigé par Hurel
Gilles, au XVIIᵉ siècle, et où abondent les détails sur la température, les récoltes,
le prix des denrées, etc. Cette chronique météorologico-agricole a été citée,
d'après le fonds Baluze (à la Bibl. nat.) par Chéruel (*Histoire de l'administration
monarchique en France*, t. II, p. 398).

Prioul (N...), s^r du Haut Chemin. L. de 1663 à 1700. Registre in-4° contenant la *naissance de ses enfants et autres actes de famille*, avec des comptes de maison de toute nature, conservé aux Archives d'Ille-et-Vilaine, série E.

Puech (Annibal-François), avocat à Nîmes. (F., 136.)

Puget (livre de compte de la maison de). In-f° de 130 f., avec un titre latin (*Liber num. Pugetorum*) et un titre provençal (*Memorie de mes censos*). Va de 1530 à 1617. Ms. 542 de la Bibliothèque de Carpentras.

Puy (Gabriel du), s^r de la Roquette, en Languedoc. (F., 123.)

Pyochet (Jean de), s^r de Sallin. (F., 127.)

Quinhart (famille). (F., 164.)
Dans le registre domestique de Guillaume et Hugues de Quinhart, bourgeois de Brive, 1455-1509, publié par M. L. Guibert dans son *Nouveau Recueil*, sont mentionnés des papiers de famille antérieurs.

Puységur (famille de), en Gascogne. L. ms. in-4° de 400 p., de 1602 à 1624, faisant partie des archives de M. le chanoine Jules de Carsalade du Pont, à Auch.

Rafin (Pierre), bourgeois d'Uzès. (F., 136.)

Raimbert (Antoine), notaire à Grasse. L. in-4°, de 1584 à 1618, contenant à la fois les affaires du rédacteur, les événements arrivés de son temps et, à la fin (f°s 141-153), les naissances et mariages de ses enfants. Ms. 540 de la Bibliothèque de Carpentras.

Ramette (Louis). L. de 1588 à 1596. Copie par extraits en est conservée dans la Bibliothèque d'Arles. A été publiée par M. E. Fassin (*Musée*, III, 9-35). Le savant magistrat a vu dans une note manuscrite de F. Rebatu, que ce L., « couvert de parchemin, » contenait « le « nombre de 133 feuillets. »

Raousset (les), de Vidauban. L. ms. (1582-1677) conservé aux Archives départementales du Var.

Raymond (famille de), d'Agen. (F., 164.)

Raynaud (famille), des Martigues. L. cité par dom Th. Bérengier dans *Quelques lettres inédites de Mgr de Belloy, successeur de Mgr de Belzunce.* (*Revue de Marseille et de Provence*, d'octobre 1890, p. 429). Dom Bérengier a tiré de ce ms. des détails qui, à la date de 1804, font pénétrer dans l'intérieur du cardinal de Belloy.

Real (famille), en Auvergne. Voir à l'Appendice, n° XXIX, une note de M. P. Le Blanc.

Reissent (Antoine), curé de Goulles. Mémorial et répertoire, de 1668 à 1674, publié par M. L. Guibert (*Nouveau Recueil*).

Reneurel (famille), en Dauphiné. (F., 165.)

Renaudot (Eusèbe). (F., 133.)

Retouret (Étienne), de Limoges. (F., 135.)

Reverdy, 1er consul de Revel. L. cité par le pasteur Rabaud dans son *Histoire du protestantisme dans l'Albigeois et le Lauraguais*, p. 497.

Reversat (famille de). L. déposé aux Archives départementales de Tarn-et-Garonne par M. Dumas de Rauly, qui l'avait trouvé dans un grenier de la ville de Caussade. Voici comment l'archiviste analyse le document qu'il a trouvé (lettre du 20 avril 1892) : « Documents de « 1571 à 1665. Actes divers passés par les Reversat depuis l'arrivée à « Caussade d'un Guillaume Reversat venu de Saint-Maurin (en Agenais). « Cet individu se marie trois fois : 1° avec la nièce d'un boucher, 2° avec « une fille de bourgeoisie notable (de Saint-Antonin), 3° avec une demoi- « selle presque noble. Son fils aîné entre dans les gens d'armes du duc « d'Épernon et, depuis, se qualifie noble. Sa sœur épouse un autre gen- « darme, fils d'un bourgeois, qui lui aussi se titre noble. Ledit gen- « darme, qui fut aussi capitaine d'un régiment, se retire à Caussade et « inscrit dans son livre de raison naissances, décès, etc., ainsi que les « événements de sa ville natale, ce que font aussi, après lui, ses enfants « et successeurs. »

Ribbe (Madame de), grand'mère de Charles de Ribbe. (F., 165.)

L'auteur des *Familles et de la Société en France* aurait à publier divers livres de raison rédigés par ses aïeux et conservés dans ses archives. Espérons qu'il couronnera par cette publication la si remarquable série de ses ouvrages sur l'ancienne France.

Ricard (Vincent). (F., 165.)

Article complété par une note de M. de Ribbe, que l'on trouvera sous le n° XXX, à l'Appendice.

Richier (Michel-Amable), architecte, sous-inspecteur des bâtiments du Roi, né à Riom (Puy-de-Dôme) en 1754, mort le 18 juin 1836. (Son L. appartient à son neveu, M. Émile Thibaud.)

Riveau (J.-B.), notaire royal et directeur des postes à Guéret. L. de 1775 à 1808 publié par M. Leroux (*Nouveau Recueil*).

Robert (Samuel), de Saintes. (F., 128.)

Robert (J.-B.-Eugène), de Sainte-Tulle (Basses-Alpes). Extrait en a été donné par M. de Ribbe, dans le *Livre de famille* (pp. 22 et suiv.)

Robert (Martial), prêtre à Aisne-sur-Vienne. Cahier-memento, 1677-1702, dans le *Nouveau Recueil*, de L. Guibert.

Robert (Pierre), notaire à Bourg (Gironde). L. de 1733 à 1792, analysé par M. E. Maufras (*Revue catholique de Bordeaux*, du 10 novembre 1892, en un article intitulé : *Deux livres de raison bordelais*.

Robert (Mériadeck), neveu du précédent. L. analysé par M. Maufras (même recueil, numéro du 25 novembre).

Rochefort (Madeleine des Porcellets, comtesse de). (F., 139.)

Roffignac (Elie de), sieur de Roffignac et de la Motte-d'Altassac. L. de 1588 à 1589, publié par L. Guibert (*Nouveau Recueil*, etc.).

Rohault (Antoine), d'Abbeville. L. du XVIe siècle, cité par le comte de Brandt de Galametz dans un article sur *Les processions blanches à Abbeville*, dans le *Bulletin* de la Société d'émulation de cette ville (1891, p. 89).

Romanet (les). — Registre des baux, comptes ruraux et obligations diverses de Léonard Romanet, chanoine, et de Joseph, son frère ou son neveu. 1518-1581. Publié par M. L. Guibert, dans son *Nouveau Recueil*.

Romanet du Caillaud (famille). L. du XVIIe et du XVIIIe siècle, conservé dans les Archives du château du Caillaud, près Isle.

Romanet de la Brivère. — L. de 1748 à 1791, publié par M. A. Leroux (*Nouveau Recueil*).

Romani (Louis), marchand d'Arles. Copie d'un fragment de son L. est conservée dans la Bibliothèque de cette ville, sous ce titre : *Mémoire tenu par moy, Loys Romani, marchand d'Arles, et escrit par main d'autruy, ne sçachant moy escrire, de tout ce qui est arrivé en Arles et encore à quelques autres lieux, de remarquable depuis l'an de grâce 1581 jusqu'au present jour 14 febvrier 1621.* Publiée par M. Em. Fassin, dans le *Musée* (t. II, pp. 9 et suiv.).

Rome d'Ardène (famille de). (F., 129.)

J'ajoute que l'auteur de la brochure citée sur *La famille de Rome d'Ardène et ses alliances*, est M. Guillaume de Rey, lequel m'en a très gracieusement fait cadeau. M. de Rey possède dans ses archives les mss. des L. d'Honoré de Rome d'Ardène (1668-1726) et du P. Jean-Paul de Rome d'Ardène, de l'Oratoire.

Romegas (Fr.). — L. tenu « par moy François Romegas, fils de « Pierre, procureur au siège de la ville de Draguignan, et de Lucrèce de « Raphaély, commencé le 8 février 1682, » avec cette inscription initiale : *Sit nomen Domini benedictum.*

(Collection de M. de Ribbe.)

Roque (Jacques de la), consul d'Aix. (F., 165.)

Roquet (les). — *Mémorial de Pierre et Jean Roquet frères*, bourgeois de Beaulieu, 1478-1525, publié par L. Guibert dans le *Nouveau Recueil* déjà cité.

Rossel d'Aubarne (Gabriel de). Voir à l'Appendice, n° xxxi, des extraits de son L. inédit, communiqués par M. de Ribbe, possesseur du document.

Roubaud (famille). L. « commencé le onzième de juillet 1684 », ce qui n'empêche pas que l'on y trouve inscrites des dates antérieures (1681 et même 1659). Voici le début du ms., qui fait partie des riches collections de M. Ernest de Crozet (à Marseille et à Oraison) : « Dieu « soit beny et nous venille benir par sa sainte grace. Je suis nay et ay « esté baptisé à Chateau Arnoux, le quatorze janvier 1659. » Le L. a été continué par une autre main à partir de février 1726. Cette continuation s'arrête à 1738. Les dernières mentions sont celles-ci : « Le « vingt juin, jour de la fête Dieu, 1737, elle (Jeanne Thérèse, fille du « narrateur, née le 16 janvier 1728) a été confirmée par Mgr de Lafitau, « eveque de Sisteron. Le 26 decembre est decedée de la petite verolle. »

Sur une des gardes du volume on lit : « Nota qu'en l'année 1723 et le « 5° fevrier, temps de contagion, j'ay été nommé officier de cartier avec « le s¹ François Verdet, bourgeois. Nous avons fait quelques vizites des « malades et raporté (c'est-à-dire : rendu compte) à M. de Castellane « d'Adhemar, commandant de cette ville. Par la grâce de Dieu le mal « n'est pas venu jusques à nous, mais bien au voisinage, ayant tenu les « barrières [fermées] et fait garde pendant environ 3 ans. »

Rougier (famille de), de Châteauneuf-la-Forêt. L. ms., de 1765 à la fin du siècle. Conservé dans la famille.

Roumoulles de Linceau (de). (F., 165.)

Roux-Alphéran (famille), en Provence. M. H. Guillibert possède dans ses archives beaucoup de papiers des Roux-Alphéran et notamment ceux de son grand-père, le savant auteur des *Rues d'Aix*, François-Ambroise-Thomas, né à Aix le 29 décembre 1776, mort en cette ville le 8 février 1858. On remarque, parmi les mss. autographes laissés par

Roux-Alphéran, un « Mémoire sur notre famille [Roux] dressé d'après « les titres originaux et écrit au pavillon de la Foraine-vieille, terroir de « Cabriès (propriété où l'historien d'Aix passait l'été), au mois « d'août 1837, pour Madame de la Lauziere, ma chère fille. » Puis vient un *Mémoire sur la famille d'Alphéran* (à laquelle appartenait la mère de l'auteur) avec une généalogie jusqu'en 1794 (en 8 p.) de la maison d'Alphéran (originaire de Naples), suivie d'une *note* (analytique) *des principaux actes de notre famille* (le 1er en date est du 26 novembre 1612, le dernier du 18 mars 1792).[1] Mentionnons encore de nombreux renseignements sur les propriétés, maisons, capitaux, de la famille, une page intitulée : « mon mariage, 17 mars 1801, » pleine de détails circonstanciés sur cet événement, des notes sur la famille d'Ysse « de laquelle « était Christine d'Ysse, ma trisayeule paternelle, » la généalogie de la famille « Lyon de Saint-Ferréol », à laquelle appartenait la grand'mère de Roux-Alpheran, une notice généalogique sur la maison de Talamer, commençant à Geoffroy, secrétaire du roi René, qui reçut son testament le 22 juillet 1477, et finissant à Gabrielle Le Blanc, épouse de J.-Jos. Roux, aïeule de Roux-Alphéran en qui (1768) s'éteignit la famille de Talamer; plus un registre in-f° de 788 p., intitulé *Evénements de 1787 à 1811*, contenant, au jour le jour, l'indication sommaire desdits événements. Recueil très curieux pour la période révolutionnaire en Provence et particulièrement à Aix.

A côté des mss. de Roux Alphéran, signalons, dans le cabinet Guillibert, le journal de Fanny Roux Alphéran, épouse de la Lauzière (née le 13 mai 1802, morte le 29 janvier 1870), journal rempli de détails de famille et où il est souvent question du père de la narratrice et, par conséquent, de la ville d'Aix.

Mentionnons encore (*Ibid.*) les mss. de J.-B. Roux, avocat en la cour, père de Roux Alphéran, parmi lesquels on remarque un journal intitulé : *Mémoires pour servir au cérémonial de la ville et à quelques affaires d'intérêt et de police d'icelle*, lequel commence le jour où le rédacteur fut nommé secrétaire-greffier de l'Hôtel de ville et de la viguerie d'Aix (15 décembre 1773) et se termine à la date de la cessation de ses fonctions (21 mai 1790).

Roy (François), consul d'Arles en 1648. L. dont M. Fassin a publié quelques extraits dans le *Musée*.

Rozel (la veuve de Jacques), avocat de Nîmes. Livre de dépenses,

---

[1] Ce résumé des actes (au nombre de 122) est à rapprocher du résumé des actes donné dans le L. de la famille Boisvert.

1587-1589, cité et utilisé par M. le Dr Puech dans *Une ville au temps jadis*.

Ruben (Pierre), bourgeois d'Eymoutiers. L. de 1645 à 1661. Publié par L. Guibert (*Nouveau recueil*, etc.).

Rymond (Antoine), notaire de la vicomté de Rochechouart. L. de 1572-1620. Publié par M. L. Guibert dans le *Nouveau recueil*, etc.

Sabathier (Catherine de). L. de 1670 à 1679, « dans lequel sont « conteneus touts les affaires qui sont surveneus à Madame Catherine « de Sabathier, vefve et heritiere à feu M. Pierre de Cartier, advocat et « procureur general de N. S. P. le Pape en la cité et légation d'Avignon, » mentionné sous le n° 2274 dans le *Catalogue des mss.* de la Bibliothèque d'Avignon, 1892.

Saboulin et non **Saloulin** (Pierre de), de Marseille. (F., 166.)

Sade (Paul de). — Robert de Brianson déclare avoir tenu entre ses mains le L. de P. de Sade (*État de Provence*, t. III, p. 21).

Sahuguet-Damarzid, conseiller en l'élection de Brive. L., 1594-1634, publié par M. P. Bruel dans le *Bulletin* de la Société scientifique de Brive, 1887, p. 327. Cf., F. 166, sur le sieur *de Sahuguet*.

Saint-Amans (les) d'Agen. *Registre de famille*, en deux volumes, le premier, in-f°, commençant en 1605, et s'étendant jusqu'à 1621 pour recommencer en 1633 et se poursuivre jusqu'à 1653; le second, in-f°, allant de 1668 à 1682, avec un complément jusqu'en 1749. Sur ce ms. (collection de M. Oscar de Laroche, à Estillac), voir Jules Andrieu, *Bibliographie générale de l'Agenais*, t. III, *supplément*, p. 154 [1].

Saint-Chamans (Marquis de). Récit généalogique à ses enfants (XVIIIe siècle), publié dans le *Bulletin* de la Société de Tulle, en 1889 et 1890.

Saint-Martin (famille de), à Arles. L. dont l'analyse a été donnée par M. Ém. Fassin dans le *Musée* (t. I, pp. 225 et suiv.), d'après le ms. original alors conservé dans l'étude de Me A. Gautier Descottes, notaire à Arles.

Sainte-Feyre (de). — L. de Pierre de Sainte-Feyre, 1497-1533, publié par M. A. Leroux dans le Recueil déjà cité.

---

[1] M. de Laroche a bien voulu me donner des détails sur les mss. acquis par lui du libraire agenais Lacaze, lequel avait acheté en bloc la bibliothèque du château de Saint-Amans. Aux actes de naissance et de décès de la famille sont mêlés de nombreux renseignements sur le prix des terres et des denrées, sur diverses familles agenaises, sur divers événements locaux, etc.

Sainte-Feyre (Antoine de). L. de 1570 à 1577, publié par le même érudit.

Salignac de Rochefort (famille). — L., 1571-1626, publié par M. A. Leroux dans le *Bulletin de la Société archéologique de Limoges*, t. XXXVIII, p. 350.

Sassenage (Charles-Louis-Alphonse de). L. de la fin du XVIIᵉ siècle, dont des extraits ont été communiqués au Comité des travaux historiques (séance du 7 mars 1892) par M. Lacroix (de Valence). Voir *Bulletin du Comité*, fascicule I de l'année 1892, p. 190.

Saverac, chirurgien et apothicaire à Nexon. Notes domestiques et memento professionnel, 1675-1700, dans le *Nouveau Recueil* de M. L. Guibert.

Schumtz (Dominique), en Alsace. (F., 138.)

Schmutz, serrurier alsacien. L. publié par M. Aug. Bernouilli. (Indication que je n'ai pu compléter).

Segrétain (Pierre) ou *Le Segrélain*, continuateur du L. de Gilles du Verger, sʳ de Gaillon. Voir article *Du Verger*.

Sémillard, champenois. (F., 131.)

Séré du Mesnil (Luc), en Bretagne. L. (fin du XVIᵉ siècle et commencement du XVIIᵉ), cité par M. Ed. Frain dans *Les familles de Vitré de 1400 à 1789*. (Rennes, 1877, in-8°, p. 35.)

Serras (Peyre de), épicier, au XIVᵉ siècle, à Avignon. (F., 129.)

Serres (Olivier de). L. mentionné par Henri Baudrillart (de l'Institut) dans un article de la *Revue des Deux-Mondes* du 15 octobre 1890 : *Olivier de Serres : son rôle dans les guerres de religion* (p. 890). Le ms. est conservé au Pradel par M. de Wattré, qui descend de la famille de l'illustre agronome.

Sézille (famille). (F., 164.)

Sias (J.-P.), notaire de Noyers. Voir sur son L. inédit et en la possession de M. de Ribbe, une note de ce dernier, à l'Appendice, sous le n° XXXII.

Simiane (marquise de). (F., 137.)

Sinéty (de). Voir à l'Appendice, n° XXXIII, une note de M. de Ribbe sur ce document inédit et qui fait partie de sa collection.

Singareau (Joseph), de Saint-Junien. L., XVIᵉ siècle, signalé par

M. le chanoine Arbellot dans ses *Documents sur Saint-Junien*, pp. 204 et 206.

Sommati (François de), en Provence. Voir à l'Appendice, n° XXXIV, une note de M. F. de Marin de Carranrais.

Soubeyran (François de), en Dauphiné, écuyer et avocat en parlement, au commencement du XVIIe siècle. Extraits de son L. dans *Les L. dans le Lyonnais*, par A. Vachez, pp. 39-42.

Souchon des Praux (famille). — Ms. qui a été l'objet d'une communication faite au congrès des Sociétés savantes par l'abbé Paul Guillaume, chanoine honoraire de Gap, archiviste du département des Hautes-Alpes, correspondant du ministère de l'Instruction publique, en réponse à la quatrième question de la section d'histoire et de philologie (session de juin 1892).

La famille de Souchon est originaire de Chorges ou mieux de la vallée d'Avançon; elle a joué un certain rôle en Dauphiné et en Provence au XVIIe et au XVIIIe siècle. Le L., conservé aux Archives départementales des Hautes-Alpes, a été rédigé par : 1° Claude Souchon des Praux, premier président au bureau des finances d'Aix (1692), baron d'Avançon (1717), mort le 9 février 1732 et enterré à N.-D. du Laus, près de Gap; 2° Pierre Souchon des Praux, fils du précédent, conseiller au parlement de Provence (1715) et de Dauphiné (1731), mort en 1758; 3° Pierre-Marie Souchon, baron d'Avançon (1758-90), le dernier représentant mâle de la famille. Registre in-f°, de 135 feuillets. Voici le début du ms. « A la plus grande gloire de Dieu et au nom de la Très « Sainte-Trinité. L. commencé le 1er avril 1722 par moy Claude Sou- « chon, seigneur des Praux, etc., en continuation des deux miens prece- « dents (*aujourd'hui perdus*), l'un commencé le 1er octobre 1685, l'autre « intitulé : payements faits pour la maison, et de celuy de feu mon père, « relié en vert. »

Soumille. — *Journal de B.-L. Soumille*, prêtre-bénéficier de l'église collégiale de Villeneuve-lès-Avignon, précédé d'un avant-propos biographique et historique, et suivi de notes et éclaircissements par A. Coulondres (Alais, 1880, in-8° de 122 p.).

Sourd Siméonis (Fr.), fils de Melchior Sourd Siméonis, bourgeois de Pourrières (Var). L. de 1666 à 1739. Voir *Catalogue général des mss.*, t. xv, Bibl. de Marseille, p. 399, n° 1461.

Stolz (Jean), en Alsace. (F., 138.)

Sudre (J.-B. de), d'Avignon. (F., 166.)

Surleau (famille). — Extraits de son L. mentionnés dans le *Catalogue général des mss.*, t. XIII, Bibl. de Montbéliard, p. 327, n° 169.

Tamisier (Fr.-Ambroise), bourgeois de Marseille. (F., 130.)

Tapie, agenais, commandant une compagnie dans l'expédition du Canada, de 1665 à 1668. (Archives départementales de Lot-et-Garonne, ms., fonds de Raymond, n° 137, registre in-12, de 33 feuillets.)

Journal de voyage et récit d'expédition, plus que livre de raison, mais comme il est classé sous ce dernier titre dans le *Catalogue* dressé par M. G. Tholin, j'ai cru devoir respecter la désignation du savant archiviste.

Tarneau (G.). — Chronique et journal de Gérald Tarneau, notaire à Pierrebuffière, 1423-1438, dans le Recueil de *Chartes, chroniques et documents pour servir à l'histoire de la Marche et du Limousin*, publié par A. Leroux et feu Bosvieux (Tulle, Crauffon, 1886, p. 203).

Teil (Honoré du), en Provence. L. ms., de 1571 à 1586, dans les archives de M. G. de Rey, à Marseille.

Le futur éditeur, M. le baron Joseph du Teil, veut bien m'écrire : « Honoré de Tillia (du Teil) qui, au dire de *La Croix du Maine*, floris- « sait à Manosque en 1584, était à la fois prosateur et poète, mais il ne « nous reste de lui que les pages que je vais publier dans le *Bulletin* « des Basses-Alpes et deux sonnets, un bien petit bagage littéraire. Cet « H. du Teil, né en 1541, mort en 1586, était le cousin germain de mon « septième aïeul paternel ; il était l'arrière-petit-fils, par sa mère‘ « Madeleine de Tributis, d'Étienne Bertrand, le célèbre jurisconsulte de « Carpentras, et il épousa, en secondes noces, Louise de Monier, sœur « d'Anne dont le mariage avec le duc d'Épernon a fait tant de bruit il y « a quelque temps. Le récit commence le 13 août 1571 et se termine le « dernier février 1586, quelques jours avant la mort de l'auteur ; c'est « donc la fin d'un récit dont le commencement a disparu. »

Tende (Henry de). L., de 1711 à 1720. Ms. des archives de M. G. de Rey, à Marseille.

Terrade. — L. de Pierre, autre Pierre et Michel Terrade, notaires à Chaumeils, 1548-1685, publié par A. Leroux dans *Nouveau Recueil*, etc.

Texendier (Jean et Jérôme), de Limoges. (F., 135.)

Texendier (J.-B.), petit-fils de Jean, *ibid.*

Teyssier (Jean). Le livre de comptes de J. Textoris, surnommé Agassa, riche chanvrier d'Avignon au XIV° siècle, a été l'objet d'une étude de M. Gustave Bayle, intitulée : *Un trésorier général de la ville* *d'Avignon au XIVᵉ siècle* et publiée dans les *Mémoires de l'Académie de Vaucluse*, 1889, pp. 137 et suiv.

Teyssier (de Tulle). L. des années 1766, 1768, 1769, publié par l'abbé Lecler (*Nouveau Recueil*).

Thon (les de), seigneurs de Rantechaux. L. conservé dans la Bibliothèque du chapitre métropolitain de Besançon, sur les feuillets de garde d'*Heures bisontines* de 1519, et mentionné par M. Jules Gauthier dans les *Mémoires* (déjà cités) de l'Académie de Besançon, 1887, p. 141.

Thouron (Honoré). Sur le L. de cet ancien notaire et juge de paix, mort en 1851, âgé de 97 ans, voir *Les Familles* par M. de Ribbe, t. I, p. 292.

Tiolier, en Auvergne. (F., 166.)

Tour (Claude du). (F., 119.)

Tour (J.-D. du), fils du précédent. (*Ibid.*)

Tourton (Isaac). Le L. de cet avocat a été publié par A. Mazon, sous ce titre : *L. d'un bourgeois d'Annonay au XVIIᵉ siècle*, dans : *Vivarais et Velay. Deux livres de notes journalières au XVIIᵉ siècle* (Annonay, 1891, in-18).

Toussain (Daniel). (F., 136.)

Treilhard (les), de Brive. L. de James Treilhard et de Pierre, son fils. 1627-1654. Publié par M. L. Guibert (*Nouveau Recueil*, etc.).

Trembley (Louis), originaire du Lyonnais, réfugié à Genève où il devint magistrat. L., de 1601 à 1642, possédé par son descendant, M. Guillaume Trembley, à Genève. De longs extraits en ont été donnés, sous le titre de : *Un livre de famille*, par M. Th. Claparède, pasteur, dans les *Étrennes religieuses* (Genève, 1884, in-12, pp. 213-242).

Tressens (famille), en Quercy. L. conservé par M. Tressens, juge de paix à Figeac, dont les aïeux habitaient la ville de Cabreret. Quelques détails sur la peste[1].

---

[1] M. Louis Greil, en me communiquant ce renseignement, veut bien m'apprendre qu'il a dans sa collection un journal (commencé le 16 mars 1748, terminé en 1811, qui remplit 3 vol. in-4° et un vol. in-f°) où sont mentionnées les recettes et dépenses des chanoines Lacoste de Ribot et Lacoste de Beaufort. Il y a là force détails sur les prix des denrées, des vêtements, des meubles, des ornements d'église, des travaux de maçonnerie, de menuiserie, etc. Le même collectionneur possède un « Journal de recepte et de compte et historique portatif « des choses plus remarquables depuis 1771 jusqu'à 1789 » par un propriétaire-cultivateur de Bégous (village dans la commune de Cahors).

Thuet (Jacques). L. publié par M. Dumas de Rauly, en 1885, dans le *Bulletin de la Société archéologique de Montauban*.

Tramond (Pierre), de Tulle. Son livre-journal, de la deuxième moitié du XVIᵉ siècle, est mentionné au L. des Baluze, sous la date du 6 octobre 1594.

Tricaud (Jos-Anthelme), écuyer, conseiller du roy, lieutenant général au baillage du Bugey. L. de 1689 à 1694, ms. de la Bibl. de Grenoble, nº 4154.

(Je ne renvoie pas à F. 167, où l'article a été défiguré par trois fautes d'impression.)

Tronc de Codolet (Trophime). (F., 151.)

Trophery (Olive), veuve de François Boulleur, sʳ de la Ville-blanche. L. du XVIIIᵉ siècle, en plusieurs registres, qui comprennent, outre des comptes domestiques, des comptes relatifs au commerce maritime que cette vitréenne faisait sur une grande échelle. Six des volumes sont la propriété de M. Ed. Frain, qui les a mis largement à contribution dans *Les Familles de Vitré*, ainsi que dans son étude sur *Les Vitréens et le commerce international* (en cours de publication dans la *Revue historique de l'Ouest*, 1892).

Trouchet (famille), en Provence. Livre dont M. E. Fassin a reproduit, dans le *Musée*, quelques extraits d'après les mss. de l'abbé Bonnemant, conservés dans la Bibliothèque d'Arles.

Uchard (Pierre), en Agenais. (F., 167.)

Uchard (J.-F.), petit-fils du précédent. (*Ibid.*)

Vacherie (Pierre), prêtre, greffier de l'officialité de Brive. L. de 1595-1652, publié par M. Bruel dans le *Bulletin* de Brive, 1887, page 25.

Vallière (J.-B.), d'Aix, organiste de Saint-Trophime d'Arles. L. de 1735 à 1789, publié en 1891 dans le *Bulletin archéologique d'Arles*, d'après le ms. original qui appartient à la Bibliothèque de cette ville, fonds Mège.

Vanssay (famille de). L. rédigé (XVIIᵉ siècle) par trois générations, cité et utilisé dans l'*Histoire généalogique de la famille de Vanssay*, par l'abbé L. Froger (Mamers, 1890, in-4º).

Varin (les). — L. de Thomas Varin d'Andeux (1645-1666) continué par Charles Varin du Fresne (1789), publié par M. J. Gauthier dans les

Mémoires (déjà cités) de l'Académie de Besançon, 1887, pp. 157-162, d'après un ms. qui appartient aux représentants de la famille.

Velay (Jean), viguier de Florac, à la fin du XVIIᵉ siècle. L. dont un extrait, relatif aux Camisards, a été publié, en 1891, dans le *Bulletin de la Lozère* par M. le conseiller Boyer (Aug.), sous ce titre : *Petit livre des affaires domestiques de J. Velay*, etc. (pp. 505-540.)

Vendée (Paul de), en Bas-Poitou. (F., 133.)

Vento (L.-N. de), marquis de Pennes. Voir sur son L. inédit, et très important pour l'histoire de la Provence au dernier siècle, une note de M. de Ribbe, à l'Appendice, n° XXXV.

Verdelin. Un L. de la famille de Verdelin, à laquelle se rattache à jamais le souvenir de J.-J. Rousseau, est conservé dans les archives municipales du Thor (commune du département de Vaucluse). M. le marquis de Brémond d'Ars Migré, qui compte les Verdelin parmi ses aïeux, a le projet de publier ce document qu'il faudra rapprocher de sa curieuse étude (sous presse) sur *Un ancien fief de Saintonge*, préparée d'après les documents conservés, depuis plus de 500 ans, dans le chartrier du *Cormier*, dont il est le possesseur.

Verdusan (famille), en Gascogne. (F., 131.)

Vergnaud (les), de Bellac. Papier journal de la fin du XVIᵉ siècle. Mallebay de La Mothe en donne un extrait dans son *Plan pour servir à l'histoire du comte de la Marche*, p. 98. (Indication due à M. L. Guibert, comme toutes celles qui se rapportent au Limousin et à la Marche.)

Vernet (Joseph). (F., 167).

Versoris (Nicolas), avocat au parlement de Paris. (F., 129.)

Vieilbans, conseiller au présidial de Brive et consul de cette cité. (F., 135.)

Villelume (comtesse de). Voy. *Boyol.*

Villeneuve (Fr. de), sʳ de Cananilles. (F., 168.)

Villepreux (Honoré de). (Fʳ., 168.)

Vocance (Sébastien de). Voir à l'Appendice, n° XXXVI, une note de M. Brun-Durand sur le L. de ce bourgeois du Vivarais.

Werner (Georges), bourgeois de Montbéliard. L. commencé en 1606, continué irrégulièrement par la famille jusqu'à 1852. Voir *Catalogue général des ms.*, t. XIII, Bibl. de Montbéliard, p. 296, n° 39.

Willig (Antoine), en Alsace. (F., 138)[1].

[1] A la suite de tant de livres de raison de personnes, je citerai un livre de raison de localité, que l'on conserve dans les Archives municipales de La Garde (Var), registre CC 29, du XVIIIe siècle, sous ce titre : *Livre de raison pour la communauté de La Garde, contenant l'état présent des affaires de cette communauté,* cité dans la *Notice historique et statistique sur la commune de La Garde, près Toulon,* etc., par Ch. Ginoux (Toulon, 1885). On a proposé tout récemment d'établir l'usage d'un livre de raison pour chaque commune. Voir sur la brochure à ce sujet de M. Arsène Thévenot une note dans la *Chronique* du *Polybiblion* (livraison de juillet 1892, p. 86.). L'auteur aurait bien dû donner pour épigraphe à sa brochure, ces mots de Bernard Palissy (édition Cap., p. 99) : « Je trouverois « bon qu'en chacune ville, il y eust personnes deputées pour escrire fidèlement « les actes qui ont esté faits. »

APPENDICE.

ANALYSE

ET

EXTRAITS DE DIVERS LIVRES DE RAISON
(AUVERGNE, BRETAGNE, DAUPHINÉ, LANGUEDOC, PROVENCE).

I.

ARCHINARD (*famille*).

Livre des contrats de la famille Archinard, de Saillans (Drôme), appartenant à M. Gustave Latune, bibliophile à Crest.

Commencé vers 1601, par François Archinard, notaire, ce livre renferme des notes relatives à la naissance, au mariage et au décès des membres de cette famille jusqu'en 1811 ; plus la copie ou le résumé de différents actes intéressant la même famille, de 1576 à 1628, et enfin quelques autres notes, parmi lesquelles celle-ci, qui est de la main de Jean-Pierre Archinard, député de la Drôme à l'Assemblée législative (1791) et beau-père du général Gouvion-Saint-Cyr : « Sur la fin de « l'année 1795, les assignats se sont trouvés si multipliés, que 12,000 « livres assignats, à peine se vendoient 24 livres numéraire, et comme « tous mes capitaux avoient été remboursés en assignats, ainsi que le « montant de mes marchandises et denrées, j'ay éprouvé une perte « réelle de 300,000 livres en numéraire..... 170,000 livres d'assignats « échangés par le gouvernement contre les mandats territoriaux, créés « pour remplacer les assignats, n'ont payé que la moitié de la contri-

« bution foncière de nos immeubles, pour l'année 1796. Je suis donc
« bien fondé d'avertir mes successeurs et descendans, sur le degré de
« confiance qu'ils doivent donner au papier monnoye, si à l'avenir il en
« est créé. »

(Communication de M. Brun-Durand.)

II.

AUTUN *(famille d')*.

Le comité littéraire d'Alais possède un L. de r. assez curieux : c'est
un grand in-4°, relié en veau, avec fermoir, comprenant 187 pages. La
première, en partie déchirée, porte au milieu un cartouche vert, accom-
pagné à droite et à gauche de branches de fruits (cerises, d'une part ;
raisins, d'autre part). L'écusson renferme ces armoiries : *un cœur de
gueules percé de trois flèches d'argent et surmonté de deux étoiles*, le tout
peint à l'aquarelle. Au-dessus, avec une lettre initiale ornée, ce titre,
en lettres gothiques : *Livre de mémoyres pour moy Bernard Deautun et
instruments y inclus à moy atouchans.* La page suivante est le commencement d'une table : *Rubrique des contrats escripts dans ce present
livre. Premierement achapt pour no[ble] Bernard Deautun et quittance
pour Jacques Oziol,* 1579. Cette table comprend cinq pages, énumérant
quatre-vingt-onze pièces ou actes allant jusqu'à l'année 1649 (achats,
quittances, échanges, testaments, donations, contrats de mariage, colla-
tionnés et copiés sur les originaux déposés chez les notaires, qui en
ont signé plusieurs, quoiqu'ils soient, non des actes séparés et ensuite
reliés ensemble, mais des copies faites sur un même registre, à pagi-
nation continue et pour la plupart de la même main). L'insécurité du
temps et la préoccupation de préserver ces actes de destruction a été
la cause probable de ce recueil. Il renferme des détails curieux sur la
vie et les habitudes de petits gentilshommes campagnards, divisés en
plusieurs branches, les seigneurs de Sauveplane, du Soleyrol, de Champelaux, vassaux et officiers du marquisat de Portes. L'acte le plus
ancien mentionné et transcrit est le testament en latin, du 7 février
1539, de no[ble] Anthoine Deautun, s[gr] de Champelaux, avec des
détails sur ses obsèques auxquelles doivent assister vingt prêtres sécu-
liers ou religieux, qui doivent *exorare et deprecari pro redemptione
animæ ipsius testatoris.* Il donne à chacun d'eux 2 sols 6 deniers. L'acte

qui vient après, par ordre de date, est du 18 mars 1578 : « Extrait
« d'hommage féodal par noble Anthoine Deautun, s^{gr} de Champelaux,
« à messire Jacques de Budos, chevalier de l'ordre du Roy, marquis
« de Portes[1]. »

Le L. de r. renferme encore un mémoire sur la noblesse des d'Autun,
un accord du 31 janvier 1747 entre Jean d'Autun et Gabrielle d'Autun, de Champelaux, sa sœur, des notes de naissance, une notice sur
une chapelle à laquelle les d'Autun avaient droit de nomination, et se
termine par un almanach manuscrit. Sur l'intérieur de la couverture
sont inscrites de naïves recettes médicales, entre autres une contre
l'*esquilance* (mal de gorge), l'autre contre la colique.

La famille d'Autun est mentionnée avec les mêmes armoiries dans
la *Noblesse de Languedoc*, par de La Roque. Il y en a encore des représentants dans le pays, mais bien déchus de leur ancienne situation.
Le château de Champelaux existe encore, mais il a été remanié, il y a
quelques années, à la suite d'un incendie.

(*Communication de M. Em. Oberkampff de Dabrun.*)

III.

BIENVENU (*Antoine-Esprit*), *inspecteur des vivres des troupes
de S. M., en Vivarais, en résidence à Tournon.*

L. de r. commencé le 24 juin 1764, arrêté le 7 avril 1779. — Ce livre
contient toutes les dépenses de la maison : nourriture, habillements,
acquisition de mobilier, voyages, éducation des enfants, honoraires des
médecins, gages des domestiques, frais de culture de vignes et de
jardin, etc., etc.

Les détails que donne Esprit Bienvenu sur l'éducation de ses deux
filles, Annette, née le 1er juin 1758, et Rosalie, née le 24 juin 1759, et
de son fils Esprit-Henry, né le 10 mars 1761, sont surtout à remarquer.

Le 1er septembre 1764, il envoie ses deux filles chez les religieuses;
la pension est de 3 francs par mois pour toutes les deux. En 1765, elles
gardent pendant deux ou trois mois un maître à danser, à raison de 4 fr.
par mois; l'année suivante, c'est le tour du fils d'aller à l'école, d'abord

---

[1] Portes est une commune de l'arrondissement d'Alais.

chez une maîtresse, moyennant 24 sols par mois; puis, en janvier 1766, il est placé chez un maître, M. Seat. Je conserve le nom de ce modeste instituteur, qui recevait 24 sols par mois, en pensant aux futurs historiens de l'enseignement primaire à Tournon.

Une femme, « la petite sainte, » est chargée de conduire les trois enfants à l'école, moyennant 15 sols par mois.

Entre temps était née une troisième fille : Thérèse. Elle est confiée à une nourrice, qui reçoit par mois 5 francs.

Parmi une foule d'articles, je relève celui-ci, qui constitue un trait de mœurs piquant : « 1764, 1er octobre, achepté un habit de drap d'Elbeuf, « avec une veste de satin, dont j'ay fait present à mon avocat qui n'a « pas voulu d'argent du travail qu'il a fait pour régler mes affaires... « Le tout s'est monté à 75 francs. »

Tournon possédait alors une garnison. Les habitants de la ville étaient heureux d'augmenter leurs revenus en louant des appartements aux officiers. Bienvenu, en 1765, loue 20 francs par mois à M. de La Forêts, lieutenant-colonel, le grand appartement de sa maison, avec une chambre pour les domestiques; il était précédemment occupé, à raison de 15 francs, par M. de Saint-Agnan, qui fut charmé de le céder à son colonel, se contentant d'une jacobine sur la cour du prix de 10 francs par mois.

En 1773, le même appartement fut occupé par le baron de Klinzlin, colonel-commandant de la légion de Soubise; il en donnait 50 francs par mois.

Ces comptes fournissent également, ainsi que nous l'avons déjà dit, des renseignements sur la culture des vignes et la valeur des vins. Ces renseignements sont d'autant plus précieux que ces vignes se trouvaient sur le célèbre coteau de l'Hermitage, de l'autre côté du Rhône, qui produisait l'un des vins encore le plus renommé de France. Le baron de Klinzlin l'appréciait à sa juste valeur et payait à son propriétaire le vin blanc de ce cru, 3 francs la bouteille.

Il me resterait à parler, si cette note n'était déjà trop longue, du goût d'Esprit Bienvenu pour les fleurs. Je me contente d'indiquer qu'il a soigneusement inscrit dans son livre de raison les noms des dix variétés de jacinthes qu'il cultivait.

Veut-on maintenant savoir le total de la dépense de ce ménage pendant le cours d'une année? Le voici pour la première, du 24 juin 1764 au 24 juin 1765 : 1674 1 6 s.

Esprit Bienvenu avait un frère : Alexandre-Henri, chanoine et sescal du chapitre cathédral de N.-D. du Puy, sur lequel j'ai publié une notice dans mes *Variétés historiques et biographiques*. (Le Puy, Marchessou, 1885, in-8, pp. 17-21).

(Communication de M. Paul Le Blanc).

IV.

CAMBEFORT (*mémorial de la famille*).

Ce mémorial a été tenu et rédigé en patois par Astorg Cambefort, d'une notable famille d'Aurillac. Il part du 14 janvier 1514 et va jusqu'au 22 juin 1536. Le dernier article est écrit de la main du père d'Astorg, alors décédé.

Ce mémorial, qui ne contient que la mention des mariages, naissances et décès de la famille, a été publié par le baron de Sartiges d'Angles, dans les *Mémoires* de l'Académie des sciences, belles-lettres et arts, de Clermont-Ferrand, avec quelques autres pièces en patois. Il en existe un tirage à part, à très petit nombre. (Clermont, F. Thibaud, s. d., 12 pages in-8°.)

Après cette publication, M. de Sartiges reçut de diverses personnes communication de plusieurs documents du même genre. Comme il m'honorait de sa bienveillante amitié, il me les fit voir. Je ne sais ce qu'ils sont devenus. Il les a rendus très probablement à leurs propriétaires.

M. de Sartiges était un homme d'une bonté rare et d'une complaisance non moins grande; il était surtout très versé dans l'histoire généalogique des familles d'Auvergne, et sa contribution au *Nobiliaire* de cette province, publié sous le nom de M. Bouillet, a été telle qu'on peut le considérer comme le véritable auteur de cet important ouvrage.

(Communication de M. P. Le Blanc.)

V.

CAPPONI (*Gaspard de*), baron de Fougerolles.

Livre de raison plusieurs fois cité dans l'ouvrage suivant, tiré à petit nombre et non mis en vente : *Isabeau de Cremeaux, première femme de Gaspard de Capponi, baron de Fougerolles. Notice extraite des archives*

du château de Fougerolles, par Mme la comtesse de Charpin-Fouge-
rolles, née Saint-Priest. A Lyon, imprimerie Alfred-Louis Perrin,
1882, in-12.

Ce volume avait été précédé d'un autre ouvrage du même auteur :
Notice historique sur le château de Fougerolles et sur les familles qui
l'ont possédé. Lyon, Alf.-Louis Perrin et Marinet, 1878, in-12.

Je tiens ces deux volumes de l'extrême bienveillance de Madame la
comtesse de Charpin-Fougerolles, décédée au château de Fougerolles,
le 27 juin 1883, dans sa 56° année.

(Communication de M. P. Le Blanc.)

VI.

Livre de raison de Marc **CAPUS**, *d'abord notaire royal du lieu de*
La Verdière, puis secrétaire-archivaire de la communauté de Marseille,
commencé en 1724, avec cette inscription initiale : *Dirige, Domine,*
gressus meos et viam iniquitatis amove a me, et continué par son petit-
fils, Joseph Capus, jusqu'en 1802.

Marc Capus est un homme profondément religieux. Il enregistre les
naissances de ses neuf enfants, comme il l'a fait pour la sienne propre,
en disant qu'ils lui ont été donnés par la *miséricorde de Dieu.* — Quand
il les mariera, il écrira de même : « Que Dieu les bénisse. » *Deus*
conjuges benedictionibus repleat!

Après avoir cédé, au prix de 500 livres, à son frère, l'office du notariat
de La Verdière, dans lequel il avait succédé à son père, en 1717, par
ordonnance du Roi, il a été nommé secrétaire-archivaire de la communauté de Marseille. Pierre-Cardin Lebret, premier président et intendant
de Provence, qui trouve en lui le meilleur des auxiliaires, le prend sous
sa protection et l'aidera plus tard à lui faire obtenir la survivance de sa
charge en faveur de Joseph Capus, son fils. A ses fonctions de secrétaire
de l'hôtel-de-ville, il joignit, en février 1720, celles de trésorier du *Bureau*
de l'abondance, établi pour veiller à l'approvisionnement de la ville en
grains et à la police du blé. — « Dès mon administration, j'ay fait un
« recouvrement de 4,638,555 livres. Par le compte que je rendis le
« 28 décembre 1723, je fus déclaré créditeur de 3,308 livres. Le compte
« fut autorisé, par M. le premier président et intendant, le 22 avril 1724. »
Demeuré ferme à son poste, pendant la terrible peste de 1720-1721, et
heureusement épargné par le fléau, il eut, dit-il, « à se charger de nom-

« breux dépôts », et, le 16 juin 1724, il en rendait compte par-devant les
auditeurs de la communauté. — Détail curieux à noter : au chapitre où
il inscrit ses créances, figure, portant la date du 21 juin 1719, un acte
de prêt, pour la somme de 2,000 livres, « au capitaine Chataud, com-
« mandant le *Grand-Saint-Antoine.* » Or, l'on sait que de ce vaisseau
même, toujours sous le commandement de Chataud, en mai 1720, la
peste devait se répandre à Marseille et dans la Provence.

Son fils Joseph marchera sur ses traces, et son petit-fils, nommé aussi
Joseph, écrira de ce dernier :

« Le vendredi, 19 janvier 1770, j'eus le malheur de perdre mon très-
« cher et très-honoré père. Messieurs les maire, échevins et assesseurs
« envoyèrent à son convoy douze pauvres vêtus de noir, portant chacun
« un flambeau du poids de trois livres, avec l'écusson de la ville, plus
« deux gardes de police tenant leurs armes renversées, et ordonnèrent
« mille messes pour le repos de son âme : le tout ainsi qu'il avoit été
« pratiqué à la mort de mon grand-père, comme il conste par le céré-
« monial de l'hôtel de ville. *Requiescat in pace.* »

Et il ajoute : « Par arrêt du Conseil d'État, du 18 janvier 1771, il a
« été accordé à la famille, en considération des services de mon père et
« de mon grand-père dans la place de secrétaire-archivaire, une pension
« de 2,000 livres dont 600 réversibles sur ma sœur Marie-Magdeleine,
« et 1,400 à ma mort. Cet arrêt fut rendu en suite d'une délibération
« prise par le Conseil municipal, le 22 décembre 1770. »

Joseph Capus, petit-fils de Marc, note les diverses charges qu'il a
remplies et qui nous le montrent tout occupé du bien public, puis
devenant un des principaux personnages de cet hôtel-de-ville dont ses
devanciers n'avaient été que les secrétaires :

« 1773. — Le 10 août, jour et fête de Saint-Laurent, j'ay été élu
« directeur de l'hôpital général de la Charité ; et le 29 décembre, j'ay été
« nommé intendant du *Bureau du vin.*

« 1774. — Le samedi 29 octobre, j'ay été élu conseiller de ville pour
« l'ordre des avocats.

« 1775. — Le samedi 28 octobre, jour et fête de Saint-Simon et Saint-
« Jude, j'ay été un des assesseurs entrés dans la boëte. Les trois autres
« ont été MM. Emérigon, Richaud et Chamel. M. Richaud est sorti de
« la boëte et a été élu. — Le 30 octobre suivant, j'ay été nommé audi-
« teur des comptes du trésorier.

« 1787. — Le 28 octobre, jour et fête de Saint-Simon et Saint-Jude,
« le conseil municipal m'a élu assesseur unanimement. *Dieu me fasse la*
« *grâce de bien m'acquitter des fonctions de cette place importante.*

« 1789. — Le 3 novembre, lettre du comte de Saint-Priest, ministre
« et secrétaire d'État, contenant que le Roi a daigné agréer ma démission
« de la place d'assesseur. »

En même temps qu'il s'occupe activement des affaires publiques,
Joseph Capus cultive les lettres :

« 1785. — Le samedi 2 avril, l'Académie des belles-lettres, sciences
« et arts de Marseille, m'a nommé pour remplir la place vacante par la
« mort de M. Campion, directeur des Fermes du Roi. Le jeudi 25 août,
« jour de Saint-Louis, je suis allé prendre séance à l'Académie, à son
« assemblée publique. J'ay prononcé un discours sur le goût. M. Bertrand,
« directeur, m'a répondu. M. Liguier a été reçu le même jour, ainsi que
« M. Beraud, de l'Oratoire, ce dernier en qualité d'associé. Ces récep-
« tions sont les premières qui aient été publiques. »

Enfin, on jugera de ce que Joseph Capus valait comme homme de
cœur, par les lignes suivantes qu'il traça au sujet de sa mère :

« 1792. — Le vendredi, 3 février, j'ai eu le malheur de perdre ma
« chère et respectable mère, Madame Catherine Catelin, âgée de 82 ans.
« Elle nous a été enlevée, lorsqu'elle avait la santé en apparence la plus
« assurée. Elle est morte, sans éprouver ni causer de terreur. La rapidité
« du mal dont elle a été frappée n'a pas laissé assez de temps pour
« qu'elle pût recevoir le Saint-Viatique ; mais on lui a administré
« l'Extrême-Onction, qu'elle a reçue avec piété et résignation. Sa vie a
« été sainte. La miséricorde de Dieu aura suppléé à ce qui manquait à
« ses mérites. Puisse sa famille ne jamais oublier les exemples qu'elle
« lui a donnés ! Je conserverai jusqu'à la mort le souvenir de l'amitié
« qu'elle avait pour moi. Ma pauvre mère est morte dans mes bras, le dit
« jour, à minuit et demi. *Requiescat in pace.* »

Il écrira de même sur une sœur :

« 1799. — Le 22 janvier, 3 pluviôse an VII, ma sœur, Marie-Magde-
« leine Capus, à la suite d'une maladie qui n'a pas été connue, est morte
« dans mes bras, dans la bastide de Saint-Barnabé, âgée de 56 ans
« 6 mois. Elle a supporté ses douleurs avec patience et résignation. Ses
« derniers moments ont été calmes. Je lui ai fermé les yeux, et je la
« regrette amèrement. J'espère que Dieu l'a reçue et qu'elle le prie pour
« la famille et pour moi. »

(Communication de M. Ch. de Ribbe.)

VII.

Livre de raison qui sera tenu par moy Jean **CHABERT,** *fils de Louis, dans lequel seront couchées toutes les affaires notables qui me surviendront pendant le cours de la vie que plaira à Dieu me donner. Commencé depuis le jour de mon mariage, qui fut le huitiesme octobre 1652.* En tête est l'inscription suivante : *Omnia ad majorem Dei gloriam.*

Cette famille était ancienne et comptait parmi les plus notables de Barbentane, bourg autrefois appartenant au diocèse d'Avignon et dépendant de la viguerie de Tarascon, situé non loin du confluent du Rhône et de la Durance.

L'auteur du livre y enregistre, entre autres faits intéressants, l'honneur qu'il eut d'approcher de près Louis XIV, lorsque ce prince visita la Provence :

« 1660. — Le 19 mars, jour de Saint-Joseph, le roi Louis XIV a passé « par ce lieu, venant d'Arles et allant à Avignon. Il a disné et logé dans « la maison de mon frère le prieur, et je fus député par la communauté « pour l'aller prendre à Arles, et luy servir de guide jusques au pont de « Durance ; ce que j'ay faict fort heureusement, quoyque le temps fût « incommode, à cause de la pluye qui ne cessa point de toute la « journée. »

L'aîné des fils de Jean Chabert se maria à son tour le 4 juillet 1699, et, lui aussi, dès ce jour, commence son livre de raison, en le faisant précéder du même intitulé qui ouvre celui de son père.

« 1669. — Le 5 juillet, j'arrivay icy (à Barbentane) d'Avignon, avec « ma femme, laquelle étoit accompagnée de plusieurs amis ou parents, « dans le carrosse de Mgr le vice-légat, à six chevaux, escorté de deux « autres carrosses. J'y fus reçu avec toute la joye publique et grande « magnificence, au son des tambours, fifres, trompettes et violons. Toute « la bourgeoisie étoit à cheval, et environ cent hommes sous les armes. »

De 1700 à 1714, sa femme lui donne douze enfants. Leurs naissances sont enregistrées avec de pieuses invocations. *Dieu veuille le conserver et bénir, et que ce soit pour sa plus grande gloire ! — Dieu le veuille conserver, si c'est pour sa gloire, et en fasse un jour un grand saint ! — Que Dieu en fasse un grand saint et moy aussi !* Il dit de ses garçons : *Naissance d'un gaillard garçon, d'un très gaillard garçon.*

Son père meurt le 16 mars 1705 : *Il est mort comme un saint. Le bon Dieu luy fasse miséricorde, et veuille le mettre dans son saint paradis, et moy aussi quand il luy plaira de m'appeler !*

Une fille lui est enlevée : *Dieu soit loué de tout. Elle sera un ange dans le ciel.*

(*Communication de M. Ch. de Ribbe.*)

VIII.

CHOUVEL (*l'abbé*), *curé de Crapponne, en Auvergne.*

Ce L. (in-f° de 58 feuillets, dont plusieurs sont en mauvais état, les uns déchirés, les autres tachés et à peu près illisibles) m'a été prêté par M. P. Le Blanc. Des chansons pieuses, des *Noëls* notamment, occupent les premiers feuillets. On y voit aussi une copie de l'*Histoire deplorable d'une femme qui jura de donner son laict au diable [plutôt] qu'à l'enfant de sa sœur et le diable survenant en forme de serpent luy saisit les mammelles, sans la vouloir depuis quitter. Arrivé à Rossillion, proche d'Avinion, l'année mil six cens tr* (effacé). Puis vient la *complainte de l'histoire ci-dessus.*

Le récit commence de cette façon : « L'an mil six cens onze et le « cinquiesme jour du mois de juin, messire Jean Chouvel celebra sa « première messe. » L'abbé, qui se donne ainsi du *messire,* n'est pas moins respectueux pour ses confrères et à tous il prodigue le même titre. Il fournit divers renseignements sur sa vie sacerdotale : « En l'année « 1616, et le premier dimanche du mois de juin, j'ay commencé de « servir messieurs les penitens et ce jour je pourta le Sainct-Sacrement « en la procession... » — « En l'année 1622, M. Chappot, curé, m'a « resigné sa cure de Crapponne, le 14ᵉ du mois de juin, laquelle « [résignation] a esté retenue par Mᵉ Laffont, notaire royal de la ville « du Puy. » Les renseignements profanes alternent avec les renseignements ecclésiastiques. Le bon curé raconte tantôt qu'il a changé de logis, tantôt qu'il a prêté certaine somme. Ailleurs il rappelle que M. de Vignoly lui « a baillé son filz Denys pour l'apprendre » ; plus loin, il nous annonce qu'il s'est rompu la jambe. A des mentions personnelles se mêlent diverses mentions d'événements de famille : « Ce jour- « d'hui 29ᵉ août 1616, a esté espousé Jacques Chouvel, mon frere, avec « Marie de Lion (de la famille de Lion de Beaumont) par M. le curé « de Saint-Victour. » — « En l'année 1618, et 10ᵉ de juin, M. Antoine « de Leau espousa ma sœur Clauda (en ce temps-là on s'appelait beau- « coup Clauda en ce pays, comme l'attestent plusieurs mentions de notre

« registre), à laquelle j'ay constitué la somme de 200 livres. » — « En
« l'année 1625, le 1ᵉʳ du mois de novembre, jour et feste de toutz sainctz,
« a esté enterrée Anna Privat, ma mere (que Dieu absolve), par
« M. Chappot, curé. » — « En l'année 1652, le 12 mai, est decedé mon
« nepveu et filhiol messire Jehan de Lion, et a esté enterré le 13 dudit
« mois. Dieu luy pardonne, s'il luy plaict. » Voici enfin quelques événements locaux : « En l'année 1620, et le 20ᵉ du mois d'octobre, jour et
« feste de Mʳ Sainct-Crappeyze, passa à Crapponne M. l'Archevesque de
« Lion, nommé Simon Denys de Marquemont, lequel benist nous habita-
« tions (le mot est écrit en abrégé), et dict la saincte messe. Mʳ Chappot,
« curé, M. Fonton et moy le admenerent à la maison de Madame Cons-
« tant. » — « En l'année 1650, et 17ᵉ du mois de julhet, jour et feste de
« Saint-Alexis, fust baptizée la grande cloche de la ville de Crapponne,
« laquelle benediction fust faicte par M. Vallentin, curé, moy feysant le
« diacre, assisté de toutz les aultres messieurs les prebstres. Le nom luy
« a esté imposé Saint-Cappreyze, parrin, Claude-Pierre Bailhif ; sa
« marrine, dame Jeanne Beyle, femme à honnorable Anthoine de Vignoly,
« bourgeoys. »

IX.

Livre de raison tenu par moy Jean-Baptiste **DAVID**, *fils de Jean-
Baptiste et de demoiselle Claire Chaisse, bourgeois de ce lieu de La
Cadière, commencé le 2 avril 1712, jour auquel mon père m'a émancipé.
Loué soit le Saint-Sacrement de l'autel à tout jamais !*

L'auteur de ce ms. fut l'aïeul maternel de Portalis l'ancien : « Le
« 23 février 1745, à deux heures après minuit, ma fille Marie-Magdeleine
« David a esté mariée au sʳ Estienne Portalis, fils de M. Jean, docteur
« en médecine, et de feu demoiselle Marie Portalis, du lieu de Beausset,
« à laquelle j'ai constitué une dot de 10,000 livres... Le 1ᵉʳ avril 1746,
« ma fille Marie David de Portalis s'est accouchée d'un garçon, sur les
« neuf heures et demie du soir, lequel a esté baptizé le lendemain, deux
« heures après midi. Le parrain a esté Jean Portalis, docteur en médecine,
« son aïeul paternel, et la marraine demoiselle Marie Riboulet, son aïeule
« maternelle ; on lui a mis le nom de *Jean-Estienne-Marie*... Le
« 3 novembre 1756, j'ai mis mon petit-fils Jean-Estienne-Marie Portalis
« au collège de l'Oratoire, à Toulon, moyennant la pension de 324 fr. »

(Communication de M. de Ribbe.)

X.

DEMEURE (*Pierre-Paul*), *notaire royal de la ville de Montfaucon* [1].

Livre de raison. — Ce livre s'ouvre en 1748. Il contient l'énumération scrupuleuse des dépenses et des recettes journalières de cet excellent homme, qui habitait une bourgade située à une altitude de plus de 900 mètres.

Il prenait le plus grand soin de l'éducation de ses enfants. Il confia ses deux filles aux béates de l'instruction, qui se contentent de 10 francs par mois pour leur enseigner la lecture, le cathéchisme et la fabrication de la dentelle, industrie très répandue dans ces montagnes. Il achète à cet effet du fil de dentelle et des fuseaux.

Quant à ses trois fils, il les envoie apprendre à lire chez le maître d'école Deyral, qui les prend à raison de 16 sols par mois pour chacun d'eux.

Demeure, en bon père, pense également aux divertissements de ses enfants : le 23 août 1748, il leur donne un petit levraut en vie, qu'il paye 3 sols. Au premier jour de l'an, il les étrenne chacun de 8 sols.

Allié à la noblesse du voisinage, — ses deux beaux-frères étaient gentilshommes, — il convie parfois d'assez nombreux amis. J'ai noté le souper qu'il offrit, le 28 novembre 1748, à MM. de Mabille, de Marnas, Jasmon, de Lagrevol frères, de Baile, de Montreyeul, — ce dernier l'un de ses beaux-frères, — de Beaupré et Jonceraud, tous gens de Montfaucon, de la noblesse ou de la haute bourgeoisie. Voici le compte de la dépense : pain, 1 l. 2 s. ; farine pour pâté, 16 s. ; poivre, 2 s. ; clous de girofle, 1 s., sans parler des cinq pots de vin de Vivarais qu'il doit au marchand [2].

Demeure note également fort régulièrement ses ventes de bétail, de grains, etc., sans négliger les frais de culture de ses domaines de Villelonge et des Oumes. Il mentionne souvent la pomme de terre, qu'il dénomme *truffes*, mot conservé encore par nos paysans. Il les semait en mai et les récoltait fort tardivement, ce semble, pour un climat si rude que celui de Montfaucon, à la fin de novembre.

Voici le prix de ce précieux tubercule en mai 1749. « J'ay acheté, « écrit Demeure, trois métans truffes pour semer, à 8 sols 6 deniers le « métan. »

---

[1] Chef-lieu de canton de l'arrondissement d'Yssingeaux (Haute-Loire).
[2] Le pot de Montfaucon équivalait à 2 litres 1 décilitre.

Je dois dire que dans ces montagnes, la pomme de terre était connue et cultivée depuis au moins le commencement du XVII° siècle et probablement bien avant.

Ce livre de raison s'arrêtait après 1773 ; mais, lorsqu'il me fut communiqué, je n'eus pas la patience de l'analyser complètement. Je le regrette d'autant plus que j'ignore quel est son heureux possesseur.

(Communication de M. Paul Le Blanc.)

P. S. — J'oubliais de vous signaler la recette donnée dans le L. de M° Demeure, d'une *eau merveilleuse* pour guérir les maux d'yeux, dont je n'ai pas trouvé la formule dans le volumineux recueil de recettes publié à Paris, en 1738, en 4 tomes in-12, sous ce titre : *Le nouveau recueil des beaux secrets de médecine de M° Lemery,* où cependant tout un chapitre de près de 30 pages est relatif aux *Remèdes et recettes touchant ce qui peut affliger la vue.* La voici :

« Eau mervelhieuse pour les yeux : Nettoyez bien un cul de chandelier
« de (laiton), remplissez-le de vin et y mettez infuser une douzaine de
« grains de froment, et de la pesanteur de 1 escu d'or de sel commun,
« pendant 24 heures, en un lieu frais. Puis, lavez-en la partie affligée
« le soir ou le matin, sans sortir de deux heures après. »

Ce collyre est encore connu et employé dans nos campagnes, et peut-être en vaut-il un autre.

XI.

DOGERDIAS *(famille), de Riom.*

Ce L., qui fait partie de la riche collection de M. P. Le Blanc, est un in-4° de 44 feuillets en parchemin, revêtu d'une élégante reliure avec ornements dorés. C'est aussi en lettres dorées qu'au recto de la couverture sont gravés — en regard, — les noms et prénoms de Jehan Dogerdias et de Marguerite Verdier, mariés le 18 juillet 1563. Voici la première inscription, signée des deux époux : « Dans ce livre est le « memoyre de la naissance des enfantz descenduz du mariage de nous « Jehan Dogerdias et Marguerite Verdier, soubz signez, avec quelques « autres choses veues et remarquées, lesquelles y sont escriptes et notées. » Les successeurs de Jean et de Marguerite, imitèrent leur exemple et rapprochèrent aussi leurs noms au bas de l'inscription suivante :

« Ledict livre a esté continué par nous Jehan Dogerdias, filz aisné
« dudict M⁰ Jehan Dogerdias, advocat, et Perronnele Tonnelier, filhe à
« M⁰ Jehan Tonnellier, procureur, le XVIII julhet l'an 1593. » La tradition fut conservée par Jacques Dogerdias et Catherine Chabron, qui se
servirent de cette formule : « Dudit mariage sont descenduz, par la
« grâce de Dieu, les enfantz cy déclairez[1]. »

En dehors des mentions de naissance et décès, je relève les diverses
particularités que voici : « En ladite année 1570 et le dernier jour de
« julhet, sur les sept heures du soir, y heust ung grand tremblement de
« terre, et encores après la minuict y en heust ung autre, non toutefois si
« grand que l'aultre et n'y heust ladicte annee presque poinct de fruitz.
« — En ladicte annee fust dressé le perron qu'est à la porte du [Pall...?]
« de ceste ville de Riom. — En la mesme annee, MM. de Saint-Amable
« furent fetz chanoynes. — En la mesme annee, M. le mareschal de
« Vieilleville, MM. de (*nom illisible*) et Potier ou mieux de Blanc-
« mesnil, maistre des requestes et M. Mison, maistre des comptes,
« furent envoyez en ce pays et sejournerent en ceste ville. En ladicte
« annee (1573) et jusques aux vendanges de l'annee ensuyvante, le vin
« se vendoit par commun prix, dix solz la quarte et quelquefoyz il
« augmenta jusque à douze solz, et l'annee devant le bled s'estoit vendu
« jusques à dix-neuf livres le septier, qu'estoit chertz insupportables et
« qu'on n'avoit jamais plus veu à ce que disent les anciens et genz
« vieulx. — En la dicte année (1574), au XXX du mois de may, le roy
« Charles IX deceda et le roy Henry III, qui estoit en son royaulme de
« Pologne, arriva en France et en la ville de Lyon, au mois de septembre
« audict an. — 1577. L'armée royalle, conduitte par Mgr le duc
« d'Alençon, frère du roy, vint en ce pais pour le recouvrement de la
« ville d'Yssoire, avec grand force d'artilherye et fut ladicte ville reprinse,
« bruslée et saccagée au moys de juing audict an. — En ladicte année
« apparust une comete ayant sa chevelure bien longue. Elle se commença
« de monstrer le x⁰ novembre et dura jusques au moys de janvier
« ensuyvant. — Le XXX⁰ decembre audict an, sur les huict heures du
« soir, il fit un grand et impetueux tonnerre avec un merveilleux esclair
« et pour lors il neigeoit à grand abondance. — Cette annee (1593)
« il n'y heust point d'hyver et faisoit encores aulx roys de l'annee
« suyvante 1594, si beau qu'au printemps, tellement que mesmes aupa-
« ravant les festes de Noel, il se trouvoient beaucoup d'amandiers et
« cerisiers fleuris. »

[1] La mort de Jacques Dogerdias est ainsi mentionnée : « Il alla à Dieu le
« XVII apvril 1619, délaissant deux filz et deux filhes et sa femme enceinte. »

Au XVIIIe siècle, une famille Costes utilisa le L. des Dogerdias, comme certains oiseaux utilisent le nid préparé par d'autres oiseaux. Cette famille consigna sur les pages blanches le souvenir de ses naissances, mariages et décès. Je ne citerai que cette mention finale, de la mort de Guillaume-Alban Costes : « Il est decedé à Langeac, le 13 jan- « vier (1808), à 10 h. 1/4 du soir, d'une hydropisie de poitrine. C'étoit le « meilleur de tous les peres et a emporté le regret de tout le monde. »

XII.

DUPOUX (*mémorial de la famille*).

La famille Dupoux était l'une des plus notables de Craponne, petite ville du Velay, maintenant chef-lieu de canton de l'arrondissement du Puy (Haute-Loire). Sans remonter, plus haut qu'il ne convient, sa généalogie, disons que Benoît Dupoux, 1er consul de Craponne en 1658, eut de son mariage avec Jeanne Porrat plusieurs enfants : l'aîné Pierre, mourut curé de Saint-Georges-Lagricol; le dernier, Jean, fut apothicaire. Le puîné, Me Jacques Dupoux, docteur en médecine, nous retiendra davantage, car il a laissé un mémorial que nous possédons; il y a enregistré avec soin la naissance des seize enfants que lui donnèrent ses trois femmes. Nous ne nous occuperons que de la première : Antoinette Moissonnier. Elle appartenait à une famille ancienne de Saint-Bonnet-le-Château. L'un de ses oncles, Claude Moissonnier, était procureur du Roi de ce singulier bailliage du Chauffour, qui s'exerçait à Saint-Bonnet, quoique hors de son territoire et quoiqu'il n'y eut pas d'auditoire, jusqu'à sa réunion au bailliage de Montbrison, par édit de septembre 1770. Antoinette fut féconde; à sa mort, elle laissait douze enfants. Voici comment Jacques Dupoux enregistra la naissance de son fils aîné :

« Pierre, mon fils aisné, troisiesme de mes enfants, naquit le 7 mars « 1682, le lundy, à quatre heures du soir, avec la coiffe. Fut baptisé le « lendemain. Son parin, Pierre Dupoux, mon frère, curé de Saint- « Georges ; sa marine, ma belle-mère Antoinette Maisonneuve. »

Naître avec la coiffe était pour nos aïeux un présage de bonheur. Aussi notre bon docteur n'a garde d'oublier de noter que son huitième enfant, une fille nommée Germaine, était également née coiffée le 8 juillet 1683, et de fait nous pensons qu'elle fut heureuse, car elle sut se faire une vie humble et recueillie, qualifiée dans les actes de « fille dévote », suivant les habitudes d'alors et à l'imitation de nombreuses filles de toutes conditions ; sans s'engager dans aucun ordre religieux, elle s'affilia à une congrégation pieuse, consacrant son temps à la prière et au travail de la dentelle, industrie très prospère en ces quartiers montagneux du Velay. Elle gagna un petit pécule que, par son testament du 16 juillet 1725, elle partagea entre deux de ses sœurs, filles dévotes comme elle. Par le même acte, elle légua deux cents livres aux pauvres de la charité de l'hôpital, et les droits qui lui étaient dus par la succession de sa tante Louise Moissonnier, à l'église paroissiale de Saint-Caprais, pour être employés à y faire une chaire. Ce ne fut pas sans quelques difficultés que les marguilliers de cette église parvinrent à se faire payer ; ils y réussirent pourtant, et le 27 avril 1735, ils donnèrent le prix fait de cette chaire à s^r Gabriel Samuel, maître sculpteur de la ville du Puy, et à trois menuisiers de Craponne, moyennant la somme de 595 l. Cette chaire est encore à sa place dans cette église ; elle n'en est pas le moindre ornement : ses sculptures, quoique mutilées à coups de hache en 1793, conservent le souvenir d'un artiste qui eut l'honneur d'être le premier maître de nos deux illustres compatriotes, les sculpteurs Julien et Robert Michel.

Le cinquième enfant de Jacques Dupoux, Louise, née le 7 mai 1685, fonda à Craponne, avec Jeanne-Marie Porrat de Lolme, la communauté des sœurs de Saint-Joseph, pour « vacquer, dit l'acte de fondation du « 22 mai 1723, aux saints exercices de l'instruction des jeunes personnes « de leur sexe [1]. » Cet établissement devint par la suite si prospère et si utile que les habitants de la ville adressèrent le 25 mai 1766, une supplique à l'évêque du Puy à l'effet d'obtenir des lettres patentes d'autorisation et de confirmation. « Il est manifeste, disent-ils, que ces « demoiselles sont entièrement dévouées au bien public. En pratiquant « beaucoup d'actes de vertus, elles apprennent à un nombre infini de « jeunes filles à les pratiquer. Ce sont elles qui instruisent et élèvent « presque toute la jeunesse de cette communauté et des lieux circonvoi- « sins... Enfin on ne peut pas dissimuler que l'établissement ne forme une « véritable fabrique de dentelles. Elles ont continuellement sous les yeux « environ deux cent cinquante filles et souvent trois cents qu'elles ont soin « de faire travailler. Il y en a de tout âge et de tout état. Ce sont elles qui

---

[1] Voir sur l'institut des sœurs de Saint-Joseph, fondé au Puy en 1650, *Règles et constitutions des sœurs de Saint-Joseph, établies au Puy en Velay, par Monseigneur de Maupas, évêque du Puy. Première édition.* A Vienne, chez Laurens Cruci, imprimeur-libr., 1693, in-16, de 302 pages.

« élèvent et enseignent les jeunes filles à ce travail, se trouvant par là
« en état d'aider à la subsistance de leur famille, et sortant de là elles
« trouvent plus aisément à se marier. Et sans le secours de la dentelle
« que deviendrait cette contrée ? La plus grande partie des habitants se
« trouverait dans une impuissance absolue de payer les impôts et vivrait
« dans la misère extrême. »

Pierre Dupoux, dont nous avons déjà noté la naissance, continua le
mémorial de son père. Il fut un paisible bourgeois, consul à son tour de
sa ville natale, et se maria, ainsi qu'il nous l'apprend lui-même, le
12 novembre 1711, avec Marie Auzier, fille d'un notaire royal de
Craponne, Pierre Auzier, seigneur de Piessac, dont la postérité anoblie
s'est fixée dans l'Orléanais. De ce mariage vinrent sept enfants, tous
inscrits à leur date, dans notre mémorial. Voici quelques citations :

« Le 15 may 1713, naquît un second fils qui fut nommé Jean-
« Faconde. Son parrain Me Jean Dupoux, mon oncle ; sa marraine,
« Maria Barjon, ma belle-mère. Il fut baptisé le même jour. Mon oncle
« permit de l'appeler ainsin, par dévotion du père et de la mère. »

Pierre Dupoux nous apprend en outre que son fils se maria le
17 septembre 1739 à Marie Julien, fille d'un notaire royal de Craponne.
Il eut la charge de son beau-père, fut premier consul de la cité, de 1744
à 1749, et ne tarda pas à mourir, car sa veuve se remaria le 14 septembre 1751.

Le frère puiné de Jean-Faconde, embrassa l'état ecclésiastique.
« Claude Dupoux mon fils, écrit son père, fut ordonné prêtre le 16 avril
« 1740, par Mgr de Beringhen, évêque du Puy. » Il devint l'un des
sociétaires de la communauté des prêtres de l'église paroissiale de Saint-
Caprais. Prédicateur distingué, sa parole fut très écoutée. L'évêque du
Puy, Mgr Le Franc de Pompignan, l'employa souvent dans des missions
diocésaines. C'est ainsi qu'il le désigna, en 1773, pour prêcher la retraite
du carême dans la petite ville de Tence. C'était une preuve évidente de
son mérite et de son éloquence, car cette petite ville comptait parmi ses
habitants un certain nombre de protestants et il fallait pour y porter
la parole un prédicateur prudent et d'un talent éprouvé. L'on ignore la
date de son décès.

(Communication de M. Paul Le Blanc.)

XIII.

ESCAYRAC DE LAUTURE (*famille d'*).

(Extraits des archives du château de Lauture, propriété de M. le colonel marquis
d'Escayrac de Lauture.)

Indépendamment des livres-terriers, registres de rentes, lièves rai-
sonnées, livres d'arpentements, depuis 1411, pour la seigneurie de
Lauture, et depuis 1268 pour la seigneurie d'Escayrac, paroisse de
Saint-Aureil, juridiction de Castelnau, il existe des livres de raison,
dont :

1° « Cayer pour servir de mémoire pour les affaires de la famille
« d'Escayrac, » commençant ainsi : « Mémoire pour servir à més
« enfants et les instruire de lestat de més affaires des acquisitons
« et payemens que j'ay faicts despuis mon mariage qui feut en l'année
« mil six cens trente un et le septiesme décembre avec dame Hélie de
« Durfort [Goujounac], receu par de Lor, n^{re} royal de Fraissinet le
« Géllat en Quercy, par lequel contract de mariage messire Marc-
« Antoine Durfort et dame Anne de Sebiere constituèrent a lad. Hélie
« de Durfort leur filhe la somme de sept mille livres. Laquelle jay
« emploiée sçavoir quatre mille huict cens livres pour le rapchat de
« quarante huict quartes froment de rente fontière deppandant de ma
« maison de Lauture, que les dames religieuses du couvent Ste Claire
« de Caors jouissoit pour la constitution que feu mon père et ma mère
« avoit faicte a Izabeau et Antoinette d'Escayrac, mes sœurs, lhors
« quelles passèrent professes religieuses dans led. couvent..... » et
finissant : « Ce x9^e apvril 1694, j'ay pris deux escus valant six livres en
« deniers du sieur Lacombe, mon fermier ».

Ce cahier, de 20 pages, n'est pas ce que l'on pourrait appeler un
registre détaillé des recettes et dépenses journalières ; il ne renferme
que certaines grosses dépenses, baux à ferme ou à cheptel, dont l'importance paraissait au seigneur d'une plus grande utilité pour ses
descendants.

(Il existe, croyons-nous, un autre registre du même genre pour le
XIVe siècle, que nous rechercherons et que nous serons heureux de
communiquer.)

2° Livre raisonné de recettes et dépenses commençant en l'année 1763
et se terminant en l'année 1773.

Nous pensons qu'il s'agit ici de la seigneurie de Labastide-Marnhac, près Cahors; certains détails semblent du moins le faire croire. Cependant s'il n'en était pas ainsi, il faudrait affirmer qu'il est question alors de la seigneurie de Labastide-Paga, juridiction de Penne en Agenois, dépendant à cette époque de la maison de Lauture.

Toutefois, dans le chapitre des dépenses commençant ainsi : « 29 8bre « 1763, Pierrot doit 6 l. » et se terminant au folio 90 : « du 24 février « 1774, convenu avec Ant^{ne} Montagnac cadèt, maçon du Montat... », il appert par ces derniers mots et autres conditions faites avec d'autres ouvriers du voisinage, et plus particulièrement par les charrois de sable et pierre, que c'est bien Labastide-Marnhac qu'il faut adopter. — Dans ce même chapitre, folio 14 à 19, il y a l'inventaire détaillé des meubles et autres choses, meublant le château; plus accord avec un garde-chasse du nom d'Urbain (folio 9), à qui l'on promet entre autres choses « toute « l'huile de noix qu'il faudra et touts les souliers qu'il uzera ». — Le chapitre des recettes (folio 1 à 69) commence ainsi : « Recepte de mes « bleds et denrées de Labastide, le 9 juillet 1763, » et se termine : « Le 6 avril 1775. Rafy a payé 140 l. pour le foin de 1774. »

Cazillac, 31 août 1892.

(Communication de M. le curé Taillefer.)

XIV.

Journal du sieur **GUERIN,** *notaire et syndic des procureurs de la baronnie de la Guerche en Bretagne.*

Outre des notices sur Fouancé et La Guerche, les manuscrits du sieur Guerin contenaient, sur les années comprises entre *1757 et 1772*, des remarques fort intéressantes. Exemple :

« Le défaut de récolte de grain, en 1769, a causé la plus grande « famine qu'on ait vu de mémoire d'homme jusqu'à la récolte de 1770.

« Le seigle valait à la Guerche 6 livres le boisseau et est allé en « augmentant chaque jour, de sorte que dès le mois de may il valait « neuf livres et s'est soutenu à ce prix jusqu'en may, où il a augmenté « jusqu'à neuf livres dix sols, qui est le moment où j'écris cette note.

« Le menu peuple s'est trouvé réduit à manger des troncs de choux « des jardins et le marc de cidre gardé pour les cochons.

« Le gouvernement a fait faire qq. distributions de riz aux pauvres, « mais ce chetif secours n'a procuré que quelques repas aux pauvres.

« La Basse-Bretagne a fourni des grains pendant quelques mois, et
« ensuite s'est trouvée affligée de famine comme les autres. On a fait
« venir des grains de Dantzic et de Hambourg et ce sont ces mêmes
« seigles qu'on paie actuellement 9 liv. le boisseau, ce qui fait que la
« misère du petit peuple n'en est pas diminuée.

« Dans une circonstance si affligeante le Parlement vient de rendre
« un arrêt qui permet de prendre l'argent des coffres des paroisses et
« de l'employer en pain pour les pauvres. »

J'ai une copie de ce journal; elle m'a été offerte par M. Aubry,
conseiller municipal de la Guerche. L'original existe-t-il encore ?

(Communication de M. E. Frain.)

XV.

ILLE (*Livre de raison de la famille de Gantelmi d'*).

Le plus ancien L. que je possède, et qui en mentionne de plus anciens,
a été commencé, le 11 mars 1657, par Jean d'Ille, quelques jours avant
la mort de son père Gaspar, qui mourut à Aix le 22 mars 1657.

La première page de ce livre de raison représente, tracé au trait,
les deux triangles entrelacés des armes des d'Ille, et, entrelacé aussi, un
cercle sur lequel est écrite la légende suivante : *Creator omnium rerum
fac me scribere verum.*

Dans le milieu : « Livre de raison où sont contenus tous les affaires
qui ont été faits depuis le XI mars 1657, par moy soussigné I. d'Ille. »

Au-dessus : *Vanitatem et verba mendacia longe fac à me. Mendici-
tatem et divitias ne dederis mihi tribue tantum victui meo necessario.*
Au-dessous : *Ne forte satiatus illiciar ad nigandum et dicam, quis est
dominus ? Aut egistate compulsus fures et penuriam nomen Dei mei.*
(Proverb., cap. XXX.)

Jean d'Ille mentionne des affaires concernant son père Gaspar,
consulaire d'Aix, et son grand-père Jean-Bernard qui se fixa à Saint-
Julien-le-Montagnier, en 1591. Lui-même était avocat au parlement de
Provence. Il épousa en 1660 Perpétue-Félicité de Guerre, d'une famille
illustre d'Aix qui a laissé son nom à une rue de cette ville. Il mourut
en 1673. Son livre de raison fut continué par son fils Jean-Paul, aussi
avocat au parlement d'Aix, né le 9 juin 1666, marié le 26 juin 1698 à
noble demoiselle Élisabeth de Pellas, puis par son petit-fils Jean-Étienne,

chevalier seig^r de Boisset, né le 26 décembre 1703, marié le 1er mai 1742 à noble d^{lle} Madelaine Digne, mort le 3 avril 1789.

Son fils Honoré-Jean-Paul, chevalier s^r de Boisset, avocat en la cour, continua ce livre de raison, comme il l'a été jusqu'à nos jours par ses successeurs. Il était né le 11 août 1743, marié le 21 juillet 1778 à sa cousine Marguerite-Agnès de Ganteaume d'Ille; il mourut le 14 novembre 1800.

Jean-Joseph-Antoine-Alphonse, son fils, le continua. Né le 11 septembre 1780, marié le 4 avril 1804 à sa cousine Germaine-Joséphine de Ganteaume d'Ille, mort le 15 décembre 1853. Son fils, mon père, né le 24 juillet 1807, marié le 13 janvier 1836 à Thérèse Palu, mort le 18 octobre 1885. Enfin votre serviteur Charles-Joseph Tancrède, né le 21 avril 1847, marié le 28 octobre 1875 à Élise d'Herbès.

Tous ont écrit sur ce livre de raison les naissances et mariages de leurs enfants, décès des membres de la famille et affaires principales la concernant.

Un autre livre de raison porte cet en-tête :

« *Au nom de Dieu soit-il !*

« Livre de raison commencé par moy Jacques Ganteaume, avocat, le « 6 juillet 1698, où j'ai inséré ce que j'ai fait depuis mon mariage, « suivant le mémoire que j'en avais tenu, et continué par moi, un de ses « petits-fils, Joseph-Platon Ganteaume-d'Ille, après m'être retiré du « service militaire et pensionné du gouvernement, comme ancien officier « de cavalerie, âgé de plus de 63 ans. »

Ce livre de mon bisaïeul a été, concurremment avec le précédent, continué par mon grand-père, mon père et moi. Il contient, de la main de Platon de Ganteaume, un relevé des archives de la famille depuis 1307. La première pièce qu'il cite comme étant encore en sa possession est la commission donnée à Pierre Gantelmi, viguier et conseiller du roi à Aix de faire la recherche et la prise des Templiers à Aix. Cette pièce s'est égarée. J'ai presque toutes les autres qui sont citées dans cet inventaire, entre autres les lettres constatant la remise de la ceinture militaire à Melchior Gantelmi, armé chevalier le 1er février 1442. Des lettres de confirmation de noblesse données au même par la reine Jeanne de Laval, épouse du roi René, en 1462. Je possède encore le portrait de ce Melchior Gantelmi.

(Communication de M. Ch. de Gantelmi-d'Ille.)

XVI.

Livre de raison de Henri des **LAURENS**, *régent public de l'Université d'Avignon, et auditeur au tribunal de la Rote* (1632), portant dans son en-tête le préambule suivant :

Ego Henricus de Laurentiis, jurium doctor et reges Avenionensis academiæ, et proto sacri palatii apostolici auditor, composui et ordinavi hunc librum rationum mearum principalium ut posteris innotescat et ne memoria gestorum pereat, ad laudem Dei omnipotentis et beatæ Virginis Mariæ.

Et initio quidem inserui vitam per illustram quondam, D. Hieronimi à Laurentiis, legum Comitis et Rotæ auditoris Avenionensis, quam ipse manu propria conscripsit nonagenta senex....

Præter hunc librum in quo describo omnes meas rationes principales, adhuc habeo et facio plures libros concernentes expensas quotidianas meæ familiæ, et negotia mea domestica, et unum peculiare pro negotiis uxoris meæ, quæ plurimæ sunt et multa urgentia; de quibus omnibus soli Deo honor et gloria tribuatur, per infinita secula seculorum. Amen.

Ce préambule est lui-même précédé de la prière suivante : *Actiones nostras quæsumus Domine, aspirando præveni et adjuvando prosequere, ut cuncta nostra oratio et operatio a te semper incipiat, et per te incepta finiatur. Amen.*

Manuscrit très intéressant et très important, car il nous vient d'une vieille famille universitaire qui, depuis 1430 jusqu'au temps d'Henri, a compté quinze docteurs, soit en droit civil ou en droit canon, soit en médecine. Il en est peu qui nous aient laissé une plus riche moisson de textes, de faits, de souvenirs domestiques. Il y a là plus qu'un livre de raison ordinaire ; on y trouve résumés ceux anciennement dressés par les devanciers de son auteur. Ce sont de véritables mémoires d'un genre tout particulier, dans lesquels les détails de biographie et de vie professionnelle sont accompagnés des contrats de mariage et des testaments, qui nous initient à la vie privée ; où, à côté des inventaires de titres et papiers, se placent les catalogues des bibliothèques de droit de l'époque. Les relevés de propriétés, les états de biens fonciers et autres, les mentions des actes journaliers d'administration y sont suivis des instructions données par les parents aux enfants, pour le bon usage à faire du patrimoine. On y voit de même les discours adressés par les pères et leur fils, lors de leur réception au doctorat, afin de leur inculquer les principes auxquels ils seront tenus d'obéir. En un mot, l'Université et la famille y apparaissent si étroitement liées qu'elles semblent ne former qu'une seule et même chose. Ajoutez que le livre de raison d'Henri des Laurens n'offre pas moins d'intérêt au point de vue économique, tant il est précis dans les moindres détails de comptabilité.

(*Communiqué par M. de Ribbe.*)

XVII.

LAZINIER (*mémorial de la famille*).

Ce mémorial, dont les premières pages remontent au commencement du XVIIe siècle, relate les naissances, mariages et décès de cette famille, d'ancienne bourgeoisie, établie à Lavandieu, chef-lieu de commune du canton de Brioude (Haute-Loire).

De loin en loin, on lit quelques notes assez brèves sur les événements, arrivés dans cette petite bourgade. Ce mémorial me fut communiqué par mon ami Gustave Lazinier, maintenant décédé. J'en ai extrait des notes sur une inondation de la Genouize, petite rivière, l'un des affluents de l'Allier, qui traverse Lavandieu, arrivée le 20 juillet 1680, que j'ai publiées : *Inondation de l'Allier dans l'arrondissement de Brioude.* Le Puy, Marchessou, 1877, in-8°, p. 16.

La famille Lazinier est encore honorablement représentée par les jeunes fils de mon ami Gustave.

(*Communication de M. P. Le Blanc.*)

XVIII.

LE BLANC (*famille*), *du Puy-en-Velay*.

Registre petit in-8°, de 40 feuillets écrits, dont les deux premiers et le cinquième manquent. La seconde moitié du registre est formée de feuillets vides. Les dates extrêmes sont 1604-1810. Voici quelques extraits empruntés aux récits d'événements de famille et d'événements publics.

« Le quinziesme jour du moys de decembre 1604 j'ay esté esleu

« scindic de la ville du Puy, estant premier consul M. Mᵉ Jean
« Bernard, docteur et advocat, M. Maurice Le Blanc, mon frère, second
« [consul], etc. »

   « Le lundy quinziesme jour du mois d'avril 1613, je Jacques Le Blanc,
« soubsigné, avec sieurs Pierre Bonnefond, Jean (nom illisible) et
« M. François Pellissier, greffier des presentations en la seneschaussée
« du Puy, et Vidal Roux, dict Gayté de Saint-Vidal, nostre valet,
« sommes partis de ladicte ville pour accomplir le vœu et pelerinage
« Nostre-Dame de Montserrat à pied, distant de ladicte ville du Puy
« cent quatre lieues, et arrivasmes à lad. esglise de Nostre-Dame de
« Montserrat le dimanche matin vingt-huictiesme dud. moys d'avril
« d'où, après avoir faict nostre devotion et visité la montagne de Mont-
« serrat et les hermitages de Saincte-Croix, St-Dinar, de la Ste-Trinité,
« de St-Benoict, de Ste-Anne, de St-Jacques, de St-Honnoré et de
« Ste-Catherine, ceulx de St-Salvador, St-Anthoyne, Ste-Magdeleyne et
« de St-Jerosme, nous partismes le lendemain lundy après midy et
« arrivasmes sans aulcun danger dans ladicte ville du Puy le dimanche
« des Rogations, douziesme may de ladicte année 1613. »

   « Le 3 octobre 1619, Jacques Le Blanc est nommé auditeur des comptes
« de la presente ville du Puy en laquelle année Monsieur de Montmo-
« rency fist son entrée dans la presente ville. »

   « Le vendredy vingt-quatriesme jour du moys de novembre de l'année
« 1628, et lendemain jour de Saincte-Catherine, il pleust si extraordi-
« nairement que l'eau fist un si grand ravage que de la memoire des
« vivans il ne s'estoit veu une si grande inondation ny si dommageable.

   « En ladicte annee 1628 et despuis le moys de may, dans la presente
« ville du Puy, jusques au moys de janvier de l'annee 1629, y a heu une
« maladie fiebvreuse approchante de la contagieuse, qu'une infinité de
« personnes en sont mortz non seulement du menu peuple mais de très
« braves habitans et de qualité relevée, occasion de quoy [on se mit] en
« debvoir de reclamer, [l'aide] de Dieu par les intercessions de la glorieuse
« Vierge, à l'honneur de laquelle feust faicte une fondation, à suitte
« de icelle quatre lampes d'argent furent dressées au devant la sainte
« image de Nostre-Dame du Puy, pour demeurer à jamais tant de jour
« que de nuict illuminee. A mesme temps et despuis lad. fondation on a
« remarqué que la maladie n'a pas augmenté et que nous avons esté
« miraculeusement preservés de la contagion grandement violante dans
« les villes de Lyon et de Thoulouse et autres lieux circonvoisins, les
« habitans desquelles ne cessoient de frequenter dans la dicte ville.
« Ce que nous debvons attribuer par une signalee action de graces à

« Dieu et à la Vierge et non à l'ordre ny à la police des magistratz et
« consulz qui manquoit en tout.

« En l'année 1629 et sur le commencement du moys de may, la conta-
« gion commença dans la presente ville du Puy et feust si violante
« pandant le moys de juin, juillet et aoust qu'on faict estat que treze
« mil huict cens ou environ de personnes en moururent, tant de ceux
« qui estoient dans la ville que des refugiez autour d'icelle, en sorte que
« toutz les habitantz et magistratz avoient quicté, mais la maladie
« ayant miraculeusement tout à coup prins fin entre les festes de Notre-
« Dame d'aoust et de septembre de ladicte année, chascun se remict
« dans troys moys aprez dans la ville dans laquelle, par la grace de Dieu,
« il n'y a heu que deux ou troys personnes qui soient despuis mortz de
« la dicte contagion.

« Nota que le desordre feust si grand dans la dicte ville qu'il a esté
« remarqué que la pluspart mouroient de necessité et faute d'assistance...
« (mot effacé) insolences, inhumanités et brutalités pratiquées tant dans
« la ville que dans le pays.

« Le lundy 22 avril 1630, les habitans de la ville du Puy, pour rendre
« et accomplir le vœu fait à Dieu et à Nostre-Dame, firent une proces-
« sion solennelle pendant laquelle on porta la saincte et sacrée image
« de Nostre-Dame, sept ou huit mille personnes assistans.

« Le lundy 29e novembre 1631, je fus esleu capitaine general de la
« ville du Puy, estant premier consul M. François Le Blanc, docteur et
« advocat en la seneschaussée du Puy, mon frere aisné. En la dicte année,
« j'abbattis l'oyseau et feus roy des arquebusiers, par consequent
« premier bailli de St-Sebastien, à l'honneur duquel les arquebusiers
« ont leur confrerie fondée dans l'esglize Nostre-Dame des Carmes.

« Le dimanche vingt-sixiesme jour du mois de mars 1634, ledict
« Pierre Le Blanc, mon filz, chanoine en la dicte esglise Nostre-Dame,
« celebra dans ladicte esglise et au grand autel d'icelle sa première messe
« à l'honneur de Dieu et de la glorieuse Vierge, que je prie avoir son
« sacrifice agreable. Nota que pour les fraiz soit du festin ou de ses
« ornemenz d'habitz j'ay employé sept cent cinquante livres.

« Le 25e novembre 1638, j'ay esté esleu troisiesme consul de la
« presente ville. »

« Au moys de decembre de l'année 1653, Gabriel Le Blanc, lieutenant
« d'une des compagnies du regiment du Languedoc, fust blessé d'un
« coup de mosquet au-devant de Rozes, de laquelle blessure, porté dans
« la place de Rozes où commandoit M. le marquis de La Fare, il mourut
« dans 24 heures après. Requiescat in pace. » (Cette formule accompagne

les diverses mentions de décès, excepté quand il s'agit du décès d'un enfant. En ce cas on emploie cette touchante expression : *Louange à Dieu*).

Vers le milieu du ms. commence un nouveau recueil : *Livre des memoires tenu par moy Maurice Le Blanc, conseiller et advocat du roy en la seneschaussée du Puy, aprez le decez de M. Jacques Le Blanc, bourgeois, arrivé en l'année 1664.*

« Le 28 aoust 1681 est decedé Pierre Le Blanc, chanoine en cathe-
« drale de N.-D. du Puy et grand vicaire de messire Armand de Betune,
« évêque du Puy, et a esté enterré au chapitre de ladite eglise, le 29ᵉ jour
« du dit mois et an. *Requiescat in pace.*

« L'an 1709 et le 6ᵉ jour du mois de janvier, jour et feste de l'Epi-
« phanie, il survint un si rude froid qu'il tua toutes les semances, en
« sorte que toutes les viandes encherirent, n'y ayant pas la moitié des
« gens qui peussent acheter pour vivre. On en voioit mourir tous les
« jours devant ses ieux.

« Moy Joseph Vital Le Blanc, ay esté confirmé le 20ᵉ jour du mois de
« septembre, veille de St-Mathieu, par messire Claude de La Roche-
« Aimon, évêque du Puy, comte du Velay ¹... »

XIX.

Sit nomen Domini benedictum.

Journal de noble Mʳ Mᵉ Jean de **MARIN** *de Kerenrais, chevalier du St-Office de l'Ordre de l'Inquisition, etc., etc., citoien de la ville de Tollon, pour l'année mil six cens quatre-vingts...*

« ... Le 4ᵉ dud. moys (janvier 1680) le pied destail du bust St-Cyprien
« evesque de cette ville, a esté achevé et exposé sur le maistre autel de
« l'église cathedralle de ladite ville le jour d'après, aux premières vespres
« de l'Epyphanie, dont l'ouvrage a esté trouvé fort beau, invanté par...
« Veyrier, mʳᵉ statuaire, et mis en œuvre par Jean Curet, mʳᵉ orfèvre
« de cette dite ville.

« ... (Le 16 janvier 1680). Led. jour ma cousine d'Orvez Thomas,

¹ Dans les derniers feuillets il n'est plus question de la famille Le Blanc, mais bien de la famille Gervais, une Marianne Le Blanc ayant été mariée avec un Gervais, laquelle Marianne mourut le 27 avril 1802.

« religieuse au convant Ste-Ursule de cette ville est décédée sur les six
« à sept heures du matin. Fust ensevelie le lendemain sur les neuf
« heures à la sépulture des Religieuses dud. convant qui est au cœur
« où elles chantent.

« ... Le 4ᵉ dud. moys (février 1680), j'ay entièrement payé le cartier
« du moys de novembre dernier de mon frère Felix de Marin.

« ... Led. jour (18 février 1680), la petite Eglise que les Pères Récolets
« ont fait construire hors les murs de cette ville, dans le jardin qui avoit
« esté à feu Mʳ le commendeur Pol a esté bénite.

« ... Le 9ᵉ dud. moys (mars 1680), messire Hubert de Vintimille,
« prieur de Flassans, frère de Monseigʳ Jean de Vintimille du Luc, a
« presant evesque de Tollon, est décédé sur les sept heures du matin.
« Son [corps] a esté porté led. jour au Luc, pour estre inhumé dans la
« sépulture de ces encestres à l'Eglise des Reverands Pères Carmes.

« Le 10ᵉ dud. moys (mars 1680), le mariage de Monseigneur le
« Dauphin, fils de Louis xiiij du nom, Roy de France et de Navarre,
« avec [1]...., princesse de Bavière, sœur du duc de Bavière, a esté consommé
« dans la ville de Chaalon. Mongʳ le cardinal de Boüillon en a fait la
« cérémonie.

« Le 24 dud. moys (mars 1680), Mʳ de Vauvray, Intendant de la
« Marine de Levant au port de cette ville, est arrivé en icelle. Le Roy
« la pourveu de cette charge par la destitution du sieur Arnoux fils.

« Le ij [2] dud. moys (avril 1680), M. Louys de Girardin de Vauvré,
« Intendant de la Marine de Levant, par ordre du Roy, a fait com-
« mencé (sic) les enchères pour l'agrandissemant de cette ville.

« Le 22 dud. moys (juin 1680), a commancé l'agrandissemant de cette
« ville du costé de ponant et en mesme tamps l'agrandissemant de l'ar-
« cenal, suivant le plan de M. de Vauban, Ingenieur general du Roy.

« Le ijᵉ (11 septembre 1680) dud. moys Mʳ le marquis de Mortemar,
« capitaine general des galleres de Sa Majesté, fils de Mʳ le Mareschal
« de Vivone, se trouvant en cette ville avec une escadre de douse
« galleres, a fait mettre la première pierre des nouvelles fortifications
« de cette d. ville, où estoit Mʳ de Courcelles, commandant, et M. de
« Vauvré, Intendant.

« Le 13ᵉ dud. moys (novembre 1680), j'ay payé à ma sœur de Richery
« la pention de 50 l. que je faits à son mary.

« Le 22ᵉ dud. moys (décembre 1680), j'ay pris la perruque, que jay

---

[1] Le prénom n'était pas encore bien connu des bons Toulonnais.
[2] Je crois que c'est le 11.

« acheptée du s^r de la Croix, m^{re} beigneur et perruquier de cette ville,
« pour le prix de 15 livres.

« Le 19 dud. moys (janvier 1681), la nouvelle Église des Dames reli-
« gieuses de St-Bernard a esté bénite.

« Le 29 dud. moys (avril 1681), Joseph Senez, fils de Bernard,
« m^{re} peintre, ma concédé quittance de la réparation du tableau qui est
« apendn au costé droit en entrant dans la chapelle St-Honnoré, où est
« peint l'image de Nostre-Dame de Pitié, St-Honnoré, St-Anthoine, aux
« pieds des quels sont les portraits de feu noble Antoine de Marin et sa
« femme, ayant donné trois livres pour lad^e réparation, par acte receu
« par Mre Barthélemy Moutton, notaire.

« Le 13e dud. moys (mai 1681), sur les neuf heures du soir, par
« l'imprudance d'un marguelier, le feu print en la chapelle *Corpus*
« *Domini* de ceste ville, avec tant de violance que le prompt secours ne
« peut empescher que ce feu ne bruslât la plus grande partie du bois de
« l'autel, toutes les figures et custode, le tout doré, ensemble le tableau
« du fonds dud. autel, tapisserie, lampes d'argent brisées et on heust
« beaucoup de peine à garentir le soleil du St-Sacrement et ciboire qui
« feurent sauvez du feu par le zèle de deux matelots de ceste ditte ville,
« appelez Isnard et Giraud qui se jettèrent au péril de leur vie dans
« les flammes pour les tirer de l'insendie.

« Le 31 dud. moys (mai 1681), mon frère Joseph a fait son testament
« rière Mre Rostan.

« Le 3e du mois de juin (1681), mon frère Joseph est parti pour Rome.
« Il cest embarqué sur un vaisseau du Roy, commandé par le s^r Aubert,
« qui va à Naples charger de porcelene.

« Le 4e du moys d'aoust (1681), messire Louys de Signier de Picusin,
« seig^r d'Evenes, mon oncle, archidiacre en l'Église cathédrale de ceste
« ville, est déxedé sur les quatres heures et demy du matin.

« Le 4 de ce moys (décembre 1681), ma femme[1] est tombée malade
« d'une fièvre continue et mal de costé.

« Le 20e dud. moys (décembre 1681), sur les dix heures et trois quars,
« est décédée noble dame Marguerite de Raffelys de Brovez, ma chère
« famme, fille de noble Melchior de Raffelys, seigneur de Brovez, et de
« noble dame Grabielle de Mendols de Trigance, âgée d'environ qua-
« rante deux ans. Elle ne ma laissé qu'un fils, appelé François-Joseph,
« les autres morts en bas âge. Elle est ensevelie en l'Église cathédralle
« de cette ville, dans la sépultnre où est le mausolée de mes ancestres, à
« costé de lautel St-Maur, où lon bastit a present.

---

[1] Marguerite de Rafelis de Broves.

« Le 20ᵉ dud. moys (mai 1682), messieurs les consuls et recteurs de
« la chapelle *Corpus Domini* ont donné le prix fait de l'autel de ladᵉ
« chapelle au sʳ Verrier, mʳᵉ esculpteur, pour le prix de dix mil livres, et
« c'est pour le tamps de quatre années, par acte Mᵉ Louis Valla-
« vielle, noʳᵉ.

« Le 6 du moys d'aoust (1682), madame la Dauphine est heureu-
« sement accouchée à Fontenebleau d'un prinxe appelé le Duc de Bour-
« goigne.

« Le 1ᵉʳ septembre (1682), je me suis remarié avec madˡˡᵉ d'Amy, de
« la ville de Brignoles. Le contrat de mariage fut le dernier d'aoust,
« receu par Mʳᵉ Bᵐʸ Moutton, noʳᵉ. »

A la page 99 du même livre de raison, l'écriture change, et la plume
est tenue par Claire de Signier-Piosin, veuve de noble Barnabé de Marin
de Carranrais, et mère de noble Jean, qui avait écrit jusque-là.

« Ce jourd'huy neuviesme octobre (1682), sur les six heures de relevée,
« est décédé noble Jean de Marin de Carranrais, mon fils. Le lendemain,
« son corps feust ensevely à la sépulture de ses encestres, qui est à costé
« droit de l'hotel (*sic*) St-Maur, où l'on baptise à present dans l'Église
« cathédralle de cette ville. Il estoit âgé de 60 ans.

« Le 16 du courant (novembre 1683), jay payé à l'hôpital St-Esprit
« de cette ville, à la Miséricorde et à la Charité St-Joseph la somme de
« nonante livres, scavoir est trante livres à chacune communauté pour
« les légats à elles faits par feu mon fils Jean de Marin de Carranrez. »

Nouveau changement d'écriture quelques pages plus loin et titre
nouveau, ainsi conçu :

*Journal de noble François-Joseph de Marin-Carranrais, pour l'année
mil six cens quatre vingt huict.*

« Le vingt et quatrième du courant (juin 1688), est décédée dame
« Clère de Signier de Pieusin, ma grande mère, et son corps a esté inhumé
« en la sépulture de Barnabé de Marin, mon ayeul, qui est en l'église
« cathédrale de cette ville, proche l'autel Saint-Jean.

« (Mai 1693.) Jay payé à mon oncle l'abbé quarante et cinq livres tant
« pour les interests de la pension viagère escheue le neufvieme octobre
« dernier que pour les interests de la chapellanie fondée par ma
« grande mère, escheus le vingt et quatrième juin dernier.

« Le septieme du courant (mai 1696), jay payé au sieur Pichon,
« comis à la recepte du droit denregistration des armoiries, vingt et
« trois livres dix sols pour àvoir fait enregistrer celles de ma maison,
« conformement a ledit de Sa Majesté et à lordonnance, en consé-
« quence de Mʳ l'Intandant de ceste province, et il m'en a fait son receu.

« Le vingt et quatre du courant (octobre 1698), sur les dix heures du
« soir, messire Daniel de Remy (?), seigneur de Courceles, commandant
« pour le Roy dans cette ville, est décédé âgé de quatre vints ans.

« Le vint et sept du courant (août 1699), jay passé recognoissance à
« messieurs du Chapitre de la maison que je possède dans lenclos de
« cette ville, quartier de la poissonerie, et leurs ay payé les arrerages de
« la cense qui leurs estoint deus depuis lannée mil six cents soixante
« deux, auquel tems Barnabé de Marin, mon ayeul, la leurs avoit
« recogneüe jusqu'à la Noël prochain à raison de trois sols huit deniers
« par an, et ils m'en ont passé quittance rière Mre Ganteaume, no^re.

« Le 3 du courant (octobre 1704), messire Joseph de Marin, prestre,
« mon oncle, est décédé en cette ville, aagé de soixante et trois ans.
« Il est enterré dans le tombeau de nostre famille, dans l'Église
« cathédrale.

« Le 14 (avril 1705), du courant, je me suis marié avec d^lle Anne-
« Clere de Terras, fille de noble François Terras, du lieu de Belgencier.

(Janvier 1706) « Mon oncle [1] ma payé soixante et quinze livres,
« scavoir cinquante pour les interets du legat de mille livres que feu
« mon oncle François ma fait par son dernier testament, escheus le
« 6e juillet dernier, et vint cinq livres pour les interets du légat de cinq
« cens livres que feu mon oncle l'abbé ma fait par son dernier testament,
« escheus le troisieme octobre dernier.

« Le cinquième du courant (février 1706), jour de vendredy, à onze
« heures et trois quarts du soir, ma femme sest heureusement accouchée
« d'un garçon; il a esté baptisé le sept. On la nommé François-Gabriel.
« Son parrein a été M. François Terras, mon beau-père, et sa marreine
« madame Anne d'Amy, ma belle-mère.

« Le quinze du courant (janvier 1707), jour de samedy, à trois heures
« du matin, ma femme sest heureusement accouchée d'un garçon, qui a
« été baptisé le dix et sept et nommé Jean-Jacque-Maur. Son parrein a
« été messire Jacques des Richery, chanoine théologal de l'Eglise collé-
« giale de Lorgues, et sa marreine Mme de Pallas.

« Le treize du courant (mars 1707), damoyselle Anne d'Amy, de la
« ville de Brignole, femme en secondes noces de feu noble Jean de Marin
« de Carranrais, mon père, est décédée dans lad^e ville de Brignole.

« Le vint et trois du courant (octobre 1710), jour de jeudy, mon
« épouse sest heureusement accouchée d'une fille, qui a été baptisée le
« vint et cinq et nommée Gabrielle-Sylvie; son parrein a été M. d'Orgnon

[1] Noble Félix de Marin.

« Terras, chevalier de l'ordre royal de St-Louis et capitaine des vais-
« seaux du Roy, sa marreine madame Gabrielle de Ripert de Carquerane,
« épouse du sieur de la Valette.

« Le vint et quatre du courant jour de mardy (mai 1712), ma femme
« sest accouchée dun garçon qui fut ondoyé par la sage-femme à cause
« du danger de mort, et le lendemain il fut baptisé sous condition et
« nommé Louis-Joseph ; son parrein a été M. Louis Gerin de Menières,
« capitaine d'infanterie dans le regiment de Picardie, et sa marreine
« madame Ferras-la-Roquette.

« Le 10 du courant (juillet 1712), sur les neuf heures du matin,
« messire Armand-Louis Bonnin de Chalucet, évêque de Toulon, est
« mort dans son palais épiscopal, aagé d'environ soixante et qua-
« torze ans.

« Le 4 du courant (octobre 1712), jour de mardy, sur les quatre heures
« après midy, mon fils Jean-Jacques est mort après une maladie de
« neuf ou dix jours, aagé de six ans moins trois mois et quelques jours,
« estant né le quinze janvier mil sept cents sept. Il a été enterré dans
« le tombeau de notre famille, qui est dans la chapelle de N.-D. dite de
« Bon-Voyage, auprès de lendroit où lon baptise, dans l'Eglise cathédrale
« de cette ville.

« Le huit du courant (novembre 1713), jour de mercredy, à trois heures
« après midy, mon épouse sest heureusement accouchée dune fille qui a
« été baptisée le lendemain et nommée Marie-Thérèse. Son parrein a été
« Monsieur Cœsar de Pallas, lieutenant des vaisseaux du Roy, et sa
« marreine Madame Marguerite de Gerin, épouse du sieur de Capele,
« capitaine de grenadiers dans le regiment de Royal-Vaisseaux.

« Le premier du courant (septembre 1715), Louis quatorzieme du
« nom, Roy de France et de Navarre, notre souverain, est décédé à
« Versailles, aagé de soixante et dix sept ans moins quatre jours, ayant
« régné soixante et douze ans et environ quatre mois ; son arrière petit
« fils a succédé à sa couronne sous le nom de Louis quinze et attendu
« sa minorité, nestant aagé que d'environ cinq ans, Monseigneur le duc
« d'Orléans a été déclaré régent du royaume.

« Le vint et neuf du courant (juin 1716), messire Claude Gabriel
« de Talaru, marquis de Chalmazel, brigadier des armées du Roy,
« commandant pour Sa Majesté en cette ville, est décédé aagé d'environ
« quatre vints ans.

« Le neuvième du courant (août 1716), jour de dimanche, à une heure
« après minuit, mon épouse sest heureusement accouchée d'un garçon
« qui a été baptisé le même jour et nommé Félix-Barnabé. Son parrein

« a été noble Félix de Marin, mon oncle, et sa marraine madame Fran-
« çoise Martely, épouse du sʳ de Pallas, lieutenant des vaisseaux
« du Roy.

« Le quatre du courant (novembre 1716), M. du Pont, brigadier des
« armées du Roy, est arrivé dans cette ville pour y commander au nom
« de Sa Majesté, à la place de feu M. le marquis de Chalmazel.

« Le vinte trois dudit (novembre 1716), Mʳᵉ Hocar est aussi arrivé en
« cette ville pour exercer dans ce port la charge d'Intendant de la
« Marine du Levant à la place de M. de Vauvré, qui est presentement
« conseiller d'Etat au Conseil Royal de la Marine, ce qui l'oblige à
« résider en cour.

« Le quinze du courant (juin 1719), jay esté esleu premier consul de
« cette ville.

(Octobre 1720.) « Au commencement de ce mois, la peste qui avoit
« été apportée à Marseille par un vaisseau venu de Levant, commandé
« par le capitaine Chateau et qui dans le mois de juillet dernier com-
« mença à se faire sentir dans cette ville-là où elle fit dans la suite de
« très grands ravages, se communiqua dans celle-cy nonobstant toutes
« les précautions qu'on mit en usage pour éviter la communication de
« ce terrible fléau. La commune opinion est quelle y fut introduite par
« un patron pêcheur nommé Cancelin, par le moyen de quelques
« marchandises qui avoint esté transportées de Marseille à Bandol et
« ensuite apportées dans notre ville par led. Cancelin, qui fut la première
« victime de cette maladie, dont il mourut le huit du courant. On mit
« aussitôt en quarantaine toute sa famille et toutes les personnes qui
« avoint communiqué dans sa maison pendant qu'il estoit malade ; cette
« sage précaution n'empêcha pas la communication du mal contagieux
« dans la famille dud. Cancelin et même parmy les personnes qui avoint
« fréquenté dans sa maison, la plupart en furent attaqués et périrent
« presque aussitôt. Cependant cette première atteinte n'eut pas de plus
« grandes suites, et on se flatta même qu'elle n'en auroit pas, parce que
« pendant près de deux mois la santé parut estre bonne et exemte de tout
« soupçon ; mais vers les festes de la Noël, on sentit une nouvelle
« attaque. Elle commença par un meunier à huile nommé Mouriés et le
« mal se répandit ensuite sur les personnes qui avoint fréquenté dans le
« moulin dudit meunier ; il se glissa aussi dans l'hôpital St-Esprit à
« peu près dans le même tems par le moyen dune femme qui y fut trans-
« portée et quon croyoit malade dune maladie ordinaire, mais les suites
« firent voir que son mal étoit contagieux, puisqu'il se communiqua aux
« infirmières et ensuite dans lapartemant des femmes et filles, qu'on fut

« obligé de fermer pour éviter la communication de la maladie qui se
« répandoit insensiblemant dans la ville, où lon faisoit de tems en tems
« quelque fâcheuse découverte ; mais comme le froid qu'il faisoit alors
« empêchoit sans doute que le mal ne s'allumât, on espéroit en estre
« quittes à bon marché. On prenoit cependant toutes les précautions
« possibles pour en éviter les suites. Mais, que peut la prudence
« humaine contre les décrets de Dieu, qui vouloit sans doute nous faire
« sentir le poids de sa colère ? Sur la fin du carneval, la maladie, qui
« sembloit n'avoir fait que badiner jusque-là, s'expliqua tout de bon,
« et comme elle empiroit tous les jours, il fut proposé et délibéré en
« même tems d'enfermer touts les habitans dans leurs maisons et
« dobserver une quarantaine générale dans toute la ville, ce qui fut
« exécuté. On commença cette quarantaine le dix de mars, et elle fut
« ensuite prolongée jusques au dix ou douze du mois de may. Ce qui
« n'empêcha pas que le mal n'exerçât pendant ce tems-là toute sa
« fureur, qui ne commença à se ralentir que sur la fin du mois de juin.
« La maladie eut pourtant encore quelques suites dans le mois de juillet
« et ne cessa entièremant que dans le mois d'aoust, après avoir emporté
« plus de la moitié de nos habitans, tant dans la ville qu'à la campagne,
« où elle s'étoit aussi répandüe. On conte dans le nombre des morts le
« second et le troisième consul, presque touts les officiers municipaux,
« une vintaine d'officiers de la marine, autant de la garnison et beaucoup
« des personnes notables. Dieu nous délivre à lavenir par sa miséricorde
« dun pareil désastre, qui sera dans touts les tems une terrible époque
« pour cette ville !

« Le treize du courant (avril 1723), jour de mardy, sur les huit heures
« du matin, mon fils Félix Barnabé est mort après une longue maladie.
« Il estoit agé de six ans huit mois et quelques jours, estant né le
« neufvième du mois daoust de l'année mil sept cens seize.

« Le vingt et cinq du courant (septembre 1723), noble Félix de
« Marin, mon oncle, est décédé à l'âge de quatre vints ans moins
« quelques mois. Il a institué mon fils aîné pour son héritier universel,
« par son dernier testament reçeu par Mre Ganteaume, notaire.

« Le quinze du courant (juin 1726), jay esté esleu premier consul de
« cette ville pour la seconde fois.

« Le vint et trois du courant (septembre 1727), jay été installé Viguier
« de cette ville par le s^r lieutenant du sénéchal, à la manière accoutumée, à
« la place du s^r Cordeil, qui a fini ses trois années dexercice, pour faire les
« fonctions de ladite charge pendant trois années consécutives qui ont
« commencé le vint et quatre du mois de juin dernier et finiront à pareil

« jour de lannée mil sept cens trente, conformément aux lettres de
« provision de Sa Majesté, qui sont dans le sac des titres de la famille.

« Le quatre du courant (septembre 1729), à trois heures et demy du
« matin, la Reine sest accouchée dun Dauphin, ce qui a donné lieu à de
« grandes réjouissances dans tout le royaume. Il y a eu feste à ceste
« occasion pendant trois jours dans cette ville.

« Le quinze du courant (août 1733), messire Joseph-Raymond Dupont,
« brigadier des armées du Roy et commandant pour Sa Majesté dans
« cette ville, y est décédé, âgé de quatre vint deux ans, généralement
« regretté de tout le monde.

« Le douze du courant (juin 1734), veille de la Pentecoste, M. de
« Marnezia, brigadier des armées de Roy, est arrivé en ceste ville pour y
« commander au nom de Sa Majesté, à la place de feu M. Du Pont.

« Le trente du courant (avril 1737), M. Mithon, Intendant de la
« Marine en ce port, est mort à Paris, et le Roy a nommé quelque tems
« après M^r le Vasseur de Villeblanche pour son successeur.

« Le douze du courant (septembre 1737), messire Louis de la Tour du
« Pin de Montauban, Evêque de ceste ville, est mort dans son château de
« Carquerane, âgé d'environ cinquante et cinq ans, et aux festes de la
« Noël daprès, le Roy a nomé M. l'abbé de Choin pour son successeur,
« et Sa Majesté luy a ensuite donné la prévôté de Pignans.

« Le 25 du courant (octobre 1738), j'ay émancipé mon fils et luy ai
« désamparé le capital de la maison de ville moyennant quoy il ne peut
« rien prétendre ni me demander ma vie durant, acte Mre Hugues, notaire.

« Le 9e du courant (décembre 1740), ma fille Clere-Marguerite est
« décédée à la Bastide, après quatre mois de maladie, âgée de trente et
« deux ans moins un mois et demy environ, étant née le vint et sept
« janvier mil sept cens neuf.

« Le vint et quatre du courant (janvier 1741), M. le comte de Castelane
« ambassadeur du Roy à la Porte, est party dicy pour se rendre à Cons-
« tantinople à bord du vaisseau du Roy *l'Espérance*, commandé par
« M. de Gabaret, chef d'escadre, suivy du vaisseau du Roy *le Solide*,
« commandé par M. Gravier, capitaine de vaisseau.

« Le treize avril de la presante année (1742), dom Philippe, infant
« d'Espagne et gendre du Roy nostre maître, arriva en ceste ville avec
« une nombreuse suite. Il alla descendre à l'Hôtel de ville, où on luy avoit
« préparé son logemant, et pour le rendre plus spacieux on avoit percé dans
« la maison attenante, apartenant au sieur Trulet, officier de la Marine.
« Ce prince, après avoir reçu touts les honneurs deus à son rang et avoir
« été régalé de différentes fêtes pendant son séjour, partit le vint et six du

« même mois pour aller à Antibes, où six galères d'Espagne et deux de la
« République de Gênes l'attendoint pour le passer en Italie. Pendant
« tout le tems qu'il demeura en cette ville, jeus chez moi un grand
« d'Espagne de sa suite, appelé le duc de Huescar ou d'Albe, conetable
« de Navarre, grand de la première classe, l'un des premiers gentils-
« hommes de la Chambre de Sa Majesté catholique, brigadier de ses
« armées et colonel d'un régiment d'infanterie. Il occupoit pour son
« logement tout le second étage de ma maison et partie du troisième
« parcequ'il avoit un capitaine de son régiment qui logeoit avec lui et
« plusieurs domestiques.

« Le 21 du courant (mars 1744), le prince de Conti est arrivé en cette
« ville, sur les sept heures du soir. Il fut salué en entrant par touts les
« canons des remparts et par vint un coups de canon de lamiral. Il
« partit le lendemain vint et deux, à onze heures du matin, après avoir
« visité larcenal, les vaisseaux du Roy *le Tonant* et les batteries qui sont
« dans la rade.

« Le 30 du courant (mars 1744), dame Anne-Clere Terras, ma chère
« épouse, est décédée après une maladie denviron trois mois ; elle a été
« enterrée le lendemain dans le tombeau de notre famille qui est dans
« léglise cathédrale, tout contre lautel de St-Maur, et dans l'enceinte de
« la chapele de Notre-Dame de Bon Voyage, où lon voit un mausolée
« sur la muraille du fond, avec nos armes et une inscription latine :
« *Requiescat in pace.*

« Le vint et huit du courant (mai 1744), M. le comte de Maurepas,
« ministre d'Etat, ayant le département de la Marine, est arrivé en cette
« ville, sur les neuf heures du soir ; il en est party le seize juin, à dix
« heures du matin, et, dans l'intervalle du séjour qu'il a fait icy, il est
« allé à Nice pour s'aboucher avec leurs Altesses Royale et Sérénissime
« l'Infant dom Philippe et Mgr le prince de Conty. Il a employé cinq
« ou six jours dans ce petit voyage, de manière qu'il a demeuré environ
« treize jours icy.

« Le trente du courant (novembre 1746), M. le maréchal Duc de
« Belleisle, général de l'armée du Roy en Provence, arriva en cette ville
« sur les six heures du soir. Il en partit le second décembre, à onze
« heures du matin, après avoir visité les fortifications de la place et
« avoir donné ses ordres pour les mettre dans leur état de perfection.

« Le quatorze du courant (novembre 1747), messire Claude de Lesé
« de Marnesia, brigadier des armées du Roy, commandant pour
« Sa Majesté dans cette ville et forts qui en dépendent, est mort âgé
« d'environ quatre-vingt-quatre ans.

« Le dix et huit du courant (novembre 1747), son Altesse Sérénissime
« Monseigneur le Duc de Modène est arrivé en cette ville à nuit close,
« ce qui fit qu'on ne lui tira pas le canon en entrant et qu'il ne trouva
« pas les troupes en bataille. Du reste on lui a fait en sortant et
« pendant son séjour les mêmes honneurs que l'on fait à Nosseigneurs
« les maréchaux de France. Il fut descendre à l'Intendance, où on lui
« avoit préparé son logement. Il partit le vint au matin, après avoir
« visité l'arcenal, la rade et les fortifications de la place.

« Le trente du courant (décembre 1747), M. de Mauriac, maréchal
« des camps des armées du Roy, qui résidoit et commandoit déjà en
« cette ville depuis la mort de M. de Marnesia, en qualité de comman-
« dant de la Province en absence de M. le marquis de Mirepoix, a receu
« de la cour sa comission de commandant de cette place et forts qui en
« dépendent, à la place dud. feu sr de Marnesia. Le choix de Sa Majesté
« a été généralement aplaudi de tous les habitants de cette ville qui ont
« éprouvé en différentes occassions la sagesse et la justice de ce digne
« commandant. »

De l'écriture de noble François Gabriel de Marin de Carranrais, fils
de celui qui a tenu la plume jusqu'ici :

« Le seizième d'avril mil sept cent cinquante un, jour de vendredy, à
« trois heures et demie après midy, noble François-Joseph de Marin de
« Carranrais, mon père, ecuyer de cette ville de Toulon, veuf de feue
« dame Anne-Clere de Terras, mourut âgé de septante et huit ans et
« deux mois, étant né· le quinze février mil six cens septante trois.
« Il fut ensevely le lendemain dix sept dans le tombeau de la famille
« érigé à l'Eglise cathédrale de cette ville, où il y a un mausolée avec les
« armoiries de la maison et une épitaphe auprès de l'autel St-Maur,
« allant aux fonts baptismaux. *Requiescat in pace.*

« Le vingt un dud. mois d'avril 1751, jour de mercredy, à huit heures
« et demie du matin, Mrs du Chapitre firent le service pour le repos de
« l'âme de feu mon père, que Dieu aye mis en son saint paradis. »

P. S. — Est encore entre mes mains une collection de sept volumes,
représentant le journal de tout ce qui s'est passé de remarquable à
Toulon de 1720 à 1773, tenu par noble François-Gabriel de Marin de
Carranrais. — Ceci n'étant pas un livre de raison, il suffit, je pense, de
de cette indication.

Bien des choses assurément seraient à citer, en particulier ce qui
concerne la peste de 1720 et 1721.

(Communication de M. F. de Marin de Carranrais,
possesseur dudit livre de raison.)

XX.

Livre de raison de moy Joseph-Siffrein **MARTIN**, *notaire de la ville de Carpentras.*

« Au nom du Père et du Fils et du Saint-Esprit. Ainsi soit-il. — Je
« n'ay commencé ce Livre de raison qu'à mon mariage (15 juillet 1755),
« croyant très-inutile à un homme de se donner la peine d'en tenir un,
« lorsqu'il n'est pas à même d'avoir des successeurs. »

———

Livre de raison de Joseph-François-Ange **MARTIN**, *docteur en
l'Université d'Avignon et notaire, fils de Joseph Siffrein.*

« Au nom du Père, du Fils et du St-Esprit. — 1798. Je commence
« mon Livre de raison qui contiendra l'état de mes affaires. Je remon-
« terai depuis ma naissance, et j'y dirai un mot de mon éducation.
« Veuille la Divine Providence me faire la grâce de le continuer pen-
« dant de longues années ! »

Ce Livre de raison a été tenu jusqu'en 1832, année où, à la date du
28 avril, son auteur enregistre la nomination de son fils aîné, *Joseph-
François-Auguste*, comme notaire à Arles.

(Communication de M. de Ribbe.)

———

XXI.

MARTINON (*Mémorial de la famille*).

Pierre Martinon, notaire royal et procureur du Roi en l'élection de
Brioude, décédé en 1630, avait eu dix-sept enfants, parmi lesquels : le
père Jean Martinon, jésuite, théologien célèbre de son temps, mort au
collège de Bordeaux, le 5 février 1662, à l'âge de 77 ans, laissant après
lui une grande réputation de science et de vertu ; Jacques Martinon,
curé d'Umet, près Cadilhat, en Guyenne, diocèse de Bordeaux, et autres
Jean et Claude Martinon qui furent les auteurs de deux branches qui,
elles-mêmes, se divisèrent plus tard également en deux.

Jean Martinon, qui eut l'office de notaire royal de son père, commença à tenir ce mémorial par l'enregistrement de la naissance de sa

fille Clauda, arrivée « le dimanche cinquiesme novembre 1628, à l'heure « de vespres. » Jean Martinon mourut le 6 avril 1667. Marié deux fois, il laissait, entre autres enfants, deux fils qui continuèrent la postérité·

Jean-Gabriel Martinon, enfant du premier lit, mourut le 5 juin 1713. Son fils aîné, Julien Martinon, avocat en Parlement, se conformant à l'usage établi dans toutes les familles un peu importantes du pays, commença aussitôt après son mariage avec Marie-Françoise Dalbine — 7 février 1701, — la rédaction d'un mémorial qu'il continua jusqu'au 22 août 1741. J'en citerai le passage suivant :

« Le treiziesme iour de septembre de l'année 1702, entre les neuf et « dix heures du matin, Dieu retira de ce monde Mr Julien Dalbine, « président en l'élection [de Brioude], aagé de vingt six ans, frère « germain de mon épouse, qui laissa deux enfans, un masle et une fille « dont Antoinette Bellet et Anne Gueringaud, mère et ayeule du « défunt, se rendirent tutrices. La force de son tempérament et l'espé- « rance de son âge nous donnent un exemple sensible de l'incertitude « de notre mort et nous obligent, par une réflection sur nous-mêmes, « d'y penser toujours. Priez pour le repos de son âme. »

Julien Martinon mourut le 2 octobre 1746. L'un de ses enfants, le 9me Jean-Gabriel, né le 22 avril 1713, prit l'habit de Cordelier le 24 mai 1728. Docteur en théologie de la faculté de Paris, il devint ministre provincial de la province de Saint-Bonaventure, et mourut au couvent de Brioude, qu'il avait choisi pour sa résidence, le 20 janvier 1783. Un autre, le dix-huitieme et dernier, Julien, né le 15 novembre 1728, fut s'établir à Paris. Il y fit fortune et n'eut qu'un seul fils : Charles-Julien Martinon, notaire au Châtelet, en 1789, au lieu de Me Michelin. La fille de ce dernier, Aglaé-Charlotte-Julienne, née à Paris, le 19 août 1791, épousa en 1810 Auguste-René Lefebvre de Laboulaye ; elle en eut deux fils, dont l'un, bien connu, M. de Laboulaye, professeur au Collège de France, le père de notre dernier ambassadeur en Russie.

Quant à Antoine Martinon, fils aîné du second mariage de Jean, homme très érudit, assesseur en l'élection de Brioude en 1681, il resta en possession du mémorial commencé par son père, et le continua jusqu'à son décès. Lorsque son fils Jean-François-Gabriel prit la plume, ce fut pour enregistrer en ces termes la mort de son père :

« Aujourd'hui vingt quatre jour et mois d'aoust 1687, Me Antoine « Martinon, mon père, est décédé et a esté enterré à St-Pierre, le « lendemain. Le bon Dieu l'aye reçeü dans son saint paradis et me fasse « la grâce de l'y voir, afin que nous puissions chanter les louanges du

« Seigneur. *Requiescat in pace. Amen.* Mes héritiers sont priés de se
« resouvenir de luy et de faire prier Dieu pour son âme. »

Jean-François-Gabriel Martinon mourut le 3 juillet 1751, laissant à
son fils unique, le dernier rejeton mâle de cette branche, Jean-François Martinon, receveur des amendes en la maîtrise des eaux et forêts
de Saint-Flour, le soin de continuer ce mémorial. Il y enregistre la
naissance de ses enfants, tous morts en bas âge, et le mariage, en juillet
1753, de sa sœur cadette, Marie-Françoise, avec Jean-Baptiste Le
Blanc des Mas, mon arrière-grand-père.

Ce mémorial, véritable état civil de la famille, s'arrête au 12 mai
1758, date de la mort, à Fruzières, d'Antoine-Guillaume Martinon, le
dernier enfant de Jean-François, né le 4 juillet 1755. J'ai entendu
raconter que mon arrière-grand'mère n'avait pas voulu le continuer, au
décès de son frère aîné, dans la crainte superstitieuse de voir mourir
ses enfants, si elle les enregistrait dans ce mémorial qui contenait le
nécrologe de ses frères et sœurs, au nombre de seize, presque tous
morts en nourrice, ainsi que ceux de son frère, et la brave femme eut
eu des larmes à verser, car elle eut douze enfants, fils ou filles. Elle
n'eut pas heureusement à les pleurer : tous vécurent de longs jours. Elle
n'avait inscrit leur naissance que sur les marges de son livre d'heures.

Je possède ce petit recueil, composé de 30 feuillets de 18 cent. de
hauteur sur 12 de large. Pour en assurer la conservation, je lui ai
fait donner un nouvel habit convenable, l'ancien — un fragment de
parchemin — étant devenu hors d'usage.

Par une heureuse fortune, le mémorial tenu par Julien Martinon,
est également, depuis peu de jours, entre mes mains. Il se trouvait en
tête d'un in-folio manuscrit de plus de 900 pages, rédigé par cet avocat
et intitulé : *Répertoire de droit.* Ce volume a été dépecé, il n'en reste que
le mémorial et la table du répertoire : 16 pages. Il provient de la bibliothèque de Pierre-Joseph Dalbine, décédé président honoraire du tribunal de première instance de Brioude, le 10 juillet 1826, à l'âge de
quatre-vingts ans. Ce magistrat fut un modèle d'assiduité, de probité et
d'intégrité. Il présidait un jour, en 1819, le tribunal, lorsqu'il s'aperçut
qu'il était devenu légèrement sourd. Le lendemain, à l'ouverture de la
séance, n'écoutant que les scrupuleuses alarmes de la conscience du
magistrat, sacrifiant tout intérêt et tout amour-propre personnels, il
abdiqua ses fonctions. On remarque dans notre mémorial quelques
notes intéressantes de sa main.

(*Communication de M. Paul Le Blanc.*)

XXII.

MARYE (*Famille*), *de Brioude*.

L. de r. contenu dans un cahier de 14 p. in-f°. Le premier document
est daté du 8 janvier 1618 ; le dernier appartient à l'année 1708. Les
actes de naissance y sont les plus nombreux. A tout moment revient
la formule : *Dieu m'a donné un fils, Dieu m'a donné une fille*. Les mentions de décès sont plus variées, par exemple : « Ma petite est morte ce
22 mars 1626 ». « Le 20 may, jour de l'Ascension, en l'année 1672,
« ma femme est décédée. Le lendemain a esté mise en terre au cimetiere
« de la grand'église et à nostre tombe. » Aux actes de naissance et de
décès sont joints des détails sur les affaires de la famille, des comptes
de toute espèce. Les Marye avaient des parents qui étaient gens
d'église : « Le 23ᵉ jour d'aoust 1687, M. André Freydeffont, mon oncle,
« grand vicaire de Monseigneur de Saint-Flour, est décédé à 8 heures
« du matin. Le lendemain il a esté enterré en l'église Notre-Dame et
« au tumbeau des curés, devant le grand autel. » — « Son parrain
« (d'un petit Marye né en 1692) a esté messire André Vernede, mon
« cousin, prebstre et curé de l'église parroichiale Nostre-Dame de la
« ville de Brioude ».

Notons quelques détails météorologiques et agricoles : « Le 23 avril
« 1659 a fait une gelée qui a emporté tous les fruits, et le 25ᵉ dudit
« moys il a fait une autre gelée plus forte que la première. » — « En
« 1660, il y a eu grand quantité de vin... » — « En septembre 1661 le
« bon vin n'a valu que 14 livres le muit et le vin *pousse* (probable-
« ment un vin très médiocre) n'a valu que 6 livres et il y en a eu
« beaucoup qui ont été contraintz de le donner. » — « Le 14 janvier
« 1665 il a fait grand neige, et le 15ᵉ dudit de grands brouillardz et la
« nuit du 16ᵉ il a tellement gelé qu'on croyoit de couper toutes les
« vignes. »

Le passage le plus intéressant du registre est celui-ci : « Les grands
« jours se sont tenus à Clermont, commençant au 1ᵉʳ octobre [1665]
« et finissant au dernier janvier 1666. On a tranché la teste à M. le
« vicomte de la Mothe et à Messᵣˢ Combatibeuf frères, sçavoir au vis-
« comte pour avoir porté les armes contre le Roy, et à Messᵣˢ Comba-
« tibeuf pour avoir tué M. Duffour, receveur général de Riom. On a
« pendu le curé de Saint-Babel et huict paysans. On en a condamné
« plus de deux cents aux galères, les sortant la nuit, des juges à des

« grosses amendes et des gentilshommes aussy à des amendes pour
« avoir maltraité leurs sujets et les juges pour avoir mal jugé. » Ce
passage avait été déjà publié par le possesseur du ms., M. Paul Le
Blanc, dans une note de son excellente édition du *Journal de J. Bau-
douin, sur les grands jours de Languedoc*, 1666-67. (Paris, 1869, in-8°,
p. xv.)

XXIII.

MIGAULT (*Jean*).

Le journal de Jean Migault, publié à Paris en 1825, en 1840, en 1846
et en 1854, traduit en allemand et publié à Berlin en 1827, est extrêmement intéressant pour l'histoire du protestantisme.

La dernière édition, plus complète que les autres, est ainsi intitulée :
*Journal de Jean Migault, ou malheurs d'une famille protestante du
Poitou à l'époque de la révocation de l'édit de Nantes, d'après un manuscrit
trouvé en Angleterre entre les mains d'un des descendants de l'auteur, avec
des additions tirées d'un autre ms. appartenant à M. H. Houel, pasteur à
Groot-Lindt en Hollande*, publié par D. de Bray (Paris, Grassart, 1854,
in-12 de 207 pp.).

Chaque édition a été faite d'après un manuscrit différent.

Jean Migault, qui avait de nombreux enfants, a voulu laisser à
chacun d'eux un souvenir de famille en ce livre qu'à chaque rédaction
il complétait et améliorait. Le manuscrit qui paraît contenir la rédaction la plus exacte et vraiment définitive (étant plus complet que tous les
autres) est aujourd'hui entre les mains de M. le pasteur Weiss, à Paris,
qui doit en donner prochainement une nouvelle édition. J'ai examiné
récemment chez lui ce manuscrit, bien écrit et bien conservé. Le journal
de Migault « a été commancé à Mauzé en avril 1685, en faveur de
« ses enfans et continué à Amsterdam au mois de septembre
« MDCLXXXIX ». Cet exemplaire a été remis à Embden, en 1702, à
sa fille Marie Migault, femme de charge de la marquise La Roche-
Giffart, dame d'honneur de la duchesse de Brunswick-Lunebourg.
Ce manuscrit a 191 pages, in-12.

(Communication de M. H. Stein.)

XXIV.

MOSNIA (*Livre mémorial de la famille*).

Ce livre fut communiqué, en janvier 1763, par Jean Delcher, bourgeois de Bournoude-Saint-Julien, paroisse de Beaumont (près Brioude), à Julien Dejax le jeune, avocat en Parlement, habitant de la ville de Brioude, son cousin germain, qui en fit des extraits que j'ai sous les yeux.

Voici, d'après ces extraits, le titre et la description de ce mémorial.

« Livre de mémoires pour moy Jehan Monnyer, commencé l'an 1603.

« Couvert d'un vieux parchemin de onze pouces de long et de quatre « pouces de large.

« Trois feuillets sont écrits de la main de Jean Monnyer, et à prendre « le livret danz un autre sens, on lit des quittances de taille et de cens « de différentes années et de différentes mains. »

Ces extraits s'arrêtent au 20 janvier 1629, date de la naissance du 15e enfant de Jean Monnyer. — Jean Monnyer était trisaïeul maternel de Julien Dejax et de Jean Delcher. Ce dernier était le frère d'Etienne Delcher, docteur en théologie, curé de Saint-Pierre de Brioude, puis évêque constitutionnel du département de la Haute-Loire, mort à Brioude le 17 août 1806, et le père de Joseph-Etienne Delcher, qui fut député du département à l'Assemblée législative et à la Convention. Je ne sais si ce *mémorial* existe toujours. Dans tous les cas, il n'est pas connu par les représentants de la famille Delcher.

· (*Communication de M. Paul Le Blanc.*)

XXV.

NEMPDE DU POYET (*Livre de raison de la famille*).

Ce livre de raison, ouvert, le 6 juillet 1666, par Robert Nempde, avocat en Parlement, bailli de Murs et Berbezy et des prieurés de Julhenzes et de Saint-Vert, est continué à partir du 1er janvier 1689 par son fils aîné, Jean-Barthelemy Nempde, sieur du Poyet, avocat en Parlement, qui débute par ces mots : « Dieu voit tout, et ainsi je ne « pretends pas de me cacher de luy, ny de rien escrire dans ce present « livre journal qui ne soit veritable. Tout le monde à qui j'auroy à faire « y peut adiouster foy comme s'ils y avoient esté presents ».

À son décès, ce livre de raison est repris d'abord par sa veuve, Marguerite Porrat, qui le passe en 1727 à son fils aîné, Pierre Nempde, sieur du Poyet, subdélégué de l'intendance d'Auvergne, au département de la Chaise-Dieu, juge châtelain de Beaumont, qui le continue jusqu'à sa mort, arrivée le 20 mai 1751. Puis c'est le tour d'autre Pierre Nempde, sieur du Poyet, receveur des droits du Roi au bureau de Brioude.

Ce livre de raison, ou livre journal, a uniquement pour objet l'administration des domaines, métairies et vignobles que possédait cette famille. Il serait très utile à consulter pour l'histoire du métayage en ces quartiers et de tout ce qui en dépend : gage des valets de ferme, frais d'exploitation, achats et ventes des bestiaux et des denrées. Toutefois la Nempde n'eût pas négligé d'y consigner les événements domestiques et privés de leur famille : mariages, naissances, décès, éducation des enfants, etc.

Robert Nempde a laissé, sur l'éducation de ses fils, des détails qu'il faut noter. Possessionné, à Lavandieu, d'un domaine vinicole qui était dans la famille dès les premières années du XVIe siècle, il envoyait ses enfants en pension chez les dames chanoinesses nobles du Prieuré de ce lieu [1]. Ces chanoinesses, de l'Ordre de Saint-Benoît, n'étaient pas fâchées d'augmenter leurs très modestes revenus, en se chargeant de l'éducation des enfants de la bourgeoisie des environs. « Mon fils, Jean-« Barthelemy, écrit Robert Nempde, est allé demeurer à Lavaldieu, « pensionnaire chez les dames de St-Giron, le 15 juin 1666.

« Je l'ai envoyé quérir à cause de la petite vérole, le septiesme « decembre 1666.

« Je l'ay renvoyé dans sa pension et chez les mêmes dames, le second « jour de may 1667.

« Jean-Barthelemy et Grégoire Nempde, mes enfants, sont allés « demeurer à Lavaldieu, chez les dames du Chariol, le 18 may 1669.

« Ils ont emporté quatorze chemises, six colets, six couvertes et « quelques autres petits linges, scavoir mouchoirs et beguins.

« Gregoire Nempde, mon fils, est revenu de Lavaldieu le deuxiesme « octobre 1669.

« Ma femme a envoyé aux dites dames trente livres beurre par le « vigneron. »

En enregistrant la naissance de leurs enfants, Jean-Barthelemy Nempde et Pierre Nempde, Ier du nom, indiquent avec soin l'heure de leur venue au monde et s'ils sont nés en jeune ou vieille lune.

---

[1] Lavandieu, commune du canton de Brioude.

Profondément religieux, après les noms des parrains et des marraines, ils écrivent les invocations suivantes : *Dieu lui fasse la grâce d'être vertueux, à Dieu soit recommandé, Dieu lui donne sa crainte.*

Mais il faut se borner. Disons cependant, avant de clore cette note, que Pierre Nempde, IIe du nom, vint se fixer, lors de son mariage, à Brioude, et qu'il y mourut le 19 décembre 1782 laissant deux enfants : une fille, ma grand'mère maternelle, et un fils Pierre-Michel Nempde, général de brigade du génie, né le 8 août 1775, mort à Paris le 26 février 1831. En lui s'éteignit cette famille, originaire de la Chaise-Dieu, petite ville connue par sa célèbre abbaye de l'Ordre de Saint-Benoît, et sa magnifique église.

Dans ma toute jeunesse, j'avais admiré, chez ma grand'mère, la couverture de ce livre en basane jaune, brodée de lanières de basane blanche entrelacées en compartiments, de mosaïque au dos et sur les angles des plats. Hélas ! lorsque j'en suis devenu possesseur, non seulement il avait été dépouillé de cette vénérable parure, vieille de plus de deux siècles, mais il avait perdu beaucoup de ses feuillets, les plus précieux peut-être. Tel qu'il est, je le conserve pieusement, comme le reflet le plus intact et le plus parfait de l'âme de mes pères.

(*Communication de M. Paul Le Blanc.*)

XXVI.

NOZERINES (*Mémorial de la famille*).

Dès qu'on aperçoit les Nozerines à Brioude, au milieu du XVIe siècle, ils sont chirurgiens ; mais, en gens très pratiques, ils ont plusieurs cordes à leur arc : en même temps ils sont orfèvres.

Honorable homme, maître Pierre Nozerines, marié le 24 juillet 1575, est le premier qui soit connu de ce nom. Lors de la peste de 1580, les habitants de la ville le gagèrent pour traiter les malades et désinfecter les maisons. Quelques années plus tard, il fut le chirurgien de la petite armée conduite, en 1589, par les gouverneurs de l'Auvergne et du Velay, le comte de Mandan et le baron de Saint-Vidal, pour la réduction, au profit de la Ligue, des châteaux de Chilhac, du Mas et autres des environs de Brioude.

Pierre Nozerines eut au moins trois fils, nommés Julien, Hélie et Maurice ; ces deux derniers chirurgiens et apothicaires. Quant à Julien, il se qualifiait d'orfèvre maître chirurgien. C'est le titre que lui donne notamment le prospectus manuscrit de deux insignes charlatans qui vinrent loger chez lui dans le second quart du XVIIᵉ siècle, messire Denys de Maubec, seigneur de Copponay[1], de Tavolle, et coseigneur de Challes et de la Corbière, médecin spagyrique, et son associé messire Joachim de Gazelle, sieur de La Combe. Ces deux compères, après avoir vanté les vertus de leur poudre ressuscitative et sudorifique, de leur vomitif universel et de leur or potable, ajoutent « que dans les jours de « récréation ils travaillent à la composition de toutes sortes de pier- « reries tant dures que tendres ; ils contrefont le jaspe, l'agathe, la « calcédoine si parfaitement qu'on les peut tailler à la roue des lapi- « daires et prendront le poliment comme l'orientale, chose très belle « pour garnir des tables, pupitres, cassettes, cabinets et mesme faire « des coupes pour boire taillées par le grossoyeur, des boîtes de montre « toutes d'une pièce. Ils composent toutes sortes de lacques pour les « peintres. Ils escrivent des lettres d'argent sur le fer, sur les lames « d'espée et tous travaux d'acier bien polly et y peuvent faire toutes « sortes de portraitures sans que jamais elles se puissent effacer sur les « gardes d'espées, boucles de souliers.

« Ils contrefont encore la corne des escailles de tortue parfaitement, « que mesme elle aura plus de vivacité que les naturelles. »

Mais il serait trop long d'énumérer toutes les merveilles qu'offre ce prospectus aux curieux, et il est temps de revenir à Julien Nozerines. Ce fut son fils Jean, également orfèvre, qui commença à tenir un mémorial. Il l'ouvrit par la copie de son contrat de mariage, en date du 22 septembre 1633, avec Anne Fornet, fille d'un marchand brivadois. Puis, fort régulièrement, il y inscrit la naissance de ses sept enfants. Le sixième, par ordre de date, Hélie Nozerines, né le 2 mai 1643, fut le type achevé de l'homme de métier de son temps. Dans sa longue car- rière, car il mourut à l'âge de quatre-vingts ans, le 12 août 1722, il aborda tous les genres d'ouvrage de son art : orfèvrerie d'église, vais- selle de table, bijoux, joyaux, etc. Toutes les matières étaient à sa convenance et il savait les ouvrer avec habileté, sinon toujours avec un goût parfait. C'est ce que permettent de constater quelques dessins de sa main que je possède.

Malgré son labeur incessant, il ne négligea pas de continuer avec exactitude le mémorial commencé par son père. Il y inscrivit les

---

[1] Voir dans le *Manuel du Libraire* (t. III, col. 1539) l'indication d'un ouvrage du seigneur de Copponay : *Le tombeau de l'envie, où il est prouvé qu'il n'y a qu'une médecine, qui est la chymique,* etc. (Dijon, 1679, in-12.)

contrats qui concernent la naissance de ses dix-sept enfants, dont plusieurs moururent en bas âge.

Parmi eux, je citerai Pierre Nozerines, d'abord aumônier du Roi, puis attaché à l'église de Saint-Jean de Brioude qui était la paroisse de sa famille, mort considéré comme un saint. Il fut inhumé par une faveur toute spéciale et avec l'autorisation du noble chapitre de cette ville, pourtant si jaloux de ses prérogatives, au milieu de la basilique de Saint-Julien. Sur la dalle qui le recouvre, on lit l'épitaphe suivante :

Par une grâce particulière, pour honorer la vertu, ici repose messire Nozerines, prêtre vrai et fidel (sic) serviteur de Dieu et le père des pauvres, décédé le 9 mars 1757, âgé de 73 ans[1].

Cette pierre tombale est toujours à sa place dans la nef centrale de Saint-Julien, devenue l'église paroissiale de Brioude ; de toutes celles qui s'y trouvaient jadis, elle a été la seule épargnée à l'époque révolutionnaire. (*Tablettes du Velay*, t. IV, p. 283.)

Le mémorial tenu par Jean et Hélie Nozerines a été égaré. Je n'en connais l'existence et le contenu que par l'analyse qui en avait été faite par un érudit de mes amis, M. Fournier-Latouraille. Comme le papier de ce premier mémorial était épuisé, le fils aîné d'Hélie, Maurice Nozerines, orfèvre comme ses ancêtres, en recommença un autre dans un petit registre que j'ai en ce moment sous les yeux.

Maurice débute par ces mots :

« Au nom de Dieu et de la Ste Vierge, le quatriesme août 1716, Dieu « m'a donné une femme, qui est Marguerite Gueyffier ; Dieu nous a « donné notre 1er enfant, le dix-septiesme jour du mois de juin 1717. « Il est né à trois heures après midi. Il a été paptisé (*sic*) à cinq heures « du mesme jour. Son parrain a esté Hélie Nozerines, son grand-père ; « sa marraine a esté Jeanne Martinon, sa grand'mère. Il est mort le « neufviesme jour du mois de juillet, à midy, dix-sept cent dix-sept. »

Puis, il écrit au-dessous :

« Dieu m'a osté ma femme le premier novembre 1731, jour de la « feste de tous les saints, à une heure après-midy âgée de 37 ans. »

Cette mention est suivie immédiatement de celle-ci :

« Ce 9e février 1733, Dieu m'a donné une seconde femme, Anne-« Marie Chapdemoton. »

Marguerite Gueyffier appartenait à l'une des familles les plus quali-

---

[1] « Mon frère, écrit Maurice Nozerines, dans son mémorial dont il va être « question, est mort le 7 mars 1757. A la prière de messieurs du Chapitre et du « consentement de sa famille, il a esté enterré dans la grande église, au milieu. »

fiées de la bourgeoisie de la ville. Voici en quels termes Maurice Nozerines enregistre dans son mémorial la mort du frère de sa première
femme :

« Monsieur [Gueyffier] de Longpré est mort à Strasbourg, le 4ᵉ avril
1738. Il était lieutenant-colonel dans le régiment de Bresse-infanterie. »

Maurice Nozerines fut très habile de son métier. Je noterai, parmi
les ouvrages sortis de son atelier, la garniture d'autel exécutée en 1745
pour le chapitre de Saint-Julien, « quatre chandeliers d'argent triangles,
« au titre de Paris, de la hauteur de 26 à 27 pouces, avec la croix de
« même d'argent proportionné à la hauteur et à la qualité des chande-
« liers, le tout au poids de 45 marcs, » la grande lampe du chœur,
faite en 1748, le lustre en argent de Saint-Julien, etc. Toutes pièces
envoyées à la Convention en 1793, pour « subir l'épuration patriotique
« du creuset. » Je n'en parle donc que d'après les prix-faits et dossiers
que je possède dans mes cartons.

Maurice mourut le 1ᵉʳ septembre 1758. Il avait eu de ses deux
mariages dix-sept enfants, dont deux furent orfèvres. Ni l'un ni l'autre
ne semblent pas avoir continué le mémorial de leur père.

L'aîné, Julien Nozerines, fit un commerce très considérable. J'ai
recueilli son *livre-journal* d'août 1752 à juillet 1771. La lecture en est
instructive. Nous y voyons défiler tour à tour tous ses clients. Les
grands seigneurs, les abbés et abbesses des monastères, les membres du
clergé séculier, les bourgeois et bourgeoises, les artisans, les paysans,
les valets et servantes de toute la contrée de plus de dix lieues à la
ronde, se rendent à sa boutique ou lui écrivent pour lui demander
mille objets dont l'énumération montre combien le luxe s'était généra-
lisé dans toutes les classes de la société.

Je ne puis résister à extraire une page de ce livre-journal qui honore,
ce me semble, cet orfèvre et témoigne de la bonne foi et de la facilité
avec lesquelles on traitait, jadis, les affaires.

En septembre 1762, M. Cochon, supérieur du séminaire de Saint-
Flour, pressé, sans doute, par des nécessités d'argent, fit offrir à Maurice Nozerines, six chandeliers et une croix d'argent du poids de
soixante-huit marcs environ. Le prix s'en élevait à 3,300 l. environ.
L'orfèvre n'avait pas cette somme. Il va trouver ses voisins et amis.

MM. Croze de Montbrizet, président de l'élection, Gueyffier de
Colairat, subdélégué de l'intendant d'Auvergne, Grenier, marchand, etc.,
ne restent pas sourds à son appel. Ils lui ouvrent leur bourse sans
demander de billets. Voici maintenant le principal passage du livre-
journal qui concerne cet achat :

« J'ay emprumpté le 6 7bre 1762, à Mr de Montbrizet père, douze
« louis d'or, faisant 288 l. Il n'y a pas de billet. J'ay rendu les douze
« louis le 15 9bre 1762. La servante les est venu chercher de la part de
« Mr de Montbrizet.

« Mr Gueyffier-Calairat m'a prêté dix louis faisant 240 l. Il n'y a pas
« de billet ; j'ay payé Mr Gueyffier le 29 mars 1763.

« Mr Grenier, marchand, m'a prêté 300 l. Il n'y a pas de billet ; j'ay
« payé le 10 février 1763, etc., etc.

« Tous ces emprunts ont été faits pour acheter six chandeliers et une
« croix appartenant au séminaire de Saint-Flour. »

Julien Nozerines mourut vers 1793, laissant entre autres enfants,
de Magdeleine du Puy, tante d'André-Julien du Puy, mort, pair de
France, le 6 janvier 1832, Pierre Nozerines qui fut le dernier orfèvre
de cette famille ; au moment de la Révolution, il cessa son commerce.

La famille Nozerines s'est éteinte dans la personne de Marie-Henri
Nozerines, chef de bataillon à l'état-major particulier du Génie, décédé
à Paris, le 21 juillet 1881, dans sa 42e année. Par son testament, il
laissait la plus grande partie de sa fortune à l'hôpital de Brioude et
léguait son épée et sa croix de la Légion d'honneur à la chapelle de la
Sainte Vierge, dans l'église de Brioude, où ces objets sont exposés.

A sa mort, j'aurais pu former tout un petit musée, avec les dessins,
les albums de gravures, les modèles en plomb, les cuivres gravés et les
outils de cet atelier d'orfèvrerie qui avait vécu deux siècles. Malheureusement, prévenu trop tard, je n'ai pu sauver que quelques débris. Je
les conserve avec soin, car ils forment encore un ensemble précieux
pour l'histoire des industries provinciales si prospères autrefois.

(*Communication de M. Paul Le Blanc.*)

XXVII.

PATIN (*Guy*).

Extrait de son L. d. r. intitulé : *Index medici Patin* :

« 1596. En cet an moururent trois personnes considérables de nostre
« famille, sçavoir mes deux grands pères et l'advocat du Roy Patin.
« Guy Patin, mon grand-père, mourut à Houdan, dans la même maison
« que je suis nay, d'une angine [*en note* : il fut saigné trois fois soubs la
« langue ; il eut mieux valu le saigner des deux bras] qui l'estouffa le

« dimanche 23 de juin, veille de Saint-Jean. Mahiot Manessier, mon
« autre grand-père, mourut à Longeour le vendredi 16 aoust de la même
« année, d'une fièvre continue; et Jean Patin, conseiller au présidial de
« Beauvais et advocat du Roy au mesme siège, mourut d'une pleurésie
« le lundy 10 novembre veille de Saint-Martin. Cet advocat du Roy
« estoit neveu de mon grand-père. Il estoit fort sçavant et fort habile
« homme et de grande réputation dans Beauvais. Feu mon père en
« faisoit grand estat et ne parloit de son oncle l'avocat Patin que
« comme d'un grand personnage. Il y avoit eu un oncle nommé Jean
« Patin qui estoit mort docteur de Sorbonne l'an... (*la date est en blanc*).

« Ma sœur aisnée Marie Patin est née ceste mesme année le 1ᵉʳ jour
« de may.

« 1610. 3 avril. Naissance de mon fils Jules François Patin.

« 1634. Mort de Mᵐᵉ de Fontenay, marraine de mon fils aisné Robert
« Patin.

« 1637. Le 19 may, un samedy, apres midy, ay visité aux Jacobins
« reformez au faux bourg S. Honoré, un père italien réputé fort sçavant
« homme, nommé Campanella avec lequel j'ay parlé de dispute plus de
« deux heures. *De quo vere possum affirmare quod Petrarcha quondam*
« *de Roma : multa suorum debet mendaciis*. Il sçait beaucoup, mais
« superficiellement : *multa quidem scit, sed non multum.* »

(*Bibliothèque Sainte-Geneviève, mss. 31, L. G. in-4º.*)

XXVIII.

Livre de raison de Jean-Étienne-Marie **PORTALIS**, *avocat en la*
cour du Parlement de Provence. — Aix, 16 octobre 1775.

Le 8 août de la même année, Portalis avait épousé Françoise-Mar-
guerite Siméon, fille de Charles-Joseph-Sextius Siméon, secrétaire du
Roi, ancien assesseur d'Aix et procureur du pays de Provence, professeur en droit canonique à l'Université d'Aix, avocat. Bien que la famille
de sa jeune femme fût établie dans cette dernière ville et que lui-même
y résidât, le mariage avait été célébré au Bausset, pays où sa famille à
lui occupait depuis longtemps un rang distingué; et telles avaient été
les démonstrations dont il y avait été l'objet à cette occasion, si vifs,
disait-il, avaient été les témoignages d'amitié dont ses concitoyens
l'avaient comblé, que les premières pages de son Livre de raison sont
consacrées à en relater les moindres détails. Il terminait par ces lignes :

« Je recommande à tous les miens de ne pas oublier ce que l'on a fait
« pour moi. »

EXTRAITS DU LIVRE DE RAISON :

« Le 19 février 1778, à six heures du matin, ma femme a accouché
« d'un garçon qui a été baptisé le 21 à la paroisse de la Magdeleine.
« On l'a appelé *Joseph-Marie*. Ma mère et M. Siméon, mon beau-père,
« lui ont servi de parrain et de marraine.

« Le 28 décembre 1778, j'ai été élu assesseur d'Aix et procureur du
« pays de Provence. C'est M. Pochet qui m'a proposé. Les collègues
« élus avec moi sont M. le marquis de St-Croyez, M. le chevalier de
« Beauval et M. Redortier.

« J'ai été installé dans la place d'assesseur d'Aix et procureur du
« pays le 1ᵉʳ janvier 1779, et y ai été confirmé pour l'année 1780. Cette
« confirmation pour la seconde année est d'usage.

« Le 21 octobre 1780, ma femme a accouché, vers les cinq heures et
« demi du matin, d'une fille. J'ai été personnellement en instruire mes
« trois collègues, qui sont venus vers les onze heures de la même mati-
« née, avec les officiers de la ville, faire compliment à l'accouchée. Ils
« étaient sans chaperon. De là, ils se sont rendus, dans le même ordre,
« chez la comtesse de Suze, fille de M. le mˡˢ de St-Tropez, premier
« consul d'Aix, procureur du pays, pour la prier de me servir de mar-
« raine et pour indiquer l'heure à laquelle elle était bien aise que le
« baptême fût célébré.

« L'heure a été donnée pour quatre heures de relevée du même jour.

« Nous nous sommes rendus à l'Hôtel de ville. Nous en sommes
« partis en chaperon, pour venir chez l'accouchée, précédés des gardes
« de police, des trompettes de la ville, des fourriers de la province, des
« tambours, des violons et suivis des officiers de la ville.

« Nous avons trouvé chez l'accouchée la marraine qui s'y était rendue.

« Nous avons été tous ensemble à la paroisse de la Magdeleine, où le
« baptême s'est célébré. Pendant la célébration on a tiré vingt-cinq
« boëtes. La musique de l'église métropolitaine de St-Sauveur, qui
« avait été appelée, a chanté un *Te Deum*. On a nommé ma fille *Émilie-*
« *Sextia* ¹. Après la cérémonie, nous sommes retournés chez l'accouchée

---

¹ Lorsqu'il naissait un enfant aux consuls d'Aix en exercice, la ville interve-
nait au baptême, la coutume étant qu'il lui fût donné entre autres prénoms celui
du fondateur de la cité, *Sextius* Calvinus; et cette coutume s'est maintenue
jusque dans les premières années de ce siècle, à l'égard des maires gardant ainsi
la tradition de l'ancien consulat.

« dans le même ordre et avec le même cortège. On a donné à ma
« femme le présent d'usage, de la bougie, des boëtes de confiture et des
« bouteilles de liqueur. On a présenté à la marraine un déjeuner de
« porcelaine, un bouquet, le tout évalué à 200 livres. »

1816. — *Livre de raison de Joseph-Marie comte Portalis, conseiller
d'État du Roi, conseiller à la cour de Cassation, officier de l'ordre royal
de la Légion d'honneur.*

(*Communication de M. de Ribbe.*)

XXIX.

REAL (*Mémorial de la famille*).

Laurent Real, né à Digne, en Provence, archer de la compagnie de
M. de La Barge, vient s'établir à Pradelles, à la suite du don de la
métairie des Barges, qui lui fut fait, pour le récompenser de ses agréa-
bles services, le 18 juin 1582, par son lieutenant, Claude de Beaune,
seigneur de cette petite ville, située en Vivarais, maintenant chef-lieu
de canton de l'arrondissement du Puy (Haute-Loire). Il s'y maria vers
1587. Bailli de cette ville vers 1590, il mourut le 1er septembre 1609,
âgé de 80 ans.

Son fils Claude Real, également bailli de la même ville, s'y maria. Sa
femme Antoinette Balintrand, s'étant brisé la jambe en tombant de
cheval, resta longtemps impotente. Elle fut guérie à la suite d'un vœu
fait à N.-D. de Pradelles et laissa ses béquilles dans le sanctuaire de sa
bienfaitrice, 1652. (*Hist. de N.-D. de Pradelles*, par le P. Binet. Au
Puy, Gaudelet, 1843, in-12, page 83.)

Ce fut ce dernier qui réunit dans un registre de cent cinquante et un
feuillets, du format des protocoles de notaire, tous les contrats de
ventes, achats et autres qui concernaient sa famille et celle de sa mère.
Il fit ratifier les contrats par les notaires qui les avaient reçus ou qui
en donnaient expédition. Dans les feuillets liminaires, non chiffrés, il
nota soigneusement les mariages, naissances et décès de sa famille.
Malheureusement cette partie du registre est maintenant incomplète ;
la 1re mention est du dernier mai 1612, date du mariage de Claude
Real, et la dernière du 14 juin 1616, date de la prise d'habit de capucin
de son frère Michel. Toutefois, des notes marginales montrent que ce
registre fut tenu au moins jusqu'en 1660 ; il a perdu sa couverture

primitive et lorsque je l'acquis à Lyon, en 1871, moyennant quelques centimes, il venait d'être revêtu d'une mauvaise reliure portant au dos : *Manuscrit de Notaire.*

(Communication de M. Paul Le Blanc.)

XXX.

RICARD (*Famille*).

L. de toutes les affaires de nostre maison, soit acquisition de biens, ventes d'iceux, constitution de pensions, nouveaux bails, procès, tiltres, paiemens de nos debtes ; naissances d'enfans, mariages et autres sortes d'affaires, commencé le 18 octobre 1647 par moy, Vincens Ricard, lieutenant au siège de l'admirauté de Tholon, et contenant le mémoire des affaires les plus vieilles que j'ay peu trouver. (Cité dans *Les Familles,* t. II, p. 175.)

Au chapitre des naissances, sont marqués les baptêmes de onze fils et trois filles, « qu'il a pleu à Dieu de donner à damoyselle Marie de « Rissy, ma femme, et à moy, Vincens Ricard, en suite de nostre « mariage faict le 22 juillet 1632. »

Un livre de raison postérieur d'un siècle, tenu par une dame de Vervins de Bédoin, mariée à un des descendants de Vincens Ricard, nous fait assister à l'élévation de cette famille, par le travail et l'épargne. Quatre d'entre eux se succédèrent au Parlement d'Aix, un autre fut conseiller au Parlement de Bourgogne, un sixième président à la Cour des Aides de Paris.

(Communication de M. de Ribbe.)

XXXI.

Livre de raison de noble Gabriel de **ROSSEL D'AUBARNE,** *baron de Fontarèches.* (Grand in-folio.)

EXTRAITS DE CE LIVRE DE RAISON :

« *Naissances des enfants que le bon Dieu m'a donnés et pris :*

1° « Pierre-Claude, né le dimanche 20 octobre 1678, baptisé le même « jour, à Uzès, au temple, présenté par moi pour son grand-père Mᵉ de

« Carlot, conseiller au Parlement. Il est mort le dimanche 6 novembre
« audit an : *Laus Deo.*

« *Ille meos primun qui me sibi junxit amores abstulit, ille habeat secum*
« *servetque sepulcro.*

2° « Claude-Jacob, né à Montpellier, le mardi 22 octobre 1680,
« baptisé le dimanche 3 novembre au dit an, au temple protestant ;
« présenté par M. de Clauzel, capitaine, pour M. le baron d'Aigaliers,
« mon frère, et par madame ma sœur, épouse de M. de Bornier, pour
« madame Marie de Lautrec de Tholose, grand'mère de l'enfant : *Laus*
« *Deo.*

« Il est parti d'Uzès pour le service le mardi matin 1697, avec M. de
« Ferrand, lieutenant-colonel de dragons de Ganges ; leur quartier est à
« Sarlouis. *Le bon Dieu veuille le couvrir de sa protection et lui donner*
« *sa crainte, et que son ange l'accompagne comme il accompagna autrefois*
« *le jeune et vertueux Tobie. Amen.*

« Je lui ai donné pour sa première sortie, en chevaux, en habits, ou
« en argent, plus de 60 louis d'or valant 840 livres.

« *Loué soit Dieu éternellement. Amen, voire Amen.* Il s'appelle le
« baron de Fontarèches. »

Suivent quatre autres naissances, inscrites de même. — M. de Ribbe
a publié un extrait du *Règlement* donné, le 26 décembre 1694, par noble
Gabriel de Rossel d'Aubarne au jeune baron de Fontarèches, lorsque
celui-ci, étant écolier, alla terminer ses études à Montpellier, chez M. de
Bornier, son oncle. *Une grande Dame dans son ménage* (2ᵉ édit. p. 301).

(Communication de M. de Ribbe.)

XXXII.

Livre de raison de Jean-Pierre **SIAS**, *notaire royal du lieu de
Noyers* (Basses-Alpes), 1743, contenant, avec une généalogie remontant à l'année 1500, toute une série de contrats de mariages, testaments, actes de propriété intéressant la famille, et, entre autres traits intéressants, les recommandations suivantes que Gaspard Sias, père de l'auteur du livre de raison, adresse à sa femme le 1ᵉʳ mai 1727, en prévision de sa mort :

« Je prie ma bien-aimée femme d'assembler tous les jours ma famille,
« pour prier ensemble Dieu tous ensemble et dire le *De Profundis,*
« pour le repos de mon âme et celle de nos parens ; d'aimer la famille,

« de corriger les enfans et de leur donner une bonne éducation, en sorte
« que la tendresse et la négligence ne les fascent pas se licencier à
« manquer à leur devoir, tant envers Dieu qu'envers le prochain. Pour
« le surplus des autres prières, je le laisse à la bonne volonté de mon
« épouse et de mon héritier. »

Le beau-père de Gaspard Sias, Joseph Latil, par son testament du
5 février 1721, « veut qu'il soit employé la somme de 120 livres pour
« marier quatre pauvres filles du lieu de Noyers, savoir : Anne Figuière,
« Isabeau Goirand, Catherine Latil et Marie Jourdan, revenant à
« chacune d'elles 30 livres qui leur seront payées le jour de leur ma-
« riage ; comme aussi qu'il soit employé la somme de 135 livres pour
« faire apprendre un métier à trois pauvres enfants du lieu : Toussaint
« Figuière, Huguet Bonnet et Jean Armand, lesquelles 45 livres pour
« chacun seront payées au maistre d'apprentissage qui apprendra le
« mestier et qui y sera obligé par acte public. ».

(Communication de M. de Ribbe.)

XXXIII.

Livre de raison de messire J.-B. Ignace-Elzéar de **SINÉTY**, *chevalier, seigneur de Puylon, commissaire des galères du Roy, chevalier de
l'ordre militaire de Saint-Louis, ci-devant capitaine de cavalerie dans le
régiment de Monseigneur le duc d'Orléans, contenant la date de mon
mariage, celle de la naissance de mes enfants, et des notes touchant quelques affaires particulières de la famille (1703).*

Ses recommandations dernières à ses enfants (1775) sont à citer : —
« Je prie mes enfans de respecter et d'aimer leur mère, et de luy estre
« soumis, ainsi qu'ils l'ont été jusques à aujourd'hui... Je les exhorte à
« continuer à s'aimer et à vivre dans la plus grande union... Plus ils
« seront unis, plus ils seront heureux en ce monde. Je leur recommande
« d'avoir toujours devant les yeux les devoirs de la religion et ceux de
« l'honneur, de n'oublier jamais qu'ils sortent d'un sang qui, tant du
« côté de leur père que de celuy de leur mère, n'a jamais été souillé de
« la moindre tache. »

(Communication de M. de Ribbe.)

XXXIV.

L. de François de **SOMMATI,** *procureur du Roi au Parlement
d'Aix en 1519, puis conseiller en ladite cour en 1527 (fils d'Etienne
Sommati, autrefois notaire à Marseille, comte palatin, consul de la même
ville, et de Catherine de Requiston)* [1].

« L'an 1489 ab Incarnatione et x novembris, hic inter tertiam et
« quartam horam de mane ego in hoc pro cultu Dei in hoc productus
« ceculo fui.

Amabilis.

« Anno a nativitate Domini millesimo quingentesimo vicesimo
« primo et die martis, inter sextam et septimam horam post meri-
« dies (*sic*) que erat computata [2] decima octava mensis junii, tem-
« pore claro, natus est mihi filius primus ab uxore mea bene dilecta
« Andriveta, filia M. M. R. D. Johanis Arbaudi, quem in sacris fontibus
« levavit Dominus de Caudolonga pro g[eneroso] Domino Honorato de
« Ponteves, domino de Flacans, die sabati inter ix^{am} et x^{am} horam de
« mane, que erat computata xxij^a mensis junj, presentibus Dominis de
« Massio, locumtenentes (*sic*) hujus patrie provincie et Johannes (*sic*)
« Francissco Salona, juris utriusque Doctoris eximii, alliisque pluri-
« bus, etc. Et hoc in ecclesia sancti Salvatoris civitatis Aquis. Et appel-
« latus per Dominum de Caudalonga nomen ejus patrini Honoratus.
« Et rogamus Deum ut dignetur eundem in hoc ceculo producere ad
« bonum et ad servitia illius grata dirigere, ut doctrina, consilio et
« bono opere cuntos mortales excedat. Amen [3].

Vitalis.

« Anno a nativitate Domini millesimo quingentesimo xxij° et die
« xxj^a mensis decembris, nata mihi est filia mea Johanna (que est V^a)

[1] Archives des Bouches-du-Rhône, Fonds de Saint-Sauveur d'Aix.

[2] En marge : « In civitate aquensis (*sic*), videlicet conceptus in civitate
« Maciliensi. »

[3] Honoré de Sommati, conseiller au Parlement d'Aix, ne réalisa pas les vœux
de son père. Successivement protestant et catholique pendant les guerres religieuses, il finit par commander l'armée parlementaire des ligueurs après la mort
d'Hubert de Vins. C'était, dit Nostradamus, « un personnage plus turbulent que
« sa robe ne portoit..., un homme de guerre et de loix et d'une humeur plus
« estrange et plus turbulente qu'il n'avenoit à un magistrat souverain, issu de
« bonne famille. » Honoré eut avec son frère François des démêlés tragiques, et
mourut en 1594, laissant ses affaires pécuniaires très embarrassées.

« de mane extatim post quintam horam et erat die dominica et festum
« sancti Thome, quam in sacro fonte levavit compater meus Hugo
« Pinchinati et commater mea (*un blanc*) Pinchinata, filia (*un blanc*)
« Pinchinati, et eadem die de mane in x^a hora fuit batisata quia dubi-
« tabatur de morte ipsius et eam ad ipsius Dei servitium et honorem
« hujus ceculi in hoc ceculo Deus vivere faciat cum augmento progeniei
« et estu generationis [1].

Vitalis.

« Anno a nativitate Domini millesimo quingentesimo xxiiij et die
« Jovis in qua celebrabatur mativitas beate Marie, que computabatur
« octava mensis septembris, nata est michi filia Anna ab pudica mea
« uxore Andriveta Arbaudi, in civitate Cabalioni, inter sextam et septi-
« mam horam de mane, et tempore obcesionis provincie facte per
« Charolum de Burbono, conestable de France, et levata fuit in sacris
« fontibus per sororium meum magistrum Franciscum Garnerij [2] et
« dominam de Bus, uxorem Batiste Gasqui. Propterera Deum exoramus
« ut pro cultu et illius servitio transmiserit, et eam vivere in hoc ceculo
« faciat cum plenibus donis gratie, ad honorem Dei beate Marie et
« hujus ceculi. Amen.

« Tamen die jovis, inter sextam et septimam horam post meridiem,
« que erat Vigilia Simonis et Jude et computabatur xxvij^a mensis
« septembris anni 1530, obiit Massillie dicta filia mea Anna post ejus
« matrem que eodem anno migraverit ab hoc ceculo xv mensis augusti,
« pro qua Deum rogo ut ejus anima in regno cellorum cum ejus filia in
« gloria eterna, Amen.

« L'an 1526 e lo 30 de may, ung dimecres, entre six et set horos
« apres miejourt, a Diou donat ma filhe Honorade, laquallo Di laio
« transmesso per son servisse e la velhe faire vieure en hour et la
« multiplica de tous bens temporal e spirituals, laquallo a fach batesar
« ung gret abitador de Tollon que sapello Thomas Marchio, e la com-
« maire es agudo Dono Iano Rameto, molher releisado de Honorat
« Guiram, de aquesto present cieutat d'Aixs [3].

Nec dives, nec pauper.

« Anno Domini millesimo quingentesimo vicesimo octavo et die nona
« mensis septembris que erat die (*sic*) mercuri vicesima sexta die lune,

[1] Elle épousa noble Pierre Bompar, conseiller au Parlement d'Aix.
[2] Mari de Comtesse de Sommati, sœur de François, auteur du livre de raison.
[3] Elle épousa en 1548 noble François de Biord, lieutenant au siège et sénéchaussée d'Arles.

« de mane, circa finem hore sexte, datus est michi filius a uxore mea
« Andrieva Arbaude, filia Johannis Arbaudi, magistri rationalis. Nun-
« cupatus Franciscus, levatus in sacris fontibus per dominum Honora-
« tum Reysoni, jurisperitum, ac filium Honorati Reysoni, civitatis
« Tholoni et Batestinam uxorem domini Judicis majoris, ab cujus nati-
« vitatem Deum suplex exoro ut pro ipsius servitio ipsum benigne
« conservet [1].

« Anno Domini millesimo quingentesimo tricesimo et die decima
« quinta mensis augusti qua celebrebatur festum Assumsionis beate
« Marie, inter decimam et undecimam horam post meridiem, natus est
« michi fiilius ex uxore mea Andrieuva Arbaude bene dilecta jacente in
« grabato infirma febre que dicitur terso doble ante tempus, et per me
« batisatus dum in partu esset per hunc modum, videlicet : In nomine
« Patris, et Filii et Spiritus sancti, et : si sis filius, Johannes, si sis filia,
« Johanna, et sic forma fuit observata, et materia, que est aqua, non
« fuit adibita, qua de causa illum vovit beate Marie Nunciate, quem (sic)
« portari eumdem fecit, et Paulo post quam supra altare beate
« Marie positus fuit, miraculose flevit, sudavit et sanginem emisit, et
« plura alia signa vite fecit, ita quod fuit per unum ex religiosis bati-
« satus et nominatus Philipus, qui in dicta beate Anuntiate sepultus et
« ejus mater in ecclesia de Pretollis, que enixo partu in Domino
« obdormivit. Quare omnipotentem exhoro ut in numero eccleto-
« rum (sic) colocet in gloria eterna et nos post finem nostrum. Amen.

Quelques pages plus loin seulement se trouve le titre du livre ainsi
conçu :

« Liber rationis inceptus de anno Domini millesimo quingentesimo
« xxº et die xvª mensis may per me Franciscum Somati, Regium pro-
« curatorem, qui eodem anno et die uxorem duxi et matrimonio cum
« Andrea Arbaude, filia M. D. Johannis Arbaudi, magistri rationum
« camere compotorum conjun..... In quorum fidem et memoriam nego-
« tiorum meorum in hunc librum omnes rationes meas tam debita quam
« credicta, tam exposita quam recepta, in scriptis reddigere decrevi, ne
« propter oblivionem, que doctrine nostre inimica est, credita exigi
« cessent, debita vero solvi cessent. In Dei nomine, Amen, et auxilio
« gloriose et immaculate Virginis Marie.....

« ..... 1525 et a xxviij dich 25 de avost.

[1] François de Sommati, docteur ès droits, fut nommé en 1555 lieutenant en la
sénéchaussée de Marseille. C'est de lui et de sa première femme, Madeleine de
Guérin, que descend Anne de Sommati, mon ancêtre.

« Es intra a mon service Frances de Savoye, loqual li ay promes de
« li dona quatorze florins lam, et el mi promes de mi ben et loyalament
« servir et per aquesto li ay promes losdichs florins. . . . . . .   xiiij

Au-dessous est écrit : « Ma raubat et li ay fach dona dau fouit en
« Advignon. »

Après avoir mentionné plusieurs prêts faits par lui à son collègue
Jacques de Angelo, procureur du Roi au Parlement de Provence, François de Sommati inscrit cette note :

« Non solutum, tamen canselatum, quia nollo quod petatur. »

« ..... 1526 et lo xxv janvier a commensat de far bastir uno reire-
« cambro ambe ung corredor à la cambro hont jeu dormi, de la meison
« de ma famo pausado aupres del Relogi » (à Aix).

(Communication de M. F. de Marin de Carranrais.)

XXXV.

Livre de raison de Louis-Nicolas de **VENTO**, *marquis de Pennes,
membre de l'académie de Marseille (1744), consul d'Aix et procureur du
pays de Provence (1770-1772),* commencé par l'auteur le 18 mars 1738,
à la mort de son père, Henry de Vento, chef d'escadre et commandant
les galères du Roi, et qui se termine au 15 mai 1789. — Grand in-folio
de 130 pages : œuvre vraiment magistrale, dans laquelle un disciple du
marquis de Mirabeau s'est dépeint tout entier ; où il relate, avec les
détails les plus intéressants, sa vie et ses affaires de famille, ses travaux
d'économie rurale et son rôle très actif comme administrateur de sa
province. L'histoire des démêlés du marquis de Pennes avec M. de
Montyon, alors intendant en Provence, et le jugement qu'il porte sur
son caractère, forment un des chapitres les plus piquants de ce
manuscrit.

(Communication de M. de Ribbe.)

XXXVI.

VOCANCE (*Sébastien de*).

« Je vous donnerai tout simplement quelques renseignements sur le
journal de Sébastien de Vocance, bourgeois du Vivarais, qui, s'étant

marié avec la fille d'un notaire de la banlieue de Valence, se fixa dans cette ville, place des Ormeaux. Je n'ai pas eu le journal entre les mains, mais les renseignements que voici viennent de madame Lascombe, née Comte, à qui il appartient et qui habite le château de la Tour, commune de Saint-Pierreville (Ardèche), ancienne propriété des Vocance. On y lit qu'Antoine de Vocance, fils aîné de Sébastien et de Sébastienne Petit, qui fut anobli en 1588, pour services militaires, comme capitaine catholique, naquit le 25 juillet 1554 ; que plusieurs de ses frères et sœurs étant morts de la peste, au commencement de 1564, Sébastien de Vocance, leur père, envoya ledit Antoine et sa sœur Jeanne à Chomérac (Ardèche) pour les préserver du fléau ; qu'au mois de novembre suivant il les plaça à l'abbaye de filles, de Soyons, chez une dame de Genas, qui devait leur donner la nourriture, le logement et « nourrir et apprendre « comme une fame de bien doibt », moyennant « six livres tournois » par mois, et que là les enfants de Vocance resteront six mois.

L'an suivant, Antoine de Vocance fut mis au collège de Tournon, où il entra le 13 novembre 1565, à raison de 4 livres par mois, « le loge-« ment non compris », ayant pour trousseau : deux paires de draps, deux serviettes et six chemises, « dont trois neufves et trois usées, le « tout signé du signe de la maison, qui est une croix double ».

En 1583, Antoine de Vocance était capitaine dans le régiment de Maugiron et épousa Madeleine de Gruel, fille de Jacques et de Gabrielle de Montélimar, ce qui est contraire à la généalogie donnée par d'Aubaïs, mais d'autant plus certain que c'est Antoine de Vocance, lui-même, qui a écrit cela dans le journal de son père, disant expressément que ce mariage eut lieu le 13 mars 1583 ; le contrat ayant été reçu par Me Martinot, notaire de Senaut, et la future ayant reçu en dot, 2,300 livres, dont 1,300 comptant.

Continuant le journal de son père, Antoine de Vocance nous y apprend encore que sa femme, Madeleine de Gruel, mourut de la peste au mois d'août 1586 « et a fait sa maladie à la grange de Foutagier « (propriété des Gruel), où elle s'estoit retirée l'espace de huict jours « et elle est décédée le dimanche, à midi, et a esté enterrée au devant « de ladicte grange au pied d'une croix de boys. Plaise à Dieu, par sa « bonté et clémence, la vouloir loger en son royaume du paradis, lui « faisant miséricorde de ses péchés ».

On trouve, en outre, dans ce journal, la copie de différentes lettres et commissions adressées à Antoine de Vocance :

1° Commission à lui donnée par le baron de Chatte, le 20 avril 1585, pour faire démanteler la forteresse de Hivron ;

2° Autre commission pour le même objet, donnée par Maugiron le 19 avril précédent ;

3° Lettre d'Antoine de Clermont-Montoison, lieutenant de Maugiron, donnant à Vocance tout pouvoir pour réquisitionner des hommes pour l'exécution de sa commission, 9 mai 1585 ;

4° Lettre des consuls et notables de Hivron, attestant que Vocance a rempli son mandat, faisant « travailler audict esmantellement depuis le « 1er may jusques au 15 juing » ;

5° Enfin, lettre de François-Antoine de Clermont, seigneur de la Roche, affirmant que Vocance « auroit fourni pour ledit esmantellement, « par plusieurs foys, le nombre de 300 journées d'ouvriers, le tout à « ses propres couts et despens ».

(Communication de M. Brun-Durand.)

ADDITIONS ET CORRECTIONS.

Artaud (Jean). L. du XIV° siècle (1362-1397), avec additions du XV° siècle. *86 pages parchemin.* Mentionné sous le n° 3,048 dans le *Catalogue sommaire des manuscrits de la Bibliothèque d'Avignon* (*Musée Calvet*) par L.-H. Labande (1892).

Billion (Pierre). L. de 1685-1733. Même *Catalogue*, n° 2259.

Boubée (famille de). L. appartenant aujourd'hui à M. de Boubée, juge au tribunal de Condom, et mentionné par feu M. le vicaire général Canéto dans le *Bulletin de la province ecclésiastique d'Auch* (t. I, p. LXXXVI).

Bougauld. M. Jourdy a publié dans les *Annales Franc-Comtoises* de novembre-décembre 1892 un article intitulé : *Un médecin du vieux temps : Claude-Antoine Bougauld, d'après son livre de raison et ses papiers de famille* (1650-1724).

Broutet (Joseph-Guillaume), docteur agrégé en droit, notaire et greffier de la cour ordinaire de Saint-Pierre d'Avignon. L. de 1715 à 1780. *Catalogue des mss. de la Bibliothèque d'Avignon*, dijà cité, n° 2264.

Boysset. Ajoutez que dans la *Romania* d'octobre 1892 a paru un article de M. Novati, intitulé : *Le livre de raisons de B. Boysset, d'après le ms. des Trinitaires d'Arles, actuellement conservé à Gênes.*

Cabrié (Guillaume), en Albigeois. L. du XVIII° siècle, cité par l'abbé H. Salabert. (*Les saints et les martyrs du diocèse d'Albi*, Toulouse, 1892, in-8°, p. 565.)

Cambis (Richard de), auditeur de rote à Avignon, seigneur de Servières, etc. L. de 1616 à 1618 ; autre de 1618 à 1620 ; autre de 1620 à 1622 ; autre de 1622 à 1625 ; autre de 1627 à 1635. *Catalogue des mss. d'Avignon,* n°⁸ 1959, 1960, 1961, 1962, 1964.

Cambis (Jean-François), seigneur de Fargues et de Servières. L. de 1623 à 1631. Même *Catalogue,* n° 1963. .

Cambis (Joseph-Louis-Dominique), marquis de Velleron, seigneur de Cairanne et de Fargues. L. de 1736-1770. Même *Catalogue,* n° 1965.

Cantarelle (famille). L. de 1698 à 1838. Même *Catalogue,* n° 2268.

Cartier (Bernardin). L. de 1628 à 1656, concernant particulière- ment les travaux de culture et les revenus des terres. Même *Catalogue,* n° 2273.

Croix de Cavaillon (Hyacinthe-Fidèle). L. de 1809 à 1821. Même *Catalogue,* n° 2290.

Doat de Perchède (famille). L. dont des extraits ont été publiés par M. Léonce Couture (*Bulletin de la province ecclésiastique d'Auch,* t. IV, p. 31 et suiv.).

Doni (marquis de). L. de 1742-1748. *Catalogue des mss. d'Avignon,* n° 2250. L'attribution de ce « livre de raison ou de compte » au marquis de Doni n'est faite par le rédacteur du Catalogue qu'avec quelque doute.   .

Dutoya (famille). L. mentionné par M. l'abbé Canéto dans le *Bul- letin de la province ecclésiastique d'Auch* (t. I, p. LXXXVI). Voir aussi *Revue d'Aquitaine,* t. II, p. 400.

Eimeric. L. commencé par Jean-Raimond Eimeric, docteur en médecine, continué par son fils Trophime Eimeric, docteur ès droits, décédé à Avignon le 14 décembre 1736, et par Jean-Raimond de Véras, chanoine de Saint-Pierre. *Catalogue des mss. d'Avignon,* n° 3061.

Gayrosse. Ajoutez le titre de l'ouvrage de M. Planté : *Une grande baronnie de Béarn, du XIIIᵉ au XVIIIᵉ siècle.*

Garcin (Pierre), docteur en droit de l'université d'Avignon. L. de 1599-1617, avec un catalogue de ses livres. *Catalogue* des manuscrits du Musée Calvet, n° 2294.

Granet (famille). L. de 1549 à 1692. Même *Catalogue,* n° 2217.

Granet (Ignace). Livre de compte et de raison. (Dates extrêmes non indiquées.) Même *Catalogue,* n° 2,219.

Grasse (Jean-Gaspard de), chanoine de Cavaillon, et protonotaire du Saint-Siège. 1664-1684. Même *Catalogue*, n° 2296.

Laulanie du Grézeau (famille). Ms. de la Bibliothèque de Périgueux, cité dans le *Bulletin de la Société hist. et arch. du Périgord*, 1892, p. 453.

Levieux (Joachim), docteur en médecine en 1602, devenu médecin de l'hôpital d'Avignon en 1630. L. continué jusqu'en 1871. *Catalogue* des mss. d'Avignon, n° 2300.

Levieux de Laverne (Louis-Joachim-Maynes-Bernard), arrière petit-fils du précédent. L. des xviiie et xixe siècles. Même *Catalogue*, n°s 2,301, 2,302. Le numéro 2,302 est un livre de compte et journal de 1775 à 1781.

Levieux de Laverne, d'Avignon (Jeanne de Fogasse de Châteaubrun de Sainte-Gemme, de Tarascon, femme d'Esprit-Bénézet, et Jean-Baptiste). L. de 1782 à l'an ix.

Lidon. D'après une nouvelle communication de M. le comte de Saint-Saud, noble Jean de Lidon, écuyer, sieur de Savignac, est témoin dans un procès en 1613. (Archives départementales de la Dordogne, série E ; chartrier de Fournil.)

Lur. M. A. Thomas (*erratum* de la livraison d'octobre 1892 des *Annales du Midi*, p. 570) dit qu'au lieu de *Bernard* il faut lire *Bertrand*, et que, d'un nouvel examen, il résulte que le L. est pour la plus grande partie de *Jean de Lur*, père de Bertrand.

Maufras. L'article *Maufras* doit être remplacé par l'article *Robert* (*Pierre*).

Roques (Jean), marchand drapier de Vic-Fezensac, un des plus riches commerçants de sa ville natale. L. mentionné dans un acte du 5 janvier 1553, dressé par Me François Vergne, notaire de ladite ville. (Communication de M. l'abbé Breuils, curé de Cazeneuve.)

Tributiis (famille). M. Paul de Faucher a publié, dans l'*Annuaire du Conseil héraldique de France*, VIe année (Paris, 1893, p. 97-102), sous le titre de : *Les pérégrinations d'un jeune gentilhomme de Provence à la fin du XVIe siècle*, de curieux extraits du L. d'une ancienne famille provençale, les Tributiis, qui se fondit à la fin du xviie siècle dans la maison d'Isoard de Chènerilles, et c'est dans les archives de celle-ci que M. de Faucher a découvert le récit autobiographique du descendant de Simon de Tributiis, jurisconsulte d'Aix, que Louis XII nomma, en

1502, conseiller au parlement de Provence, lequel Simon avait épousé la fille aînée du jurisconsulte de Carpentras, Étienne Bertrand, dont la réputation de savoir était universelle.

TABLE DES MATIÈRES.

AUCH. — IMPRIMERIE LÉONCE COCHARAUX, RUE DE LORRAINE. — 8-93

Du même Auteur :

A LA LIBRAIRIE A. PICARD :

Livre de raison de la famille de Fontainemarie, 1640-1774. (Agen, 1889, grand in-8º.)

Livre de raison de la famille Dudrot de Capdeboso, 1522-1675. (Auch, 1891, grand in-8º.)

9782012537057